碩学叢書
Sekigaku Library

観光地の
交通需要マネジメント

価値共創に向けた協働のネットワーク

柏木千春
【著】

Transportation demand management
in tourism destinations:
From the view of the collaborative network towards value co-creation

発行所:碩学舎
発売元:中央経済社

はじめに

■本書の位置づけ

　本書は、これまでの交通需要マネジメント（道路交通混雑の緩和のために道路利用者に働きかける手法：以下、「TDM」と記す）研究とは異なる視座に立っている。その相違点は、1）TDMを「統制型（一方向性）」から「価値共創型（双方向性）」へと捉え直すこと、2）TDM施策を支える「協働のネットワーク」に着目した点にある。いくら優れた交通政策や技術的手法を導入しようとしても、観光客の量をコントロールすることに対し、利害を共にする関係者の理解と協働は不可欠である。そこで、今回の研究では、「観光地TDMが観光サービス生産システムの一部として地域に定着し、そのシステムを支える地域コミュニティを基盤とした多様な行為者（アクター）による価値共創に向けた協働を持続させる仕組みを明らかにすること」が目的である。

　したがって、想定読者は、土木計画学系の実務者ならびに研究者に限定しない。観光地のマーケティングとマネジメントを担う組織（DMO）、観光関連団体、観光事業者、観光行政担当者などの実務者をはじめ、観光学・経営学分野の研究者にも参考になると思われる。

■本書の問題意識

　現在の日本は、行政機関を中心に、観光客数増加による地域経済への効果に偏った期待が寄せられている。しかし、観光の持つ力は、適切な取り扱いをしなければ、地域に負の影響をもたらすこともある。例えば、交通渋滞、排気ガスによる環境破壊、許容量を上回る人数の一時集中による安全性の低下、ごみの問題、観光客の道徳意識の欠如による資源破壊などが挙げられる。したがって、観光地域のマネジメントを担う組織は、以下のような特性を十分に理解した上で、持続可能な観光地であるためのマーケティングおよびマネジメントを行う必要がある。

1) （一般的に）観光地は、「非競合性（同じ財やサービスを複数の消費者が、いかなる者とも競合することなく同時に消費可能な性質）」、あるいは「非排除性（対価を支払わない者を排除することができない性質）」を満たす公共財である。
2) （一般的に）観光地は、日常と非日常の交錯する場である。
3) 観光地には、多様な利害関係者（観光客、住民、観光事業者、その他の事業者、行政機関など）が存在する。
4) 許容量を上回る数の観光客の来訪は、住民の暮らしへの負担だけでなく、景観や自然・文化観光資源への負荷、観光客の満足度の低下を招く。
5) 観光地には、曜日や季節によって需要の変動がある。

上述のような特性を鑑みれば、観光客数（量）のコントロールは、観光客、住民、観光事業者の長期的かつ持続的な便益享受のために欠かせない活動であることがわかる。観光地TDMは、交通アクセス手段に焦点を当てた需要量と流入経路の最適化を図る手法である。

日本におけるTDM研究は、先行する欧米に倣いながら、1980年代後半より土木計画学領域を中心に開始した。この頃から、TDMは国の政策として位置付けられている。しかし、社会実験の行われた地域のほとんどが、本格導入できずにいる。その要因の1つとして、「利害関係者調整の難しさ」が、研究者の論文や国による調査報告書内で挙げられている。

こうした状況の中で、多様な利害関係者の存在や日常と非日常の交錯する難しさを抱える観光地でありながら、TDMの導入・継続実施に成功している地区がある。なぜ、これらの地区では、成功することができたのだろうか。研究の出発点はここにある。

本書では、土木計画学領域におけるTDM研究で蓄積されてきた成果に加えて、マーケティング研究領域の概念や理論を援用している。マーケティングは、「顧客、クライアント、パートナー、社会全体にとって価値のある提供物を創造・伝達・提供・交換するための活動と一連の制度およびプロセス（American Marketing Association, 2013年7月承認*）」と定義されるように、あらゆる利

---

* American Marketing Associtaion Web site, http://www.ama.org/AboutAMA/Pages/Definition-of-marketing.aspx, 情報取得2018年5月4日

害関係者を対象とした活動である。マーケティングの概念に基づけば、観光客、住民、事業者すべてが、観光価値を共に創造・伝達・提供・交換する対等な存在である。本書は、マーケティングの視座から、観光地 TDM を統制型（一方向性）ではなく、価値共創型（双方向性）として捉え直している。

■リサーチクエスチョン

　本書の研究では、複数事例研究を採用した。研究対象には、既存の TDM 研究を参考に、3年以上継続実施し、期待する効果をあげている観光地区3箇所（奈良県吉野山、岐阜県白川郷、島根県出雲大社周辺）を選定した。リサーチクエスチョン（RQ）は、以下のとおりである。

[RQ１　関係性に関わる活動と配慮行動、関係構築のための支援要素]
　TDM を継続実施している観光地では、価値共創に向けた協働に参画・関与してもらうアクターとの間で、信頼やコミットメントを築き上げるために、どのような活動（価値の共有、コミュニケーション、リレーションシップ終了コストやベネフィットの知覚）や配慮をしているのか。また、その際、それらの活動の後ろ盾となったもの（関係構築のための支援要素）とは何か。

[RQ２　協働のネットワーク形成の契機と起点、発展過程における影響要因]
　観光地に TDM を（本格導入前から）定着させていく傍ら、価値共創に向けた協働のネットワークはどのように形成され、変容したのか。また、発展過程でどのような影響を受けていたのか。

　これらの検証を通じて、TDM によって観光客流入の最適化を図るための「価値共創に向けた協働のネットワーク・マネジメント」の基礎的な枠組みと、「協働のネットワークの発展過程と影響要因」を探索する。

■本書の構成

　本書は、観光地 TDM を「渋滞緩和のための統制的システム」から「観光価

値の維持・向上のための（多様なアクターとの）共創システム」と捉え直し、検討段階から本格導入、継続実施へと進展させていく過程を追跡している。文献調査や複数事例研究の結果から、1）価値共創に向けた協働のネットワークを育てていくためにはどのようなことに配慮し行動すべきか（マネジメントの枠組み）、2）どの段階でどのような支援が有効なのか（発展過程と影響要因）を考察した。本書の構成は、次のとおりである。

　第1章では、観光地における交通問題、政策、マネジメントに関わる実務的な背景を確認し、本書で取り上げる概念、用語の定義を示す。

　第2章は、文献レビューによってTDM研究の変遷を確認し、本書の位置づけを明らかにする。また、既存研究で得られたTDMの影響要因の整理を行う。

　第3章では、本書の問題意識を提示し、既存研究で得られた知見を活かしながら、何を明らかにしようとするのか（リサーチクエスチョン）、どのような手段で行うのか（研究手法）を明示する。

　第4章（奈良県吉野山）、第5章（岐阜県白川郷）、第6章（島根県出雲大社周辺）は、事例記述である。各章では、共通記述として、TDMの基本情報と地域コミュニティ内の協働の変遷を取り上げる。なお、第5章では、補論として白川村住民による自然・文化的景観保全活動の歩みを紹介する。

　第7章は、3つの事例研究結果を基に考察を行う。その上で、第8章では、研究目的の問いに対する結果、研究の意義、今後の展望を述べる。

■**本書の研究意義**

　本書は、文献レビューおよび複数事例研究から、新たに価値共創型TDM概念を提示した上で、①協働のネットワーク・マネジメントの基礎的枠組み、②ネットワークの発展過程と影響要因を明らかにすることを試みた。

　本書の研究意義は、3つある。1つ目は、観光地の特殊性に配慮し、価値共創に向けた協働のネットワークに着目する必要性を指摘したことにある。観光地ならではの多様なアクターの相互作用性を重視しつつ価値共創概念に基づいたTDMの議論は、研究の新たな視座となるだろう。

　2つ目は、TDM継続実施をしている逸脱事例から、共通する関係性要因に

関わる行動を発見したことにある。これによって、新たに提示した協働のネットワーク・マネジメントの基礎的枠組みは、近年の個別研究において断片的に指摘され始めていた関係性要因に関連する知見を包括し得ると考える。

　3つ目は、協働のネットワークの発展過程と影響要因を示したことである。このことは、実際にTDMの定着を支えるネットワーク構築の際の促進あるいは阻害要因を予見し、対策を講じるのに有用であると考える。

　以上の点は、従来のTDM概念やマネジメントの枠組みでは説明できなかった限界を補い、かつ、理論と実務の隔たりを埋めることに貢献できるのではないかと考える。なお、第8章では、実務上役立つと思われる点について、行動に移せるよう心がけて記述したつもりである。実務者の皆様に少しでも参考になれば幸いである。

　2018年初夏

柏木　千春

目　　次

第1章　序　　論 —————————————————————————— 1

1.1　研究の実務的背景 ・・1
- 1.1.1　モータリゼーションの進展による交通の問題とその対応・1
- 1.1.2　地域コミュニティを基盤とした観光・交通まちづくり政策への転換・4
- 1.1.3　観光地マネジメントの再考・6

1.2　観光地交通計画の諸特性 ・・・・・・・・・・・・・・・・・・・・・・・・・・・・・・・・・・・・・・・7
- 1.2.1　観光地における交通・8
- 1.2.2　観光地交通計画の対象範囲・8
- 1.2.3　観光地の特性に合わせた交通計画・9
- 1.2.4　観光地交通計画が働きかけるアクター・10

1.3　TDM 概念フレームワーク ・・・・・・・・・・・・・・・・・・・・・・・・・・・・・・・・・・・10
- 1.3.1　TDM 施策と概念モデル・11
- 1.3.2　TDM と MM の関係・13

1.4　価値共創に向けた協働のネットワーク ・・・・・・・・・・・・・・・・・・・・・15
- 1.4.1　価値共創の概念・16
- 1.4.2　用語の定義・16

1.5　研究の目的 ・・20

第2章　TDM 研究の概観 — 文献レビュー —————————— 23

2.1　日本における TDM 研究の変遷 ・・・・・・・・・・・・・・・・・・・・・・・・・・・・・・24
- 2.1.1　TDM 施策の実効性の検証・24
- 2.1.2　TDM 施策の導入に向けた地域側の受容性・25
- 2.1.3　合意形成プロセス・27

  2.1.4 TDM 施策の計画および実行段階における視点の変化・28
  2.1.5 小括―研究の変遷と残された課題・30
 2.2 **TDM 定着過程と影響要因**・・・・・・・・・・・・・・・・・・・・・・・・・・・・・・・・34
  2.2.1 TDM の定着過程・34
  2.2.2 施策の受容性・35
  2.2.3 行動意図・36
  2.2.4 継続性・40
  2.2.5 地域愛着・43
  2.2.6 小括―TDM 定着過程と影響要因・45

第3章　研究デザイン ―――――― 51

 3.1 問題意識・・・51
 3.2 文献レビューからの知見・・・・・・・・・・・・・・・・・・・・・・・・・・・・・・・53
  3.2.1 価値共創型 TDM 概念に関する研究の枠組み・53
  3.2.2 価値共創に向けた協働のネットワークの発展過程と影響要因に関する研究の枠組み・58
 3.3 リサーチクエスチョン・・・・・・・・・・・・・・・・・・・・・・・・・・・・・・・・・62
 3.4 研究の方法・・・63
  3.4.1 複数事例研究の採用・63
  3.4.2 情報源と取扱い方法・64
  3.4.3 事例の選定・65
  3.4.4 事例の記述・67

第4章　観桜期の吉野山の事例 ―――――― 69
―奈良県吉野町―

 4.1 奈良県吉野町の概要・・・・・・・・・・・・・・・・・・・・・・・・・・・・・・・・・・69
  4.1.1 位置と交通アクセス・69
  4.1.2 人口と基幹産業・70

  4.1.3　観光資源・71
  4.1.4　「製材業」と「観光業」が発達した歴史的背景・72
  4.1.5　観桜期の吉野山が抱えていた課題・74
 4.2　TDM活動と地域コミュニティの変遷······································75
  4.2.1　TDMの基本情報・76
  4.2.2　TDMをめぐる地域コミュニティの変化・81
 4.3　協働のマネジメントの実際··86
  4.3.1　利害の調整とコミュニケーション・86
  4.3.2　TDMを支えるアクター間の関係性・88
 4.4　価値共創に向けた協働のネットワーク形成上の影響要因·······90
 4.5　小　　　括···93

第5章　白川郷の事例 ───────────── 97
―岐阜県白川村荻町合掌集落―

 5.1　白川村の概要···97
  5.1.1　位置と交通アクセス・97
  5.1.2　風土と慣習・98
  5.1.3　観光の現況・101
 5.2　TDM活動と地域コミュニティの変化·································104
  5.2.1　TDMの基本情報・105
  5.2.2　社会実験と現在のTDMとの違い・107
  5.2.3　TDM発展過程と地域コミュニティの変化・108
 5.3　協働のマネジメントの実際···113
  5.3.1　協働の仕組みと要因・113
  5.3.2　関係構築のための配慮行動・118
 5.4　小　　　括···120
 第5章　補論　白川村住民による自然・文化的景観保全活動の歩み
                   ······122
  （1）　高度成長期（1950年代および1960年代）・122

(2)　観光の大衆化期（1970年代および1980年代）・123
　(3)　個人旅行化の進展期（1990年代）・125

第6章　出雲大社周辺の事例 ——————— 129
—島根県出雲市—

6.1　出雲市および大社地区の概要・・・・・・・・・・・・・・・・・・・・・・・・・・・129
　6.1.1　人口と行政区域・129
　6.1.2　地理的特性・130
　6.1.3　交通アクセス環境・131
　6.1.4　島根県内観光地としての位置付け・132
6.2　大社地区門前町の盛衰・・・・・・・・・・・・・・・・・・・・・・・・・・・・・・・・・133
　6.2.1　出雲大社と門前町・133
　6.2.2　神門通りの形成と盛衰・134
6.3　TDMの基本情報・・・・・・・・・・・・・・・・・・・・・・・・・・・・・・・・・・・・・・134
　6.3.1　新たな交通対策導入の背景・134
　6.3.2　実施内容および運営資金・135
　6.3.3　運営体制・137
6.4　「サービス劇場」としての発展過程と
　　　地域コミュニティの変化・・・・・・・・・・・・・・・・・・・・・・・・・・・・・・139
　6.4.1　県主導によるイベント・情報発信・商品開発・アクターの
　　　　　育成・139
　6.4.2　県、市主導による「舞台装置」づくり・140
　6.4.3　民間事業者による活動・141
6.5　協働を促す「ストーリー」としての観光情報・・・・・・・・・・・143
　6.5.1　地域発信による観光情報（内発型）・143
　6.5.2　外部環境としての「流行」や「観光情報」（外発型）・145
6.6　協働のネットワーク形成のための接点と相乗効果・・・・・・149
　6.6.1　行政の提供した接点・149
　6.6.2　民間が生み出した接点・151

目　次　v

　　6.6.3　行政や民間の動きによる相乗効果（ネットワークの広がり）・152
6.7　観光客流入の最適化を図るための管理の枠組み・・・・・・・・・・・・・152
6.8　小　　　　括・・・154

第7章　結果と考察 ― 159

7.1　基本情報の比較・・・160
　　7.1.1　サービス生産システムの基盤（地域特性）・160
　　7.1.2　TDM 基本情報・162
7.2　価値共創に向けた協働のネットワーク・マネジメントの
　　　基礎的枠組み・・・164
　　7.2.1　観光地 TDM 概念の拡張（要点整理）・164
　　7.2.2　関係性要因に関わる活動と配慮行動（RQ 1の結果）・166
　　7.2.3　関係構築を支援した要素（RQ 1の結果）・173
　　7.2.4　協働のネットワーク・マネジメントに関する考察・175
7.3　価値共創に向けた協働のネットワークの発展過程と
　　　影響要因・・・179
　　7.3.1　発展過程と影響要因に関する本研究の経過・179
　　7.3.2　価値共創に向けた協働のネットワークの発展過程の設定・180
　　7.3.3　協働のネットワーク形成の契機と起点、発展過程における
　　　　　　影響要因（RQ 2の結果）・182
　　7.3.4　価値共創に向けた協働のネットワーク発展過程と影響要因に
　　　　　　関する考察・191

第8章　結　　論 ― 201

8.1　本研究のまとめ・・201
8.2　本研究の意義と残された課題・・・・・・・・・・・・・・・・・・・・・・・・・・・205
　　8.2.1　研究上の貢献・206
　　8.2.2　実務上の貢献・206

8.2.3　本研究の限界と今後の課題・210

あとがき・213

参考文献・217

索　　引・233

第1章 序論

本研究は、土木計画学を中心に進められてきた交通需要マネジメント（Transportation Demand Management；以下、「TDM」という）研究を、経営学の視点から、問題の設定、研究分析、考察を行う。序章では、まず、研究の実務的背景を述べる。その後、観光地交通計画および交通需要マネジメントに関する基礎的知識や、本研究が依拠する経営学上の概念の確認、論述にあたって使用する用語の定義を示す。その上で、本研究の目的を述べる。

1.1 研究の実務的背景

この節では、本研究の実務的な背景を確認する。具体的には、TDMの要請と実際、行政主導型から地域コミュニティを基盤としたまちづくり政策への転換、観光地マネジメントの必要性について取り上げる。

1.1.1 モータリゼーションの進展による交通の問題とその対応

(1) 地方における交通の現況

日本の自動車保有台数は、図1-1のとおり増加の一途である。その一方で、地方圏における公共交通機関利用者数は、車利用者の増加、日本全体（特に地方圏）の人口の減少、地方から都会への人口の流出などの影響により、減少傾向に歯止めがかからない。その結果、地方圏にある交通事業者の経営は厳しい

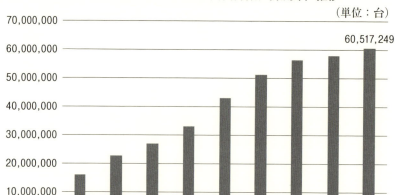

図1-1 日本における自動車保有台数（乗用車）推移

注：数字は、各年3月末現在の数値。
出所：（一財）自動車検査登録情報協会 web site:trend.html、掲載データを基に筆者作成

状態のままである。事実、地域鉄道[1]の場合、2016年度には全96社中71社、割合にして約74%の事業者が、鉄軌道業の経常収支ベースで赤字であり（国土交通省 web site:tk5_000002.html）、乗合バス事業（2016年4月現在）に関しても、大都市部以外の地域で170社中152社（全体の約89%）が赤字を計上している（（公財）日本バス協会 2016, p. 3）。また、2000年から2002年にかけて行われた旅客運送事業法の改正に伴う需給調整規制の緩和（国土交通省 2002）により、交通事業者は、事業の参入と撤退を容易にしやすくなった。こうした事情が、赤字路線の運行本数削減や廃止を招き、地方圏の公共交通サービスの維持は、ますます苦境に立たされている。

その結果、地元住民による自動車利用の機会が増すだけでなく、観光客にとっても鉄道主要駅や空港などの交通拠点から観光地域までの二次交通手段の不便さから、自動車での来訪を誘発する[2]。加えて、日本では連続休暇期間の分散化が進んでいないため、アクセス道路の渋滞を引き起こしやすい環境にある。

(2) TDM の要請

世界の自動車保有台数の推移（図１－２）が示すように、1970年代から1990年代にかけて急激に増加していく中で、交通渋滞や車による大気汚染は社会問題となっていた。こうした問題に対処するために、1980年代後半以降、アメリカをはじめ一部の先進国が、TDM の導入を先行した（太田他 1998, p. 16）。TDM とは、「都市または地域レベルの道路交通混雑を緩和するため、道路利用者の時間の変更、経路の変更、手段の変更、自動車の効率的利用、発生源の調整等により、交通需要量を調整（＝交通行動の調整）する手法」である（国土交通省 web site:n2530000.html）。

日本が、欧米の先進事例に倣って国の政策として TDM を位置付けるようになったのは、1990年代に入ってからである。1992年に作成された第11次道路整備５カ年計画では、活力ある経済に支えられた「ゆとり社会」を実現するために掲げた３つの柱の１つである「生活者の豊かさを支える道路整備の推進」の中で、TDM の導入を主な施策としている（（一財）道路新産業開発機構 1992, p. 2）。この頃から、TDM 施策や社会実験などが活発に行われるようになった。

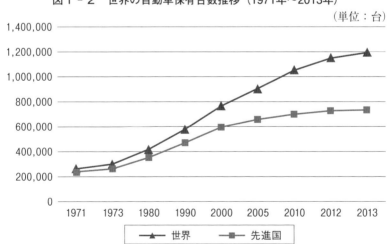

図１－２　世界の自動車保有台数推移（1971年～2013年）

出所：（一財）日本エネルギー経済研究所計量分析ユニット編著（2016, p. 267）記載のデータから筆者作成。ここでの先進工業国とは、OECD 諸国のことを指す。

TDM導入を検討する地域の中には、観光地も存在する。観光地は、できるだけ多くの観光客の訪問による経済効果が期待される。その反面、収容能力を超える来訪は、観光資源の質を劣化させる危険性だけでなく、観光客の満足度や来訪意向度の低下、住民の暮らしやすさの悪化を招いてしまう。そこで、観光地におけるTDMは、観光客に対し、「出発日時」、「経路」、「出発地から観光地まで」、「観光地域内」での移動手段など、観光地の状況に応じた最適な選択行動を促し、収容能力に見合った量のコントロールをしながら、観光客流入の最適化を図るために行われる（国土交通省 web site:chap1.html）。

(3) TDM導入の難しさ

前節で説明したとおり、TDMの本格導入に向けた社会実験[3]は、1990年代後半から都心部だけでなく日本の代表的な観光地において次々と行われた（国土交通省国土技術政策総合研究所 2003, p. 27）。しかし、本格導入に至った地域はごくわずか[4]である（交通工学研究会・TDM研究会 2002, pp. 4-5；国土交通省国土技術政策総合研究所 2003, p. 29）。

国土交通省国土技術政策総合研究所（2003）は、1997年度から2001年度にかけてTDM社会実験事例729件を対象に行ったTDM自治体担当者へのヒアリング結果から、本格導入に至らなかった根本的な原因として、「TDM施策選定の根拠や実施効果についての予測・評価が、関係者の同意を得るのに不十分で説得力に欠けていた」ことを指摘している（国土交通省国土技術政策総合研究所 2003, pp. 29-30）。

1.1.2 地域コミュニティを基盤とした観光・交通まちづくり政策への転換

我が国が、観光を国の重要課題として捉えたのは2000年に入ってからのことである。2000年12月の観光政策審議会による「観光振興を国づくりの柱に（答申第45号）」の中で、「21世紀初頭において早急に検討・実現すべき具体的施策」の最初に挙げたのが、「観光まちづくりの推進」である。ここには、「観光まちづくりの推進」について次のように記載されている。

観光客が訪れてみたい「まち」は、地域の住民が住んでみたい「まち」で

あるとの認識のもと、従来は必ずしも観光地としては捉えられてこなかった地域も含め、当該地域の持つ自然、文化、歴史、産業等あらゆる資源を最大限に活用し、住民や来訪者の満足度の継続、資源の保全等の観点から持続的に発展できる「観光まちづくり」を、「観光産業中心」に偏ることなく、「地域住民中心」に軸足を置きながら推進する（国土交通省 web site:index2_.html）。

端的に言えば、観光まちづくりとは、「地域資源を活用し、観光事業者だけでなく地域住民が主体となって行う活動」として捉えていることがわかる。

さらに、「観光まちづくりの推進」の柱の1つには、地域が中心となって行う「そぞろ歩きのできる個性的な観光まちづくりの推進」が挙げられている。その具体的施策として、「観光地におけるパークアンドライド等によるマイカーの利用の抑制をはじめとする交通需要マネジメント施策（観光地のTDM）、自然環境等の様々な観光資源を保護するための『観光地資源保護条例』の策定等、観光地のオーバーユース（過剰利用）の防止や自然環境保護を図るための仕組みづくりの検討」といった記載がある。このようにTDMは、観光まちづくりを推進するための一施策として位置付けられていた。

一方、道路・交通政策の分野においても、地域住民が参加し、主体となって地域の課題を解決しようとする「交通まちづくり」という考え方が1990年代後半より脚光を浴びるようになった。従来の日本の道路・交通計画は、地域住民が参加する余地を避け、あくまでも行政主導で進められてきた。しかし、①行政主導の従来型道路・交通計画が地元の理解を得られずに各地で行き詰まりつつあり、新たなプロセスが求められていること、②交通計画の内容自体が交通運用などのソフト政策を含むようになり「参加型」のプロセスになじむ場面が増えたこと、③価値観が多様化する中で、環境に対する問題意識や参加意欲が高まってきていること、などから「地域住民の参加」が必要になっていった（太田編著 1998, p. 2）。そもそも、日本が手本とする欧米の交通計画およびその施策には、計画段階で「住民参加」を意思決定の仕組みとして制度化している。「まちづくり」には、行政と地域住民の役割の明確化と協働するシステムの構築が不可欠である。

1.1.3 観光地マネジメントの再考

　観光地マネジメント組織（観光協会や観光連盟など）は、時代の変化とともにその機能を変化させている。欧米を中心とした組織を例に見れば、1930年代より余暇活動を中心に対応していた時代から、1980年代には余暇に加えコンベンション誘致を重要課題とするコンベンションビューローへと変わり、1990年代後半[5]になると観光地のブランディングを優先課題[6]とするDMO（Destination Management/Marketing Organization）へと変化している（国土交通省観光庁 2017, p. 16; Destination Marketing Association International & Inter VISTAS 2014, p. 14）。

　日本においても、これまでのような「観光事業者のための観光地マネジメント組織」から「観光事業者だけでない地域ぐるみの協働」によって地域活性化を実現するための組織体制への転換を希求し、2015年11月より日本版DMO候補法人登録制度（観光庁）を開始した。2018年3月30日の時点では、「候補」法人としての登録が128団体、正式に日本版DMOとして70法人が認定された（国土交通省観光庁 2018）。

　しかし、現在の観光地マネジメント組織が、「（観光事業者のための、観光事業者による）観光」から「（地域の課題解決や地域に活力をもたらすための地域ぐるみの）観光まちづくり」へと転換することは、容易ではない（国土交通省観光庁 2016a, pp. 1-22）。観光地マネジメント組織の実態は、地元観光事業者を中心とする会員のためのサービスが優先され、その活動自体も、労力、資金、マーケティングやマネジメントに関するノウハウの不足等（国土交通省観光庁 2016a, pp. 1-22）から、例年のイベント・祭事などに掛かり切りとなり、地域の課題解決や新たな需要創造のための活動まで広げることが難しい状況にある。

　その一方で、これまで継続してきた「観光事業」についても、見通しは決して明るくない。国内の人口減少、超高齢化といった国内市場規模の縮小だけでなく、観光客のニーズも変わってきている。旅行形態は、団体旅行から個人旅行へと変わり、求める商品内容も従来のような大手旅行会社が主催するマスツーリズム型商品から、地域固有の価値（暮らしや文化、歴史、自然景観など）を体感できる自分らしい余暇活動や価値観にあった多品種少ロット型商品

を期待しているのである。さらには、国内観光市場の変化への対応だけでなく、地域経済の活性化や観光関連企業の雇用を維持するためにも、外国人観光客誘致を狙ったマーケティング活動および地域の受入れ環境整備への対応が急務である。

　観光地域は今、転換期を迎えている。これまでのように大手旅行会社にすべてを依存するのではなく、地域の観光地マネジメント組織が中核となって、当該地域に関わる多様な行為者（以下、「アクター」という）との協働を促しながら、戦略的にマーケティングとマネジメント活動を推進していかなければならない。また、観光に対する地域住民の理解も得られるように、コミュニケーションをとり続けることも必要である。日本には、地域コミュニティ主体による「観光地マネジメント」の実践事例は未だ少ない。今後は、国内で実践している地域の事例を検証し、我が国ならではの地域コミュニティを基盤とした「観光地マネジメント」の枠組みと実践的手法を明らかにすることが求められる。

1.2　観光地交通計画の諸特性

　収容能力と需要の管理は、サービス事業において生産性とサービス品質を高める上で重要な課題である。季節単位や時間単位などによる需要の変動は、効率的なサービス生産と均一な品質維持を妨げる（Kotler, et al. 1996, pp. 94-95）。こうした管理の必要性は、サービス産業だけでなく観光地においても同様である。収容能力を超過した観光客の流入は、「（観光地に向かうアクセスの）渋滞および域内混雑」による不快感や、事故の危険性といった観光客にもたらす不利益だけでなく、「自然環境観光資源の損傷」、「日常生活が乱されることに対する住民の不満や苛立ち」を引き起こす。本研究では、観光客流入の最適化を図るための需要管理手法として TDM を取り上げる。TDM の計画と実行は、実施される場に応じた検討が求められる。この節では、観光地交通計画の諸特性を紹介する。

1.2.1 観光地[7]における交通

観光[8]の定義とは、「余暇時間の中で、活動内容を問わず、1年を超えない期間で日常生活圏を離れたところへ出かけること」として要約できる（国土交通省観光庁 2016b, p. 12）。つまり、観光客は、義務的ではなく、自発的に楽しみの享受や気晴らしをするために、出発日時、目的地、移動手段など検討し、自由気ままに行動する存在なのである。

また、観光客にとっての交通は、目的地までの移動手段だけでなく、ドライブ、車窓観光のように観光経験そのものの役割を担う。一方、観光地および周辺には、そこに暮らす人や働く人など日常の場として過ごす人々も存在する。彼らにとっての交通は、通勤、買い物、病院通いなど日常生活手段として利用される。このように、観光地および周辺には、日常使いをする「ケ」の交通と、観光活動といった非日常使いをする「ハレ」の交通が混在した状況を生み出している。

1.2.2 観光地交通計画の対象範囲

久保田＆片田（1993）は、観光地交通計画（ハレの交通計画）を図1-3のように整理している（p. 16）。ここでの「ハレ」には、観光交通だけでなく休日の買い物交通も含まれる。図1-3の横軸は、右に行けば行くほど対象範囲が広くなる。一方、縦軸は日常性を表している。縦軸が、上に行くほど日常的（トップシーズンから週末、平日へ）であり、下にいくほど、非日常性（定期イベントから単発イベントへ）を示している。

観光地では、イベントの開催、シーズナリティの存在、連休や週末など余暇時間確保可能日の限定によって、一時に集中した観光客の流入を受け入れる。同時に、地域住民の日常交通も錯綜することから、交通容量と観光活動空間の容量を上回った状態になると様々な問題を引き起こしてしまう。このような交通問題に対処するために、観光地は交通計画を立てて対策を講じる。その対応策として、ピークの平準化とTDMが行われる。

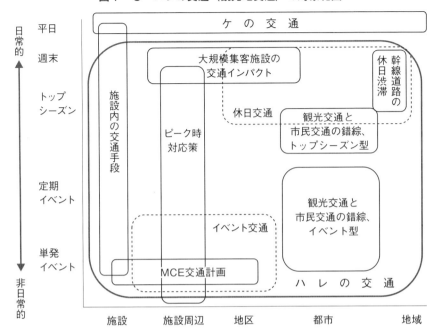

図1-3 ハレの交通（観光地交通）の対象範囲

注：MCEとは、Meeting（企業等の会議）、Convention（国際機関・団体、学会等が行う国際会議）、Event/Exhibition（展示会、見本市、イベント）を意味している。
出所：久保田＆片田（1993, p.16）掲載の図に筆者が加筆修正したもの

1.2.3 観光地の特性に合わせた交通計画

　交通計画は、観光地の特性に合わせて策定される。国土交通省は、交通施策を選択する際の視点として、①対策の目標設定（対象地域の性格）、②基盤整備状況（現状の交通基盤、利用可能なハード上のリソース）、③観光需要の特性（観光需要の変動、観光行動の特性）、④実施体制の検討（関係主体となる観光事業者や住民、行政などの協力度合い）を考慮する必要があると述べている（国土交通省 web site:chap1.html）。

　例えば、①対策の目標設定をする際に、対象地域の特性「自然環境・歴史文化保護地域」や「都市地域（商業、業務、住居）」の確認、②基盤整備状況として、現状の交通基盤となる「道路網形状（行き止まり型か、通過・回遊型

か)」や「公共交通水準(高密度・多頻度なのか、低密度・少頻度なのか)」と利用可能なハード上のリソースとして「駐車場確保等のための用地」や、域内交通手段および電光掲示板などの「情報通信基盤の有無」を挙げている。また、③観光需要の特性の把握については、「観光需要の変動(通年型か季節型か、あるいはイベント型か)」と「観光行動の特性(滞在型か日帰り型か)」の把握が必要である。森地他(1997)は、観光需要に加えて、交通容量(ある道路において1時間に通過できる自動車の容量)と活動空間容量(観光目的地の収容能力)による容量制約の現れ方(「観光需要」、「交通容量と観光需要の総和」、「活動空間容量」の3つの間の大なり小なりの関係の現れ方)を交通計画の際の観光地分類軸として取り上げている(p. 105)。

1.2.4 観光地交通計画が働きかけるアクター

観光地交通計画は、観光地における多様なアクターに影響を与える。そして、それぞれのアクター間においても互いに影響し合う関係にある。その関係性を表したのが、図1-4である。観光事業者は、できるだけ多くの観光客の来訪を期待するが、混雑状況からサービス品質の低下による満足度への影響を懸念する。観光客は、ある程度の賑わいを求めるが、渋滞や混雑状況になると不快に思う。地域住民もまた、過度な観光客の来訪によって普段のような暮らしが脅かされることを不安に思う反面、地域経済への影響や雇用の確保のために観光客の受け入れを容認しようともする。また、観光客の「観光対象」としての観光資源は、観光事業者にとっての「集客手段・装置」であり、住民の「地域への愛着や誇り」の源泉でもある。観光地交通計画は、観光客と観光事業者、住民、観光資源[9]にとって最も望ましい状態(需要量と供給量との均衡を保つこと、観光資源や住民への過度な負荷の軽減)へと導くために講じられる。

1.3 TDM概念フレームワーク

この節では、既往研究において一般化されたTDM施策と概念フレームを紹介する。これまで、TDMの枠組みに関する検討や整理は、社会(認知)心理学の理論をもとに研究が繰り返されてきた。これらの研究は、渋滞緩和や環境

図1-4　観光地交通計画と多様なアクターとの関係性

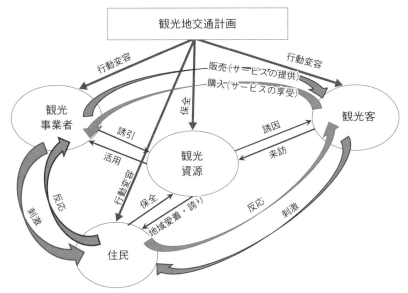

出所：森地他（1997, p. 106）の研究で示した「観光地交通計画が観光地に与える影響」について図式化したものを参考に、筆者が作成したもの

負荷軽減といった効果を得るための施策の設計と実践への貢献を主目的としている。TDM 研究者が、実践の場で実験研究を繰り返しながら得られた概念とはどのようなものであるか、また、技術的効果の追求から TDM の施策内容や概念がどのように変化しているのかを確認する。

1.3.1　TDM 施策と概念モデル

　TDM 施策は、自動車利用の削減による大気汚染の改善や渋滞緩和を目的とした対策を立案し、実行する策である。TDM 実行組織は、この施策によって、出発時間、移動手段、移動経路の変更や、自動車の効率的利用、渋滞発生源の調整を促すことで目的を達成させようとする（大塚 2001, p. 101）。

　TDM 施策は、その特性に応じて分類される。例えば、Steg（2003）による分類は、**表1-1**のとおりである。彼は、公共交通の改善やパークアンドライドなど代替交通の選択が相対的に魅力を高めてくれるような「物理的変化の提

表1－1　Steg（2003）によるTDM施策の分類

TDM 施策	例
物理的変化の提供戦略	公共交通の改善 徒歩とサイクリングのためのインフラストラクチャーの改善 パーク＆ライドのスキーム 移動時間短縮を促進させる土地利用計画 エネルギー効率の高い車を開発するための技術的変化
法律的政略	都心部の車乗り入れ禁止 駐車場の管理 速度制限
経済的政略	車と燃料の課税 通行料あるいは渋滞に対する料金収受 キロメーター加算 公共交通機関のコスト低減
心理的戦略	個別対応型のマーケティング 公共情報キャンペーン 行動の結果に関するフィードバックを与えること 社会的規範

出所：Steg（2003, pp. 189-190）

供戦略」をはじめ、速度制限や都心部の車乗り入れ禁止などといった「法律的戦略」、車や燃料に対する課税、通行料あるいは渋滞に対する料金収受などの「経済的戦略」、社会的規範に訴えかけたり、公共情報の提供や交通行動結果に関するフィードバックを与えたりすることなどを「心理的戦略」として分類している。

例示した分類以外にも、車利用の代替を魅力的に見せる施策を「Pull 施策」、車利用の魅力を削減する施策を「Push 施策」と表しているもの（Steg 2003, p. 192；藤井 2003, p. 24）や、施策の強制力の有無によって「強制的施策」と「非強制的施策」としているものもある（Gärling & Shuitema 2007, p. 142）。

Gärling & Shuitema（2007）は、TDM 施策による車利用削減の行動変容の概念フレームワークを図1－5として提示している（p. 142）。このモデルでは、様々な TDM 施策が、移動連鎖属性（目的、目的地、出発時間、移動手段など）に影響を与え、その後、施策の強度（重要度やコミットメント[10]）や施策の内容（難しさ、特異性、複雑さ、葛藤）によって車利用削減のための目標が

図1-5 TDM による行動変容の概念モデル[11]

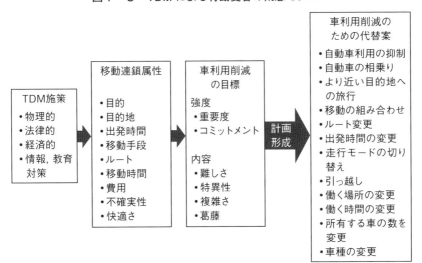

出所：Gärling & Shuitema（2007, p. 142）

設定され、その目標に向けた実行計画を形成し、代替案に基づいた行動（車利用の抑制、相乗り、より近い目的地への旅行など）に変容させるとしている。その際、Gärling, et al（2002）は、こうした行動変容に至る過程において、①「他のユーザーの影響」が「移動連鎖属性」を決定し、②「個人要因（家族構成、収入、勤務状況、態度、活動あるいは旅行パターンなど）」が「目標設定」に、③「状況要因（家族の移動、時間的制約、天気、時刻、平日など）」が「車利用削減のための代替案の選択」に影響を及ぼすとしている（pp. 60-62）。

1.3.2 TDM と MM の関係

わが国で TDM 導入の検討が本格化したのは、1990年代初め頃からである。その後、2000年代に入って注目されるようになったのがモビリティマネジメント（Mobility Management: MM）である。MM とは、「1人ひとりのモビリティ（移動）が、社会的にも個人的にも望ましい方向に自発的に変化することを促すコミュニケーションを中心とした交通政策」として定義されている（土

木学会 2005, p. 1)。

　藤井（2003, 2008）、土木学会（2005）は、MM による協力行動への行動変容プロセスモデル（**図1-6**）として、「構造的方略[12]としての交通整備・運用改善施策（狭義的 TDM）」に加えて、「心理的方略としてのコミュニケーション施策」を挙げている。まず、「構造的方略としての交通整備・運用改善施策」には、協力行動を実行することで利己的な利益を増進させるような働きかけをする「Pull 施策」と、協力しないと不利益になるか、あるいはその行動を禁止するような「Push 施策」がある。一方、「心理的方略としてのコミュニケーション施策」には、客観的な情報を提供することで協力してくれることを期待する「事実情報提供法」と、協力行動へ誘発することで持続的な協力行動へ変容することを期待する「経験誘発法」、客観的な情報以上にコミュニケーションを重視して協力してもらえるように努める「コミュニケーション法」がある。構造的方略が、1人ひとりの「態度（車利用を控えたほうが『得』だと

図1-6　MM による協力行動への行動変容プロセスモデル

構造的方略		
交通整備・運用改善施策		
pull施策	協力行動に伴う利己的利益を増進する方法。	
push施策	非協力行動に伴う利己的利益を低減、あるいは禁止する方法。	

態度・知覚行動制御・道徳意識 → 行動意図 → 実行意図 → 協力行動の実行

心理的方略	
コミュニケーション施策	
事実情報提供法	客観的な情報提供によって協力行動への変容を期待する。
経験誘発法	協力行動を誘発することを通じて持続的な協力行動への変容を期待する。
コミュニケーション法	客観的な情報以上のコミュニケーションを通じて協力行動への変容を期待する。

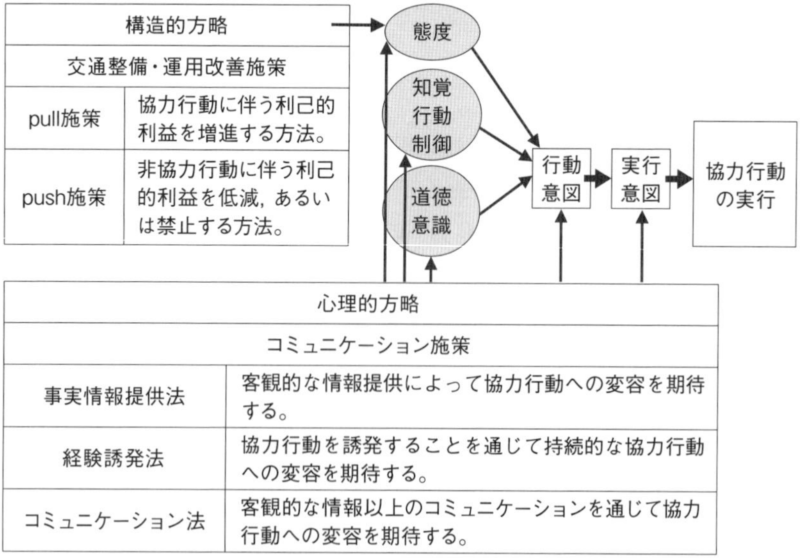

出所：藤井（2003, p. 24）、土木学会（2005, pp. 10-15）、藤井（2008, p. 43）で紹介された概念図や説明記述を基に筆者作成

考える傾向）」に働きかけようとするのに対し、心理的方略では、「態度」だけでなく、「知覚行動制御（車利用を控えるのは『難しくないだろう』と考える傾向）」や、「道徳意識（車利用を控える『べき』だと考える傾向）」に働きかけ、行動意図や実行意図に影響を与えることで、協力行動へと導く過程を表している。

　TDM と MM との違いはどこにあるのか。太田（2007）は、2つの関係について「TDM は経済学、MM は心理学の理論と概念を背景にした交通政策・施策の表現。（一部省略）政策実務面では、交通施設の整備とその運用といった交通サービスの供給面の比較的ハードな施策に対し、需要面からの比較的ソフトな施策をさすものということでは同じであるが、TDM は MM の啓発的アプローチ以外の施策を含めている点でより幅広い概念である（p. 32）」と述べている。

　これに対し、藤井（2005）は、「TDM が単位時間あたりの交通量や走行台キロといった交通需要を対象とする一方で、MM は人々の移動そのものを対象としている点が本質的な相違点（p. 4）」とし、また、土木学会（2005）では「TDM が交通需要の削減を課金や規制などによって誘導しようとする一方で、MM はコミュニケーションやそれをサポートする運用施策によって、1人ひとりが自発的に変化する」とし、MM を「TDM の一種」あるいは「新たな TDM」として位置付けている（p. 10）。これらの認識に対し、日本が先進的モデルとしてきた欧米では、TDM と MM を区分せず同義と捉えている国もある。本研究は、TDM が MM を包括する概念として捉え、TDM に統一して取り扱うこととする。

1.4　価値共創に向けた協働のネットワーク

　この節では、はじめに、マーケティング研究領域における「価値共創」概念を紹介する。次に、本研究が使用する用語「（観光）価値」、「価値共創」、「協働」の定義を示す。その上で、本研究が着目する TDM を支える価値共創に向けた協働のネットワークの概念を提示する。

1.4.1 価値共創の概念

「価値共創」は、Vargo & Lusch（2004）の提唱した「サービス・ドミナント・ロジック：S-D ロジック」の核となる概念である。彼らは、これまでのビジネスおよびマーケティング研究が「製品の生産、流通、経済的交換を基盤」とした発想（グッズ・ドミナント・ロジック：G-D ロジック）に基づくものとし、これに代わる新たな発想を提示した。それが、S-D ロジックである（pp. 1-17）。S-D ロジックでは、①サービスこそが交換の基本的基盤、②顧客は常に価値の共創者、③すべての経済的および社会的アクターが資源統合者、④価値は常に受益者によって独自にかつ現象学的に判断されるとし、グッズ（製品）の役割を、サービス提供のための媒介物の役割を果たす装置として捉えている（Lusch & Vargo 2014, pp. 17-20）。ここでの「サービス」とは、「他者あるいは自身のベネフィットのためにナレッジ（専門的な知識）やスキル（技術）を適用すること（同, pp. 3-20)」と捉えている。

Lusch & Vargo（2014）は、企業が価値共創を目指す場合、これまでのようなサプライチェーンの管理（G-D ロジック発想）を重視してきたのとは異なり、価値を共に創り出すネットワークの管理（S-D ロジックの発想）の必要性を指摘する（同, pp. 119-128）。この指摘は、観光地マネジメント組織にも同様に当てはまる。価値共創を目指す観光地マネジメント組織は、従来のような行政主導型の観光基盤整備の協力や観光事業者主体の観光商品の企画・提供および流通対策の管理（サプライチェーンの管理）だけでなく、価値共創に向けた協働のネットワークの管理も重要であることを認識すべきであろう。

1.4.2 用語の定義

本研究における主要な用語は、以下のように定義づける。

(1) （観光）価値

「(観光) 価値」は、主体の違いに応じて様々な定義が可能である。例えば、観光客を主体としたものでは、安島（2004）が「そこへ行きたいと思っている人の数と思いの強さの総和（p. 109)」とし、井上（2010）は「他所との比較や

時間軸の違いによる差異性を持つこと（p. 26）」としている。また、観光資源を主体とすれば、資源そのものの評価で捉えた価値（（公財）日本交通公社 2016, pp. 11-16）があり、観光事業者が主体となれば「経済的ベネフィット」をもたらす価値となる。

　本研究では、観光客、観光事業者、住民のすべてを主体として捉える。そのため、（観光）価値の定義は、「地域固有の観光資源を核とし、観光客が『訪れたい、満足できる経験をしたい』、観光事業者が『働きたい、安定的な経営を維持したい』、住民が『暮らしたい、生活の質の維持・向上を図りたい』と思う価値の総和」とする。

(2)　価値共創

　「価値共創」の概念は、企業が顧客から経済的ベネフィットを得ることを前提としている。しかし、本研究では、観光地が価値共創によって目指すものを「経済的ベネフィット（観光事業者をはじめとした地域全体の経済的利益）」に限定しない。その対象は、「社会的ベネフィット（暮らしの維持・向上、地域愛着の醸成、生きがいなど）」や「自然環境・文化的ベネフィット（観光資源の保全と魅力向上）」まで含めている。

　そこで、本研究上の「価値共創」の定義は、「当該観光地に関わる多様なアクター同士が、地域固有の観光資源を核とした他者あるいは個人の期待するベネフィットを持続的に享受できるよう、互いのナレッジやスキルといった資源を活かし、また、それらの資源を統合させながら、共に、絶えず、価値を維持・創造すること」とする。

(3)　協力と協働の違い

　Prahalad & Ramaswamy（2004）は、「価値共創」概念に基づき、これまで企業が価値を創造し顧客に提供するという「企業主導で一方向型」から、企業と顧客1人ひとり（パーソナライズ）と共に新たな価値を創造しようとする「企業と顧客が対等で双方向型」発想への転換を推奨した。また、価値共創の実現には、「協働」が必要であるとし、価値共創に向けた協働を「条件」と「緊密さ」という2軸から、価値共創に向けた協働の形態を示している

(pp. 334-337)。彼らの示す「価値共創に向けた協働」は、協働の条件（X軸）を、対等な取引関係から、情報（取引データ）の共有、知識（暗黙知[13]と形式知[14]）の共有と共創、新しい事業機会の発見と創造へと拡大させていくことと、協働の緊密度（Y軸）を、事業ユニット間の市場に根ざした取引主体の協働から、企業間の壁を超えた業務プロセスの改善、仕入先なども巻き込んだ共同開発、共通の目標に向けたコンピタンス（組織の有するナレッジやスキル）の活用へと高めていくことによって、「運命共同体による価値共創」が実現するとしている（同 pp. 334-337）。

本研究では、従来のTDM概念にある「協力」行動から、「協働」へと発想を転換する。「協力」行動への変容を目的としたTDM施策は、車利用者に対し「行政主導で一方向的」に働きかける。ここには、行政機関と車利用者との間で対等な関係ではなく、「主体」と「客体」といった「主従関係」が見られる。主従関係を基礎とした「協力」には、地域に新たな価値を創造しようとする進展は期待できない。これに対し、本研究は、主体間の対等な関係を前提とした協働の「条件」の規模と範囲の拡大と、「緊密度」の強さを高めていくことによる価値共創に向けた協働のダイナミクスを、新たなTDM概念の基盤に取り入れたいと考えている。こうした思いから、「協力」は、「客体が主体からの要求を受け入れ、主体の望む行動をとる（一方向性）」のに対し、「協働」は、「対等の関係である主体間が、共有された価値の維持・創造につながる行動をとる（双方向性）」こととして使用する。

(4) TDMを支える価値共創に向けた協働のネットワーク

本研究における「TDMを支える価値共創に向けた協働のネットワーク」とは、「地域固有の観光資源の維持・活用によって魅力的な観光地として存続させるために、『当該地域の収容能力に見合った観光客数（量）の調整をはじめ、車利用の削減と地域愛着の醸成に貢献し得る（地域風土との接触量の多い）歩くことを促進させる活動（観光客流入の最適化を図る活動）』に協働する多様なアクターが連結したつながりのこと」とする。

前述「(2) 価値共創」のとおり、観光地に関わるアクターが価値共創によって目指すものは、「経済的、社会的、自然環境・文化的ベネフィット」である。

この場合、観光地マネジメント組織が共創する相手は、観光客だけではない。むしろ、観光客は、再び訪れてくれるかわからない「自由気ままな」存在であるのに対し、当該観光地に関わる観光事業者と住民は、「絶えずそこに居続ける（運命共同体であって欲しいと願う）」存在である。したがって、観光地マネジメント組織が価値を共創する相手として特に重要な存在は、観光客以上に地域コミュニティを基盤とした観光事業者ならびに住民であり、価値共創に向けて協働するネットワークの中心的なアクターと言えよう。

　図1-7は、「TDMを支える価値共創に向けた協働のネットワーク」の概念図である。地域コミュニティを基盤とした協働のネットワークには、「中心」的アクターと「周縁」的アクターが存在する。「中心」的アクターには、TDM中核の組織と実行に関わるアクターによって構成された協働体（A）、観光客の来訪によって経済的ベネフィットを得ようとする地域の観光事業者（B）、暮らしやすさと観光資源の保全を求める住民および住民団体（C）が挙げられる。他方、「周縁」的アクターには、地域外に存在し当該観光地を対象とした情報の発信、商品の造成・販売によって経済的ベネフィットを得ようと

図1-7　TDMを支える価値共創に向けた協働のネットワーク概念図

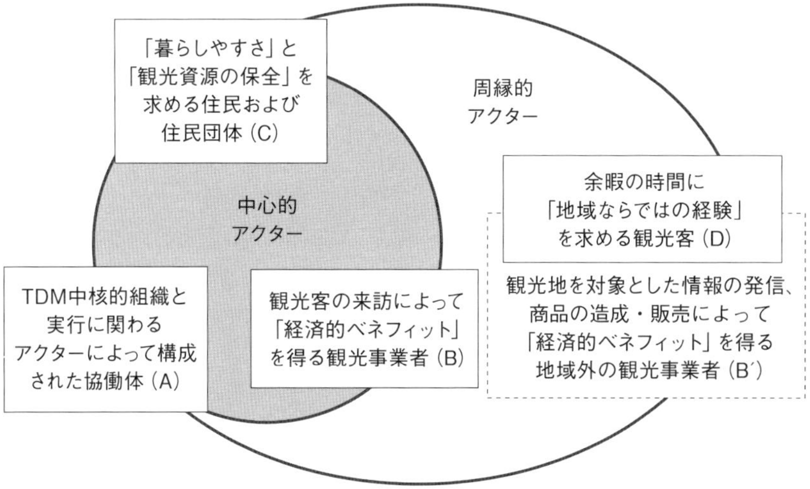

出所：筆者作成

する事業者（B'）や余暇の時間に地域ならではの経験を求める観光客（D）など観光地に関わろうとするアクターのすべてが対象となる。B'とDは、互いに得ようとするベネフィットは違うものの、地域外から観光を目的とした来訪であるという点で類似する。また、B'はDを観光地へと誘う役割を担う存在（Dに付随する存在）でもあることから、今回の研究では、B'は、Dにまとめて論じることとする。

1.5　研究の目的

　本研究の目的は、観光地TDMが、観光サービス生産システムの一部（観光サービス品質管理機能）として地域に定着し、そのシステムを支える地域コミュニティを基盤とした多様なアクターによる価値共創に向けた協働を持続させる仕組みについて明らかにすることにある。

　日本におけるTDM研究は、土木計画学を中心として1990年代から展開されている。研究の萌芽期は、欧米同様に技術的側面に目が向けられていた。しかし、実務的にTDMの本格導入が進まない事実を前にして、研究者たちの眼差しは、次第に、供給側の受容性や、計画段階でのマーケティング発想の必要性、「まちづくり」の視点へと変化していった。それは同時に、技術的貢献を目指そうとする土木計画学分野における関心事の対象から少しずつ離れていくこととなり、TDM研究のさらなる進展および実務上の課題を乗り越えられずにいるのではないかと考える。

　本研究が期待される成果は、経営学の視点からTDM研究で残されている課題に目を向け、その進展に貢献することと、実務において本格導入から継続実施へと定着させていくための示唆を得ることにある。観光は、国の成長戦略の柱としての期待がますます高まっている。しかし、観光地は、単純に観光客数（量）の増加だけを追い求めてはならない。観光地には、収容能力に限度がある。そして、集客の求心力となる観光資源は「有限」であり、また、観光地は、地域コミュニティが生産や生活の基盤としている場でもある。収容能力を超えた観光客の受け入れは、自然環境資源の損傷、観光客の安全性の低下、混雑による不満や住民の苛立ちなどを引き起こす。したがって、持続可能な魅力ある

観光地であり続けるためには、収容能力と地域特性に合わせた観光客の量と質の管理を行わなければならない。観光地におけるTDM研究と実務的導入の検討は、観光客流入の最適化を図る管理手法として、改めて注目すべきテーマであると考える。

■注
1 地域鉄道とは、一般に、新幹線、在来幹線、都市鉄道に該当する路線以外の鉄道路線のことをいう。その運営主体は、JR、一部の大手民鉄、中小民鉄および旧国鉄の特定地方交通線や整備新幹線の並行在来線などを引き継いだ第三セクターである。
2 地方都市圏における代表交通手段分担率のうち、自動車利用は、平日58.6％、休日72.1％である（2015年現在：国土交通省都市局都市計画課 2016, p. 6）。
3 観光地におけるTDM社会実験には、石川県金沢市のパークアンドバスライド実験（1992年、1993年）、岐阜県高山市高山祭りシャトルバス実験的導入（1994年）、神奈川県鎌倉市パークアンドレイルライド実験（1996年）、富山県五箇山パークアンドバスライド（1998年）などの例が挙げられる（太田他 1998, pp. 14-15）。
4 国土技術政策総合研究所（2003）の調べによると、TDM社会実験を行った国内事例729件の内、本格実施に至ったのは僅か2％程度であった（p. 29）。
5 国土交通省観光庁（2017a）の報告書には、2000年代以降からDMOが誕生したと記載されているが、ハワイ州観光局が1998年設立されているような例もあることから、本研究では1990年代後半からと修正して記載した。
6 Destination Marketing Association International（DMAI）らがDMAI会員を対象に行ったアンケート調査結果によると、DMOが将来的に強化したい活動の優先順位の1つ目として「ブランディング」を挙げている。
7 観光地については、空間的広がりによって「観光地点（1つの観光資源）」、「観光地区（歩けることを目処とした範囲）」、「観光地域（交通機関で移動する広がりを持つが1つの観光的まとまりとして旅行者に意識される範囲）」として定義される（森地他 1997, p. 102）。本研究論文では、それらを総称して「観光地」とした。
8 世界観光機構（World Tourism Organization; UNWTO）が、観光統計で扱う際に「観光」について定義しているTSA（Tourism Satellite Account）に則り、国土交通省観光庁が要約したものである。観光庁の原文には、UNWTOで「観光」としているものを「旅行」として記述している。
9 観光客を惹きつける観光対象としての素材。観光資源には、山岳、海岸、温泉、動植物など自然によって創造された自然資源と、まち並み、農山漁村、祭りなど人間によって創

られた有形・無形の人文資源等が挙げられる。
10 施策実施主体との関係の重要性を理解した心理的な結びつき
11 このモデルの原型は、すでに Gärling, et. al（2002）が作成している。Gärling & Shuitema（2007）のモデルでは、TDM 施策の記載内容に Steg（2003）の分類を参照し修正されている。
12 方略という用語は、経営学上聞きなれないものである。ここでは、日本の土木計画学上の用語をそのまま使用した。経営学の用語では、「戦略」として言い換えられる。
13 経験や勘に基づく知識
14 文章や図表、数式などによって説明可能な知識

第2章

TDM 研究の概観
── 文献レビュー ──

　本章では、持続可能な観光地であるための管理手法の1つであるTDMを、どのように定着させていくのか、その際に多様なアクターが協働していく過程に関心を持って文献レビューを進める。本章の文献レビューは、2つの視点から行う。

　1つ目は、国内TDM研究の変遷の追跡と研究上の課題の確認である。日本では、欧米で先行して行われたTDMに倣って導入を試みるも、本格導入に至った地域が少ないことは前章でも紹介したとおりである。そこには、TDMの検討から本格導入に至るまでの間に、日本特有の諸問題が背後に潜んでいるものと思われる。日本のTDM研究は、国内における実証実験を基に蓄積されている。本章では、日本ならではのTDMによる観光地マネジメントの今後のあり方を検討するために、国内TDM研究で得られた結果を中心に確認を行う。

　2つ目は、TDM施策に関する影響要因についてである。これまでのTDM研究では、TDM施策実施上の影響要因や継続性に関する研究がなされてきた。本章では、TDMの検討段階から導入、継続実施までの一連の流れ（TDMの定着過程）に沿って、既存研究で得られた諸要因の導出方法と結果を整理する。この整理によって、今後、持続的な活動を行う協働のネットワークの構築が、段階ごとにどのような影響を受け、それらを乗り越えていったのか、あるい

は、活かしていったのかを確認するのに役立てる。

本章のまとめでは、TDM の定着過程「認知（STEP 1）」、「受容（STEP 2）」、「協力行動の実行（STEP 3）」、「継続（STEP 4）」の次なる段階として「価値共創（STEP 5）」を設定し、STEP 5 まで発展させようとする意義を述べる。その際、価値共創段階が目指すべき状態（STEP 4 との違い）を提示する。

2.1 日本における TDM 研究の変遷

日本の TDM 研究は、時代の流れの中でどのような関心の変化と、研究の蓄積をしてきたのだろうか。ここでは、土木学会、土木計画学研究、都市計画学会、国際交通安全学会、観光研究学会、交通工学研究会、「運輸と経済」に掲載された研究者による TDM 関連記事や論文から、研究の変遷[1]とその過程で得られた知見を確認する。

2.1.1 TDM 施策の実効性の検証

TDM 社会実験による効果測定、導入に向けた課題の抽出に関する研究は、社会実験が全国で活発に行われるようになった1990年代から盛んに行われている。TDM 研究の萌芽期と言えるこの時代は、効果的なシステムや制度設計に関する研究と、社会実験（事前事後を含む）による利用者の意識や行動変容に着目した研究が多い。

TDM の効果的なシステムや制度設計に関する分析には、駐車場予約システムの有効性（古城他 2008, 久保田他 2002, 山本他 2004）や情報提供のあり方（観光客属性に合わせた情報の内容、出発前および当日の情報提供の場の確保、社会的意義や効果の伝達の必要性）の検討（高山他 1997）、パークアンドライド（P&R）の適用可能性（古屋他 1995, 湯沢&須田 1996）等を指摘している。

一方、利用者の意識や行動変容に着目した研究では、研究対象地区における社会実験の事前と事後に、来訪者の行動や意識に与えた影響を確認するためのアンケート調査を実施し分析することで、より効果的な施策メニューの設定、内容の検討や課題の整理を行っている（永井 1995, 西岡他 1995, 久保田他 2002,

西井他 2007, 飛川&橋本 2010)。

　2000年以降には、「TDMの一種」あるいは「新たなTDM」と言われるコミュニケーション施策を重要視した「MM^2」による効果検証を行う研究も始まっている。これらの研究では、日常の交通問題の解決のために行われる住民、職場、学校を対象としたMMだけでなく、観光地におけるMMの有効性と効果の検証（宮川&藤井 2011, 福井他 2014）も行われている。例えば、宮川&藤井（2011）は、観光地へ出発する前にコミュニケーションを図る「出発地対策（広範かつ大規模に情報伝達することができるラジオと主婦層をターゲットとした地方情報誌リビング新聞）MM」と、観光地に到着してから行う「到着地対策（宿泊施設および駐車場において直接観光客に働きかける）MM」を行い、それぞれの事業効果（自動車からの転換者、CO_2排出削減効果、費用対効果）の検証を行った。結果は、観光地におけるMMによってCO_2排出削減効果と費用対効果の観点から、高い事業効率性が確認された。そして、出発地が広域に分布する観光MMにおいては、広域の対象者に対して効率的にコミュニケーションを図ることのできるラジオを活用することと、到着地においては車利用者1人ひとりに働きかけることのできる駐車場MMが有効であったと結論付けている。

2.1.2　TDM施策の導入に向けた地域側の受容性

　観光地は、観光客による非日常的な交通と住民等の日常的な交通が錯綜した状態の中で、車による諸問題を抱えている。また、地域における観光事業者にとって、観光客総数を減少させてしまう恐れを感じるような施策はなかなか受け入れがたいものである。したがって、来訪者（観光客）側から見たTDM施策そのものの実効性だけでなく、地域住民および観光事業者側にとっても受け入れられる施策を検討しなければならない。

　こうした実務的な背景から、TDM研究は、これまでのような来訪者側の意識や行動だけでなく、地域側に着目した研究へと広がり始める。例えば、久保田他（2000）は、来訪者の意識だけでなく観光事業者への影響についてもヒアリング調査とアンケート調査から分析を行い、鎌倉の歴史的都市部におけるTDMの本格導入に向けた課題を整理している。斎藤他（2006）は、日光市市

街地の交通実験期間中の来訪者のインパクト調査（交通量、渋滞長、駐車台数など）、観光事業者の実験に対する認識と評価に対するアンケート調査および実験以後の経過を踏まえ、交通実験の効果について観光事業者の合意形成の観点から考察した。その結果、交通実験による合意形成の効果として、①観光事業者間の考え方を知ることにより各主体の主張が明確になり、利害関係を明らかにできること、②実験に参加し、また、来訪者の生の声を聴くことで観光事業者の意識が変化すること、③来訪者の交通実験に対するイメージは比較的肯定的であることを（観光事業者が）知れること、④実験後の意見交換によって各施策の成果と問題点を明らかにできることがわかった。

「観光客による賑わい」と「日常生活の利便性」が折り合うための工夫や検討には、施策の説明段階での表現に対する配慮や、当該観光地の道路に対する意識の違いを理解しておくことが有効である。久保田他（2006）は、観光地や商業地の事業者に対し、TDM施策の内容についてお客様を管理するといった「管理的な」表現ではなく、お客様を「もてなす」表現に転換することで受容性が高まることを確認している。また、吉城他（2011）は、当該観光地の道路の役割に対する地域住民の意識の違いから、「観光客の賑わいを重視する層」、「地域と観光のバランスを重視する層」、「移動機能を重視する層」と分類し、クラスター別に施策の受容性を調査した。そして、これらの意識の違いが交通社会実験の評価と道づくりの考え方に関係していることを明らかにしている。

しかし現実的に、折り合いをつけること（「観光客による賑わい」と「日常生活の利便性」との妥協点を定めること）が容易でないことは、室井他（2010）の研究からも窺える。彼らは、埼玉県川越市の取り組みに基づき、観光客および住民に受け入れられるような交通コントロール手法を検討するために、交通社会実験による「周辺道路への影響分析」、社会実験中の「歩行者アンケート調査」、「自動車による来街者の渋滞経験」、実験終了後の「住民意識調査（交通対策に対する受容性）」を行った。その結果、観光客が交通施策（歩行者天国、一方通行）を支持したのに対し、住民は快く受け止めていないことがわかった。さらに、渋滞経路の発生要因が、住民の日常的な習慣行動に起因する可能性をも示唆している。

これらの研究結果が示すとおり、今後、施策の検討と導入に向けて車利用者

である住民と観光客の双方に受け入れてもらうには、住民の合意を得るための時間を惜しまず、意思決定過程に対する十分な配慮が必要である。

2.1.3 合意形成プロセス

日本が、社会資本整備の検討段階において住民参加制度を導入するよう公表したのは、2003年のことである（国土交通省 2003）。以降、公共事業における住民参加は活発化している。国や地方自治体は、公共事業の計画や本格実施に至るまで、住民との話し合いを繰り返し行うことで、合意を形成し、最終的に事業計画を確定させることを目指す。合意形成に関する研究は、包括的な理解を目指すもの、プロセス、手法、技術、制度設計などの視点から、社会資本整備に係る領域だけでなく様々な分野で展開されている（合意形成研究会 web site:gaiyou.htm#2, 猪原 2011, p. 1)。例えば、プロセスに関する研究では、梅宮他（2007）が、歴史的市街地（新潟県村上市）での都市計画道路の見直しに関する合意形成プロセスについて、意見潜在期から意見調整期を集団形成期とし、以降、集団意見表明期、集団収束期と分類した上で、事例記述をしている。

TDM研究でも、実証的研究から合意形成プロセスの解釈を試みたものがある。澤崎他（2012）は、埼玉県川越市の交通まちづくり関係者に対するインタビューや関連資料をもとに、その実践内容から、合意形成のプロセスの解釈を行った。その結果、町並み保全の取り組みから、交通に対する、①潜在的な意識の共有化、②共有意識の具現化、③交通社会実験の実施、④問題の顕在化、⑤検討委員会と地域住民との繰り返しの会合による融和の兆し、⑥合意できる条件の調整・合意点の探索といった段階を踏んでいることを示した。また、合意形成に資する考察として、①問題認識の共有化、②共有化を生む源泉となるまちのシンボル（キーとなる資源：川越市の場合は「蔵」）の存在、③問題認識の共有化に基づく基本合意、④行政側の地域住民に対するきめ細やかな配慮（物理的・精神的ケア）、⑤（行政内調整不良を補うための）第三者的研究機関の適切なバックアップの必要性が述べられている。

住民の合意を得るためには、交通整備・制度設計の手順にも配慮しなければならない。永井他（2008）は、交通整備・制度設計のフレームを構成する、(a)アクセス交通の確保、(b)ターミナル（駐車場）の適正な配置と機能強化、(c)回

遊ルートの形成と演出、(d)通過交通の排除、(e)誘導のための情報提供の中で、観光地の交通まちづくりを考えた場合、地域コミュニティを主体とした交流の街の表舞台となる(c)と(e)から始めるのが望ましいと述べている。そして、彼らの事例研究対象であった日光市の場合、(a)と(d)から社会実験を始めてしまったことが、住民の合意を得られなかった原因の1つではないかと総括している。

2.1.4 TDM 施策の計画および実行段階における視点の変化

2000年代以降の TDM 研究は、これまでと異なる視点に立った TDM 施策の計画および実行を推奨する研究が現れる。1つは、マーケティングの視点に立った交通施策の検討（交通工学研究会・TDM 研究会 2002, 丸山他 2003, 西井＆近藤 2008, 西井他 2010, など）を推奨するものである。これらの研究は、従来の公共インフラ整備が行政機関の独擅場（どくせんじょう）で計画実施されてきた時代から、利用者ニーズを汲み取った計画の作成と実施の時代へと転換するように、マーケティング戦略の枠組みを用いて提案している。もう1つは、これまでの短期的な即効性を求める研究から、長期的な視点を強調し、まちづくりの中に TDM 施策を位置付けようとする研究である。

(1) マーケティングの視点

交通工学研究会・TDM 研究会（2002）は、TDM を成功させるためにマーケティングの視点から計画策定（顧客ニーズの把握、商品開発、価格設定、プロモーション、流通）を行う必要性について、複数事例を使って解説した本を出版している。この頃より、マーケティングの視点から捉え直して課題整理を行う研究が見られるようになる。丸山他（2003）は、交通施策の導入や普及が試みられるも、その実施において「環境に優しい」ライフスタイルや交通行動の必要性を市民に意識させ、新規需要を創出するような仕組みが不十分であることを問題提起した。その上で、普及促進には、需要に対応するサービス提供と積極的な売り込みが必要であり、マーケティングの発想を参考にすべきであると述べている。彼らは、交通マーケティングとして8つの機能（リサーチ、商品、流通、広告、販売促進、営業、情報、ロジスティクス）を説明し、そのうちのリサーチ、商品、流通、広告の機能に焦点を当て、単一の社会実験事例

をもとに改善点の検証を試みた。

　また、西井他（2010）は、人口減少の一途にある都市の観光を考えた場合に、「魅力ある持続可能な観光圏域の形成のための戦略的エリア観光マーケティングとマネジメントには、もはや観光地交通戦略において需要を予測するのではなく、いかにターゲットを定めて需要を創造できるかが必要である。そのためには商品開発と市場化を図るエリアマーケティング手法に依拠すべき（p. 262）」という考えを述べている。こうした考えのもと、彼らは、魅力的な観光地形成に資する交通施設整備施策を検討する際の観光力指標として「観光アクセシビリティ」の計量化方法を考察した。

　上述のように、TDM を含む観光地交通に関わる研究では、TDM の本格導入を目指すために、マーケティングを「顧客ニーズに合った商品開発、認知、行動へとつながるような計画策定に役立てること」、「観光サービス提供のための意思決定プロセスを確立させること」、あるいは、観光地における交通戦略の策定と実行の際に「需要予測だけにとどまらず需要創造のため」の手法として活かそうとしている。

(2) 観光まちづくりの視点

　長期的な視点から観光まちづくりに資する TDM 施策として位置付けている研究は、比較的新しい潮流である。これらの研究では、まちづくりの視点から課題の整理を行うための「枠組み」を提示している。

　西井他（2013）は、イベント時における交通緩和策としての TDM 施策を取り上げ、独自の枠組み（「交通―観光―まちづくり」のトライアングル）によって、課題の導出と短期的施策から持続的な施策への展開の可能性を考察している。研究は、伊勢市の式年遷宮 TDM の事例を使用し、次のような手順で行われた。

① 伊勢市における式年遷宮交通需要マネジメントをとりまく政策課題を、「交通」、「観光」、「まちづくり」の3つの視点から整理する。
② ①の課題整理から、「交通―観光」と「交通―まちづくり」のそれぞれの関係性に着目し、課題解決に向けた長期的戦略検討の新たなアジェン

ダを設定する（例：「交通 — 観光」では、「伊勢参り魅力再発見」、「交通 — まちづくり」では、「まちの活性化と賑わいづくり」）。

③　さらに、交通対策検討の枠組みとして「課題内容、時間スケール（実施時期および時間間隔）、空間（範囲）スケール」のそれぞれの次元で問題の構造化を行う。

　上述の手順により導出した課題の整理と考察をした上で、観光地 TDM 施策の持続的展開には、観光まちづくりといった長期的観点で、政策課題設定の段階から位置付けていくことが前提であると主張する。この研究の第2弾として位置付けた西井他（2014）による報告でも、先行研究で行った伊勢市、出雲市、和歌山県高野町、岩手県平泉町の事例を取り上げて、観光まちづくりの視点から交通対策の検討（課題の整理）を行っている。

　他方、永井他（2008）は、日光市の門前町における交通社会実験が地域コミュニティに与えた影響について PIC プランニング[3]（Participation（参加），Incremental Growth（逐次成長），Collaboration（協働））の枠組を用いて整理し、まちづくりの視点から当該地区における交通対策の課題を導出した。また、事例研究から得られた知見として、交通まちづくりの課題には、まちづくりのシステム（計画・実施体制）[4]に参加する住民の代表と地域コミュニティの伝統的な力関係があることと、シーズン、財政的・時間的な制約、外部要因の影響（経済情勢、アクセスの変化、周辺観光地の変化、天候など）に考慮しなければならないことを述べている。

　観光まちづくりは、終わりのない持続的な活動である。そして、その活動には、「観光客、観光事業者、地域住民を含めた形で観光地としての魅力化、まちとしての活性化や持続的な内発的発展、地域への愛着と誇りといった地域アイデンティティの復権まで視野に入れた政策形成」と「地域が一体に取り組むための推進体制の構築、住民の観光まちづくりの主体的な参画を促す取り組み」の必要性が指摘されている（西井他 2013, p. 188）。

2.1.5　小括 — 研究の変遷と残された課題

　第1節では、国内 TDM 研究の変遷を辿ってきた。研究の潮流をまとめたの

表2-1　国内TDM研究の変遷の整理

項目		1990年代	2000年～	2010年以降
対象領域			需要側（地域外部）	
			供給側（地域内部）	
着眼点	TDM施策の実効性の検証	来訪者行動変容に見るTDM効果検証、行動変容への影響		
			コミュニケーション施策（MM）による効果検証	
	TDM施策の導入に向けた地域側の受容性の検討		地域側の受容性、社会実験前後の変化	
	合意形成プロセス		住民の合意形成	
	計画および実行段階における視点の変化		マーケティングの視点（計画策定）	
			観光まちづくりの視点（長期的視点）	
TDMの主導的な立場		行政もしくは実験・調査研究実施組織		
研究調査期間		TDM導入前・実験期間中（直前直後を含む）		
				導入後（継続中）
時間軸のとらえ方		共時性		
				（断片的）継時性
対象事例		単一	（2地域・地区）比較	3地域・地区以上の複数

出所：筆者作成

が、**表2-1**である。また、**図2-1**には、既存TDM研究の対象領域を図式化した。ここでは、TDM研究における残された課題を提示する。

① **相互作用性に対する考慮が十分ではない。**

これまでの研究では、来訪者側と地域側のいずれかに生じる変容に焦点を当てるか、TDM実行組織から来訪者あるいは地域側への働きかけといった一方向の視点から分析、解釈、結果が示されてきた（図2-1参照）。確かに、研究の視野を絞り込むことは、結果の明瞭性を高める。しかし、これまでも相互作用性による影響について指摘（Gärling, et al. 2002, 福田他 2004）が

図2-1 既存TDM研究の対象領域

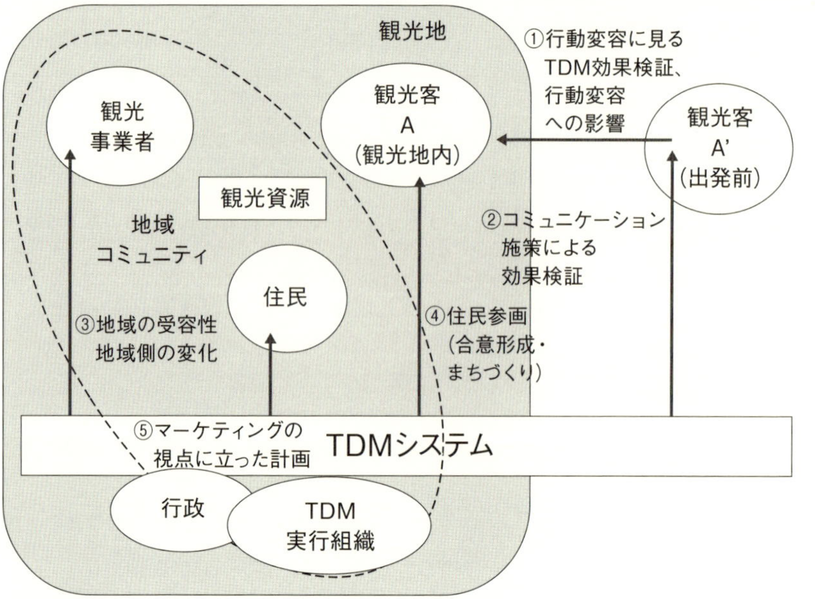

観光地
観光事業者
観光客A（観光地内）
観光客A'（出発前）
①行動変容に見るTDM効果検証、行動変容への影響
観光資源
地域コミュニティ
住民
②コミュニケーション施策による効果検証
③地域の受容性・地域側の変化
④住民参画（合意形成・まちづくり）
⑤マーケティングの視点に立った計画
TDMシステム
行政
TDM実行組織

出所：筆者作成

あったように、TDMの実践の場が観光地であることの特殊性を配慮すれば、異種混合のアクターによる「相互作用性」は見過ごせない要因である。観光地は、地域と観光客との遭遇によってサービスの提供と経験が同時に行われる（生産と消費の同時性）場であり、観光客と地域におけるサービス（人的および物理的サービス要素）との直接的な交流（相互作用）が行われる場でもある（Lovelock & Wright 1999, pp. 60-64）。さらに、観光地全体をサービス生産システムとして捉えれば、顧客とサービス生産側（目に見えるもの：物的環境とサービス提供者、目に見えないもの：バックヤードとシステム）との相互作用だけでなく、顧客と顧客による影響も受ける（Kotler, et al. 2003, p. 44）。したがって、観光地におけるTDMは、サービス生産システムの一部として捉え、トライアド（三者もしくはそれ以上の）な関係性をマネジメントするという視点で検討する必要があると考える。

② 協働の視座に立脚した研究が乏しい。

　研究者のまなざしは、住民参画やまちづくりの考えに基づき「マーケティング」の視点に立った計画と、実施において「統制型」から「コミュニケーション重視型」へと徐々に転向している。その一方で、研究全般において、「行政機関もしくは実験・調査実行組織」による統治的な視座に立った研究が主流である。TDM を持続的な活動として地域に定着させていくためには、TDM を支える地域コミュニティを基盤とした協働の視座に立った研究の蓄積が望まれる。

③ 継時的研究が乏しい。

　これまでの研究は、「TDM 導入前や社会実験期間中（直前直後も含む）」の一時点におけるデータからの分析によるものが多い。このような共時的[5]な研究の弱点は、連続性がわかりにくいことにある。一部の TDM 研究には、活動の経緯についての事例記述があるものの、断片的な情報にとどまっており、それぞれの事象との関連をつかむことができない。今後、実務的な貢献を考えた場合には、「誰が、どんな人や事業者と共に、どの段階で、何を、どこで、どのように」活動を発展させていったのかを明らかにする必要がある。その意味で、これまでのような共時的な研究ではなく、継時的[6]な研究の開拓と蓄積が望まれる。また、特定期間（導入前から社会実験期間中）に研究が集中している点についても、持続的なマネジメント手法を検討していくためには、導入前から導入後の継続段階に至る期間まで研究対象範囲を広げる必要がある。

④ 複数事例を対象とした研究の蓄積が必要である。

　上述のとおり特定期間における研究の集中や、研究対象として単一事例が多いのは、研究者に対し対象地域・地区の行政主導による社会実験への技術的協力と成果報告（効果検証と今後の課題の整理）としての役割を期待されていたことによるものと思われる。単一の事例研究は、限定的な条件下において課題と対応策、効果の検証を目的とする。また、2 つの地域・地区を研究対象とした場合は、共通項の発見、ある現象や問題の比較検討が行われる。他方、3 つ以上の複数事例を対象とした研究では、より普遍的な概念化に向けて接近を試みるのに有効である。現在のところ、このような複数事例によ

る研究は乏しい。今後、新たな概念化に向けてさらなる研究の蓄積が望まれる。

2.2 TDM定着過程と影響要因

次に、先行研究の中から、TDM施策に関する影響要因について取り上げる。本研究では、TDMの検討段階から導入、継続実施までの一連の流れ（TDMの定着過程）を設定し、これまでの研究で得られた諸要因を整理する。各段階におけるTDM施策に関する影響要因は、持続的な活動を目指す協働のネットワークの構築にも何らかの影響を与えることが考えられる。その際に、協働するアクターたちが、どのように乗り越え、良い方向へと導かれたのかを理解する手がかりとする。また、整理した諸要因の1つである「地域愛着」が、「継続」段階から競争優位性と持続可能な観光地を目指す「新たな段階（価値共創）」へと発展させていく過程で醸成されていくことを説明し、価値共創段階の目指すべき状態を提示する。

2.2.1 TDMの定着過程

観光客あるいは地域コミュニティが、TDM施策を受け入れ、協力行動を実行し、その行動を継続する一連の流れをTDMの定着過程として図式化した（図2-2）。その過程は、「認知」、「受容」、「協力行動の実行」、「継続」の4つの段階が考えられる。これまでの研究では、TDM施策を告知した後、その施策を受容するかどうか（STEP 2）、協力行動の実行（望ましい行動変容）をするかどうか（STEP 3）、継続（STEP 4）の段階における影響を及ぼす要因について研究されてきた。この節では、TDM定着過程（図2-2）に

図2-2　TDMの定着過程（4段階）

STEP 1		STEP 2		STEP 3		STEP 4
認知	⇒	受容	⇒	協力行動の実行 （行動変容）	⇒	継続

出所：筆者作成

沿って、各段階（STEP 2 以降）に該当する諸要因を導出した研究を概観する。

2.2.2　施策の受容性

TDM 施策の受容性に影響を及ぼす要因は、TDM 定着過程の「STEP 2 受容」に影響を及ぼすものとして位置付ける。

これまでの研究で発見された TDM 施策の受容性に関する要因は、「需要側（車利用者側）」と「供給側（来訪者を受け入れる地域側）」のいずれかを対象としたもの、あるいは「（車利用者の）心理的要因」と「TDM 施策内容」に関するものとして区分できる。表2－2は、「（車利用者の）心理的要因」と「TDM 施策内容」に分類し、施策の受容性に対する影響要因の研究結果の一例を整理している。この表で紹介した研究結果は、次のとおりである。

まず、TDM 施策の受容性に関する要因のうち、「（車利用者の）心理的要因」については、Louise, et al.（2006）によって確認された「環境に対する問題意識」、「個人規範」、「道徳意識」、「知覚された公平性」を挙げている。彼らは、TDM 施策の受容性に影響を与える要因の根底に「環境に対する問題意識」と「個人規範」があるとし、公共交通の受容に対して「（選択の）自由度」と「問題意識」が、燃油税の増加に対する受容（コストの知覚）に対して

表2－2　施策の受容性に対する影響要因の研究結果一例

視　点	施策の受容性を高める要因	研究者（発表年）
（車利用者の）心理的要因	環境に対する問題意識、個人規範、知覚された公平性、道徳意識	Louise, et al.（2006）
TDM 施策内容	公共交通機関選択の自由度	
	Push 施策よりも Pull 施策のほうが受容性は高まる。しかし、どちらか一方の施策だけで効果が高まるとは限らない。	Steg（2003）
	強制的 TDM 施策は、非強制的 TDM と組み合わせることで、より効果的に許容される。	Gärling & Shuitema（2007）
	観光事業者や商業者の受容性は、施策内容の説明の際、来訪者に対する「制御」的表現ではなく「おもてなし的」表現で伝えたほうが高まる。	久保田他（2006）

出所：筆者作成

「道徳意識」と「知覚された公平性」が重要であることを指摘している。このうち、公共交通の受容に関する「(選択の)自由度」については、「TDM 施策内容」として分類した。

他方、「TDM 施策内容」に関わるその他の影響要因は、次のような研究結果から導出した。Steg (2003) は、構造的方略の1つである「価格設定」による交通施策に対する受容性と効果について検証する研究を行った。その結果、Push 施策(非協力行動に伴う利己的利益の低減もしくは禁止する方法)よりも Pull 施策(協力行動に伴う利己的利益を増進する方法)のほうが、受容性は高まると結論づけている。さらに、Gärling & Shuitema (2007) は、「強制的施策の受容性を高めようとする場合には非強制的施策の組み合わせが必要である」と述べ、2つの施策パターンのどちらか一方だけではなく、2つを組み合わせて実行することで効果が高まることを指摘した。

前述した研究は、来訪者側を研究対象とした結果であるが、地域側の施策の受容性に関する研究においても類似した結果が指摘されている。久保田他 (2006) は、観光事業者や商業者の施策の受容性について、制御的な表現よりもおもてなしの気持ちを示すような非制御的表現のほうが高まる可能性を示唆している。

2.2.3 行動意図

続いて、行動意図に影響を及ぼす要因は、TDM 定着過程の「STEP 3 協力行動の実行」に影響を及ぼすものとして位置付ける。

(1) 協力行動への行動変容プロセスモデル

MM 研究の基礎として用いられるのが、藤井 (2003) の協力行動への行動変容プロセスモデル(**図2-3**)である (p. 35)。いくつかの社会心理学の理論を援用して考案されたこのモデルでは、協力行動の実行までに、行動意図(「~しようと思う」「~するつもりだ」)と実行意図(「~するために、いつ、どこで、このような実行をしようと思う」)の2つの段階を経由する。

行動意図に影響を与える心理的要因には、「態度(好ましさの程度を表す心理的傾向:「~したほうが得だ」)」、「個人規範(対象行動を実行したことで得

図2-3　協力行動への行動変容プロセスモデル

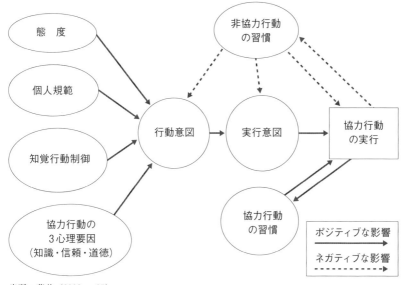

出所：藤井（2003, p. 35）

られる帰結に対する他者評価：「○○は〜私が協力行動をとることを評価してくれる」）」、「知覚行動制御（その行動の実行に伴う容易さの程度に関する見込み：「〜することは難しくないだろう」）」、「協力行動の3心理要因（知識・信頼・道徳）」が影響を及ぼすとしている。そして、行動意図は実行意図へ、実行意図から協力行動の実行へとポジティブな影響を与えていく。しかし、非協力行動が習慣化されている場合は、行動意図、実行意図、協力行動の実行すべてにネガティブな影響を与えてしまうことを表している。

　この理論的モデルを基礎に、土木学会（2005）がTDM実行の際の参考となるよう提示した「TDMによる行動変容モデル[7]（p. 11）」の中で、行動意図に影響を及ぼす心理的要因として「態度」、「知覚行動制御」、「道徳意識（〜すべきだ）」を提示している。そして、3つの心理的要因は、環境要因（コスト、代替案の便利さ、規制や取り締まりなどの権力）の影響により形成されるとしている（同 p.12）。

(2) 環境に配慮した交通手段選択行動の規定因

大友他（2004）は、TDM 施策の１つであるパークアンドライド（P&R）の普及のために、公共交通選択行動の心理的規定因を調べている。その際、仮説は、広瀬（1994）の環境配慮行動の２段階モデル[8]を基に作られた。彼らは、前述の協力行動への行動変容プロセスモデル（図２-３）では、態度と行動の乖離を十分に説明できないとし、広瀬の提示したモデルを採用している。図２-４は、P&R 社会実験実施地域の住民を対象としたアンケート調査の分析結果である。彼らの導き出した結果では、実行可能性評価（公共交通機関を代替案として現実的に利用可能かどうか）とコスト評価（公共交通機関の利用が時間的・費用的なコストを削減できるかどうか）が、公共交通選択行動の規定因として抑制する影響を与え、公共交通利用意図（「公共交通機関を利用しよう」）が、公共交通選択行動を促進する影響を与える要因であることを示した。また、環境に配慮した交通利用意識と社会規範が、公共交通利用意図を媒介と

図２-４ 環境配慮意識と公共交通選択行動との関係

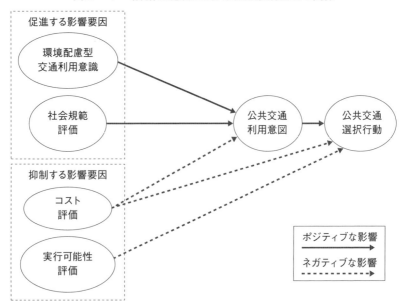

出所：大友他（2004, p. 209）の共分散構造モデルの結果を基に筆者が図式化したもの

して、公共交通選択行動を間接的に促進する要因であることも示した。しかし、促進要因（環境配慮意識と社会規範）と、阻害要因（コスト評価と実行可能性評価）が行動に対して同等の影響力を持っている状況から、阻害要因を低減する心理的方略によるアプローチの必要性を提言している。

(3) 行動意図に影響を及ぼす要因の整理

(1)では、「協力行動への行動変容プロセスモデル」を解説し、土木学会（2005）がこのモデルを基礎に実務的な運用を考慮した「TDMによる行動変容プロセス」における「行動意図への影響要因（心理的要因）」と、心理的要因に影響を及ぼす「環境要因」について説明した。そして、(2)では、大友他（2004）による行動意図（公共交通利用意図から選択行動への転換）に対する影響要因を紹介した。これらを整理したのが、図2-5である。この図から、

図2-5　行動意図に影響を及ぼす要因の整理

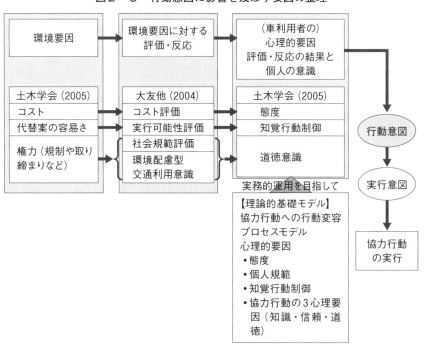

出所：筆者作成

大友他（2004）の提示した影響要因は、土木学会（2005）の挙げている「環境要因」に対する評価・反応であり、その評価と反応の結果と個人の意識の表れが、「（車利用者の）心理的要因」となって、行動意図に影響を及ぼすと考えられる。TDM定着過程の「STEP 3　協力行動の実行」は、「環境要因」と環境要因に対する評価と反応の結果である「心理的要因」によって行動意図が影響を受け、行動意図から実行意図へ、実行意図から協力行動の実行へと発展する。ただし、「心理的要因」によって行動意図が形成されたとしても、必ずしも実行に至るとは限らない。

2.2.4　継続性

MM分野では、2010年以降から継続性に関する研究が少しずつ出現している。これらは、観光地に特化した研究ではなく、また、コミュニケーション施策を中心とした取り組みに焦点を当てた継続性の探求である。

安部他（2011）の研究では、1999年から2010年11月末までに報告された国内MM事例（都市数150件、MM事例数479件）の中から、文献で得られたデータを項目別に整理し、継続要因に関する分析を行った。その結果、「都市規模」、「MMを行う場所」、「並行事業（国の補助事業受託）の有無」によって継続性に差異があることを確認している。彼らは、並行事業の実施がMM継続に影響を及ぼす理由として、MM継続に必要な経済基盤の確保と多様な主体のマネジメントが促進されたことが理由なのではないかと推測している（p.5）。

神田他（2011）は、MMプロジェクト経験者を対象としたアンケート調査結果をもとに、継続状況と効果的・継続的な展開を図る上で重要となる要件について明らかにした。継続状況については、全体の4割が1年で終了し、約6割のプロジェクトが2年という短期で終了していることが分かった。また、効果的・継続的な展開に重要な要件として、長期継続（3年以上）のところが短期終了（2年以下）と比較して多い項目が、「施策担当者のリーダーシップ」、「関係者との密な議論」、「まちへの愛着」、「上司の協力や理解」であった。一方、短期終了プロジェクト経験者が多く挙げた項目は、「地元のキーパーソンや担い手の存在」、「専門家の協力・アドバイス」、「様々な事例や知見の蓄積」など主体以外との連携を指摘する意見が上回っていた。

沼尻他（2014）は、複数事例（大都市4都市と中小都市2都市）を取り上げ、地域の抱える課題（MM施策検討・実施の背景）、MMそのものの計画（実施体制、取り組み内容）や展開、実施担当者のMMに対する思いなど、取材をもとに事例記述をしている。その上で、継続要因として「自治体の首長の政策的判断」、「MMの取り組みの中心に位置するキーパーソンの存在と取り組み

表2-3　MMの継続性に関する研究結果

着眼点	影響要因	研究者（発表年）
負の傾向 ［考えられる理由］	人口規模：20万人以下の都市では、継続性が大幅に減少。［担当者の異動や財源の確保など個別の継続阻害要因があるのではないか（p.6）。］	安部他（2011）
正の傾向 ［考えられる理由］	MMを行う場所：居住地域MMと学校教育MMに取り組む地域ほど継続年数が高い傾向あり。	
	並行事業（交通対策に関連する他の補助事業）の存在：MM実施時期と同時期に並行事業を多く実施している都市は、継続年数が長い傾向あり。［経済的基盤の確保と多様な主体のマネジメントが促進されたからではないか（p.5）］	
継続都市があげた重要な要件	施策担当者のリーダーシップ	神田他（2011）
	関係者との密な議論	
	まちへの愛着	
	上司の協力や理解	
短期終了都市があげた重要な要件	地元のキーパーソンや担い手の存在	
	専門家の協力アドバイス	
	様々な事例や知見の蓄積	
継続要因	自治体の首長の政策的判断	沼尻他（2014）
	MMの取り組みの中心に位置するキーパーソンの存在と取り組み姿勢	
	プラットフォームの存在	
	MM施策担当者の「まちをよくしたい」という意思の存在	
	MMの実施戦略	

出所：筆者作成

姿勢（地道さ、フットワークの軽さ、謙虚な姿勢、自由な発想、繰り返しの説明、市民目線を持つこと、高いコミュニケーション力や試行錯誤できる能力）」、「プラットフォームの存在」、「MM 施策担当者の『まちをよくしたい』という意思の存在」、「MM の実施戦略」が挙げられた。

上述した既存研究の結果を一覧表にしたのが、**表2-3**である。既存研究で得られた継続性に影響を及ぼす諸要因は、その類似性や共通性から**表2-4**のように再整理できる。本研究では、これらの要因を「継続性要因」として扱う。

継続性に関する研究は、まだ議論の余地がある。文献から得られた数的データをもとに傾向を掴むこと（安部他 2011）や、神田他（2011）による MM プロジェクト担当者を対象としたアンケート結果から見出した継続要因は、いずれ

表2-4 継続性に影響を及ぼす要因（継続性要因）の整理

継続性要因	
既存研究で得られた諸要因	本研究上の分類
人口規模に見られる差異をもたらす阻害要因（担当者の異動や財源の確保など）の存在	公的支援
並行事業の有無	
首長の政策的判断	
施策担当者に対する上司の協力や理解	
専門家の協力や助言	知識と技術
様々な事例や知見の蓄積	組織学習
関係者との密な議論	コミュニケーション
MM を行う場所	
（コミュニケーションを行う場）	
施策担当者のリーダーシップ	リーダーシップ
地元のキーパーソンの存在と取り組み姿勢	
まちをよくしたいという意思の存在	使命と地域愛着
まちへの愛着	
プラットフォームの存在	協働の基盤
MM 実施戦略	計画と戦略

出所：筆者作成

も重要な指摘ではあるが、「なぜ」、「どのように」という問いに対し答えられていない。これらの問いに答えようと、沼尻他（2014）は、都市規模別の複数事例を対象に、実施担当者から、地域課題、計画内容、担当者の思いなどを物語として記述し、要因整理を行っている。しかし、この沼尻他による研究では、MM実施期間中の該当地域における時間軸に沿った多様なアクターの動きや変化について触れられていない。したがって、どのように段階的に変化して行ったのかは、不明瞭のままである。この点について、さらに明らかにすることができれば、実務的立場から地域をマネジメントする場合に、全体像を把握しつつ実行するためのシナリオを描くことができるだろう。

2.2.5　地域愛着[9]

地域愛着の問題は、人と地域との関わりの理解、地域への影響に配慮の必要な土木計画学領域において、しばしば取り上げられている。萩原＆藤井（2005）は、交通行動（利用交通手段）による地域風土接触量[10]の違いが地域愛着に与える影響について研究した。地域住民を対象としたアンケート調査および自動車利用抑制実験の結果から、①「徒歩・自転車・バイク」の利用割合が高いほど風土接触量も多くなること、②地域愛着が居住年数の影響を受けること、③短距離交通手段である「徒歩・自転車・バイク」を最も長時間利用する人は、長距離交通手段である「自動車」「JR・私鉄」を利用する人に比べて地域愛着の度合いが高いことを示した。これによって、短距離交通手段の利用が、風土との関わりを高め、風土との関わりから地域愛着が高まる可能性を示唆している。

鈴木＆藤井（2008a）は、萩原＆藤井（2005）による地域風土と地域愛着に関する研究をさらに発展させ、地域愛着を「選好（地域が好きだ、気に入っているなど）」、「感情（愛着を感じる、大切、自分のまちだという感じなど）」、「持続願望（いつまでも変わって欲しくない、なくなったら悲しいなど）」の3種類に細分化し、地域愛着の種類と時間経過（1回目と2回目の調査の時間経過は1年2か月）による影響について調査した。その結果、風土接触量が多くなると短期的に地域への選好が高まることを統計的に示した。同時に、感情的な地域愛着や地域持続願望については、風土接触量と直接的な因果関係はないが、

図2-6 風土接触量と地域愛着3要素との関係

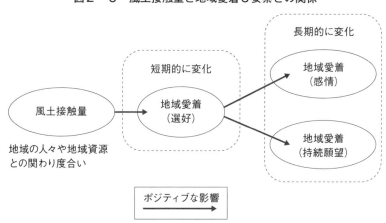

出所：鈴木&藤井（2008b, p.183）の図を基に、筆者が研究結果の解説として一部加筆したもの

風土接触量の増加による選好の高まりを通じて、間接的・長期的に地域への愛着や持続願望などが強化する可能性を述べている。これらの結果を図式化したのが、図2-6である。

また、鈴木&藤井（2008b）は、交通行動だけでなく、消費行動の違いによる地域との接触の程度と地域愛着との関係に関する研究で、同様の結果を確認した。具体的には、店舗形態別の買い物頻度、交通手段別の来訪割合、地域生産品認知購入傾向（居住地付近の産地である商品を購入することが多いなど）が、「消費行動中の地域風土との接触」として設定した「買い物コミュニケーション（地域の人々とのあいさつや会話、店員との会話の多さ）」と地域愛着（上述した3種類）への影響を調査している。その結果、「近所での商店街」、「小規模専門店」、「家の近く以外の小さなスーパーでの買い物頻度」といった「身近な、あるいは小規模な」店舗形態と、「徒歩」での買い物頻度の割合の高い人、また、「地域生産品認知購入傾向」の高い人は、「買い物コミュニケーション」に正の影響を与え、「買い物コミュニケーション」は、地域愛着の「選好」だけでなく「感情」や「持続願望」にも正の影響を与えることがわかっている。

地域風土接触量と地域愛着との関係は、日常的行動時に限らない。海野

(2013) は、居住者の日常生活中の「徒歩行動」だけでなく、運動を目的とした「ウォーキング」、まちを楽しむことを目的とした「まち歩きイベント参加」のそれぞれが地域愛着に与える影響について調査した。結果は、既存研究の多くでいわれている居住年数に加えて、「普段から歩くこと」と、「まち歩きイベント」のようなまち歩きを楽しむことが、地域愛着を高めるという因果関係を確認している。

これらの研究結果から、地域愛着は、居住年数に加えて、地域風土との接触量の高い「徒歩（まち歩きを楽しむこと）」、「地域の人々との交流」、「地域資源との接触」の機会を多く作ることで高まることや、地域愛着の3つの要素の中でも、「選好」は比較的早い段階で、「感情」や「持続願望」は、長期的に醸成される可能性が示唆されている。

2.2.6 小括 ― TDM定着過程と影響要因

第2節では、はじめにTDMの定着過程（図2-2）を設定し、先行研究で示されたTDM施策に対する影響要因を段階ごとに整理した。しかし、TDM施策の受容（STEP 2）から協力行動の実行（STEP 3）、継続（STEP 4）へと昇華させるには、実務上2つの関門が立ちはだかる。第1の関門は、「アクター間の合意形成」であり、第2の関門が「アクターとの持続的な協働の仕組みづくり」である。これらのことは、TDM社会実験に携わった行政担当者や研究者が、本格導入に向けた課題として、「合意形成の必要性（久保田他 2000, 吉田他 2009）」や「利害関係を調整する推進体制の構築および住民の主体的参加を促す仕組みの必要性（国土交通省国土技術政策総合研究所 2003, 西井ほか 2013）」などを挙げていることから確認でき、この関門の存在を無視できない。

改めて先行研究を振り返ると、2つの課題が残されている。1つは、導き出された影響要因が、TDM計画・実施主体と車利用者といった「2者間の関係」および「単純な社会」を暗黙の前提としていることにある。現実社会は、複雑性と不確実性を伴う。そのような状況の中で、個人は、他者の人格的・社会的・政治的・集団的要素などの影響を常に受けながら、その時の状況と結果の予測も併せて判断をしている[11]。したがって、先行研究は、TDM定着に向けた各段階の間をつなぐ大切な結び目を見落としているように思える。2つの

関門(アクターとの合意形成、アクターとの持続的な協働の仕組みづくり)を突破するためには、それぞれの関門および各段階を結ぶ過程を理解する必要がある。そして、それらが明らかとなることで、理論と実務の両方に貢献することができるだろう。

2つ目は、TDMを「継続させること」までが先行研究の関心の範囲であったように感じられる点である。しかし、マネジメントする場が「観光地」であるという視点から、目指すべきゴールを「競争優位性を保ち、持続可能な魅力ある観光地[12]であること」として設定すると、図2-7で示すように、継続段階(STEP 4)のその先に、地域固有の資源を競争力の源泉として、資源の活用と質の維持に努めながら、当該地域(地区)の関与するアクターと共に、絶えず価値を創り続ける「価値共創」の段階(STEP 5)まで意識したマネジメントへと進化させていくことが理想的な姿であろう。

図2-7　持続可能な観光地としてのTDMの定着過程(5段階)

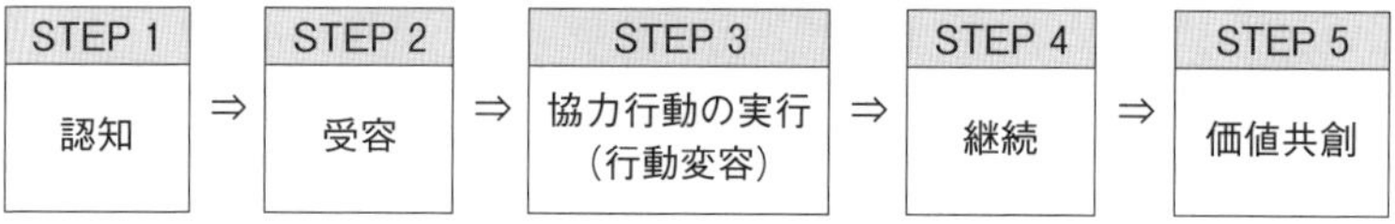

STEP 1	STEP 2	STEP 3	STEP 4	STEP 5
認知 ⇒	受容 ⇒	協力行動の実行(行動変容) ⇒	継続 ⇒	価値共創

出所:筆者作成

では、STEP 4の「継続」からSTEP 5の「価値共創」へと発展させていくためには、具体的にどのような状態を目指せば良いのだろうか。また、STEP 5へと着実に進んでいるのかを判断するのにふさわしい要因とは何だろうか。その要因の1つとして考えられるのが、「地域愛着」である。地域愛着とは、観光価値を創りあげる地域住民、地域内外の観光事業者、観光客といった多様なアクターの抱くロイヤルティ[13]といえよう。地域愛着は、「場所と人間との感情的なつながり(Hashemnezhad, et al, 2013, p. 5)」であり、地域における風土接触量(地域の自然や人々との接触や交流する機会や時間経過)の多さに関連する。したがって、観光地ではアクターの地域愛着醸成のために、風土接触量の多い「徒歩あるいは自転車での移動」や「地域商店での買い物」を楽しませる演出と基盤づくりが望まれる。

図2−8　価値共創段階の目指す状態

観光価値の維持・創造に繋がる
活動の主体性の高さ
（共有される価値）

価値共創に向けて協働する
ネットワークの広がり

価値共創段階
（STEP5）
の目指す状態

継続
（STEP4）

風土接触量の多さ
（交流する機会、時間）
⬇　影響
地域愛着の深さ

（選好）　　（感情）
　　　　（持続願望）

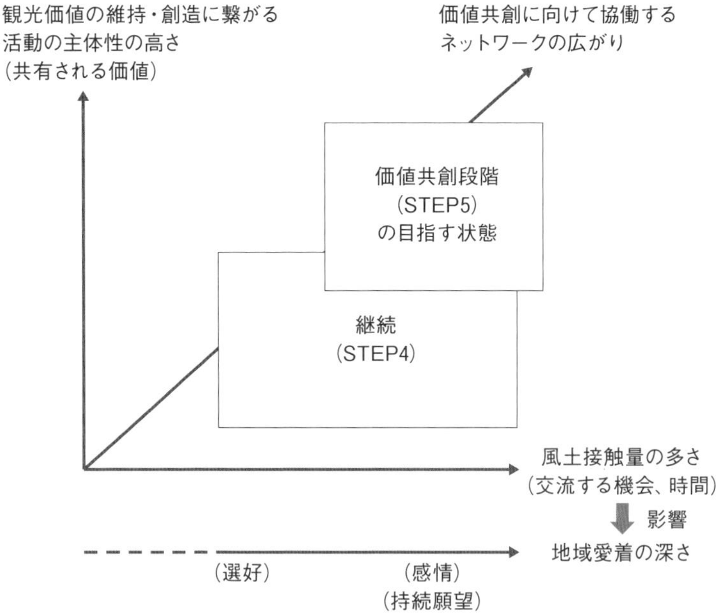

出所：筆者作成

　価値共創段階の目指す状態は、**図2−8**のとおりである。その目指すべき状態とは、継続（STEP 4）から価値共創（STEP 5）へと目指していく過程で、横軸で示したアクターの風土接触量（地域の自然や人々との接触や交流の機会と時間経過）を増やしながら地域愛着が高まっていくのを期待することと、縦軸で示した観光価値の維持・創造に繋がる活動の主体性を高めていくことによって、価値共創に向けて協働するアクターのネットワークが広がり、シナジー効果を生み出すことを表している。

　ただし、継続（STEP 4）と価値共創（STEP 5）との違いは、はっきりと区別できるものではない。本研究では、アクター間の関係性に着目して区別する。関係性の違いとは、継続段階が、需要をコントロールするために、TDM施策をアクターに受容してもらい「協力してもらう関係」だとすると、価値共創段階は、アクターの活動が観光価値の維持と創造に向かってベクトルを合わせた「協働する関係」にある。

「協働する」意味には、1つのプロジェクトにアクター全員が賛同し取り組むことだけに限らない。協働には、アクターそれぞれの個別活動であっても、その活動が価値共創に繋がるものであり、シナジー効果を発揮させることも含まれる。価値共創段階では、こうした「協働する」アクターを増やし、シナジー効果を発揮できるようアクター間を連結させた価値共創に向けた「協働のネットワーク」の構築が不可欠である。TDMの持続的な運用は、協働のネットワークによって支えられる。

また、価値共創段階におけるTDMは、観光サービスと独立した存在ではない。観光サービス生産システムとしてのサービス劇場[14]（Grove & Fisk 1983, pp. 46-48; Grove, et al. 2000, pp. 21-35）に組み込まれたTDMは、シナリオどおりにアクターを導く舞台装置として作動する。このような状態が、観光地におけるTDMの目指す姿と考える。

■注
1　ここでは、TDM研究の変遷の傾向と蓄積の状況について把握することを主目的としている。日本で発表されたTDM研究のすべては、取り上げられていないことを申し添える。
2　日本では、2004年1月開催の土木学会主催セミナーで公式にMMの用語が使用された（藤井 2006a, p. 283）。
3　Timothy & Tosun (1998) が、観光まちづくりのモデルとして提唱したもの。彼らは、参加と連携を拡大させながら、長期目標に向かってできるところから逐次成長していくための計画の重要性を指摘している（p. 195）。
4　まちづくりのシステム（計画・実施体制）は、人的、資金的、技術的な投入変数で構成されたものであり、このシステムと地域コミュニティとのコミュニケーションに基づいて、システムのアウトプットしとして観光施策が実施されるとしている（永井他 2008, p. 42）。
5　時間の流れや歴史的な変化を考慮せず、一定時期の現象に着目すること。
6　時間の流れととともに変化していく現象に着目すること。
7　土木学会（2005）では、「かしこいクルマの使い方に向けた行動変容プロセス（p. 11）」という名称で、MMによる行動変容プロセスモデルを紹介している。本研究では、MMをTDMの一種として扱っているため、「TDMによる行動変容プロセスモデル」と記述した。
8　広瀬（1994）の環境配慮行動の2段階モデルでは、「（環境にやさしくといった）目標意図」から「行動意図」へと向かう2段階があることを示している。そして、「目標意図」

に対しては、「環境問題に対する認知」として1つにまとめられる「環境リスク認知」、「責任帰属の認知」、「対処有効性認知」が影響し、「行動意図」に対しては、「環境配慮的行動の評価」として1つにまとめられる「社会規範評価」、「費用便益評価」、「実行可能性評価」がそれぞれ影響を及ぼすとしたモデルである（p.46）。

9 「地域愛着」とは、「場所と人間との感情的なつながり」として定義されている（Hashemnezhad, et al. 2013, p. 5）。

10 萩原＆藤井（2005）, 藤井（2006b, p. 336）は、風土について「自然と人々における様々な関わりの総体」として定義し、日常的に利用している交通手段による移動中の風土との関わりの意識の度合い（「とても少ない」から、「とても多い」までの5段階）について「風土接触量」とした。

11 Bagozzi（1975, 1978）の社会的交換概念（2者もしくはそれ以上の間で信頼や恩義という必ずしも経済的価値を持たないものを含む交換行為）上の交換決定要因（交換における渡し手の資源と受け手資源、社会的影響、状況、結果）を参考にした。

12 Goeldner & Ritchie（2011）は、観光地が成功するための要件として「競争優位性」と「持続可能性」を挙げている。そして、その実現のためには、「ツーリズム市場において効果的かつ利益があがるように競争する能力」と「市場で競いながらもその物理的・社会的・文化的・環境的資源の質を維持できる能力」の2つの能力を保有すべきであると述べている（Goeldner & Ritchie 2011, p. 417）。

13 サービス事業領域では、顧客や従業員との関係性をマネジメントする際に「ロイヤルティ」構築を目指す。「ロイヤルティ」とは、長期に渡って特定の企業を選択し愛顧し続ける状態である（Lovelock & Wright, 1999, p. 153）。ロイヤルティを持つ者は、企業そのものあるいはその企業の製品やサービスを、専ら選好し、繰り返し購入し、周囲の人にも推奨することを自発的に行う。ロイヤルティを持つ顧客は、企業の売上の増加と収益性の向上に貢献し、また、彼らの推奨によって新たな顧客を招いてくれる存在である（Heskett, et al. 1994, p. 166）

14 Grove & Fisk（1983）は、サービスを「演劇」に、サービス生産システムを「劇場」として比喩した概念である。

第3章

研究デザイン

　第2章の文献レビューは、2つの視点から行った。それは、国内TDM研究の変遷と、TDM施策に影響を及ぼす諸要因を確認することである。後者については、筆者がTDMの検討段階から導入、継続実施までの一連の流れ（TDMの定着過程）を設定し、既存研究で得られた諸要因を整理した。その上で、観光地におけるTDMでは、「継続（STEP 4）」の次なる段階として、「価値共創（STEP 5）」を目指して発展させることの意義を述べた。

　本章ではまず、前章で指摘した問題意識の確認を行う。次いで、文献レビューで得られた知見から、価値共創段階にあるTDM（以下、「価値共創型TDM」という）を支える「協働のプロセスモデル」と、「協働のネットワークの発展過程と影響要因」に関する本研究の枠組みを検討する。その上で、本研究のリサーチクエスチョンを提示し、データ収集と分析および記述方法について述べる。

3.1　問題意識

　本研究は、観光地TDMを「統制型」から「価値共創型」管理システムとして再概念化を試み、それらを持続的に支える地域コミュニティを基盤とした多様なアクターによる価値共創に向けた協働のネットワークの発展過程に着目する。そこで、前章では、国内における既存TDM研究の文献レビューを行い、

次のような課題を確認した。

① 相互作用性に対する考慮が十分ではない。

これまでの研究では、来訪者側と地域側のいずれかに生じる変容に焦点を当てるか、TDM実行組織から来訪者あるいは地域側への働きかけといった一方向の視点から分析、解釈、結果が示されてきた。TDMの実践の場が観光地であることの特殊性[1]を配慮すれば、異種混合のアクターによる「相互作用性」は見過ごせない要因である。

② 協働の視座に立脚した研究が乏しい。

研究者のまなざしは、住民参画やまちづくりの考えに基づき「マーケティング」の視点に立った計画と、実施において「統制型」から「コミュニケーション重視型」へと徐々に変化している。その一方で、研究全般において、「行政機関もしくは社会実験・調査研究実施組織」による統治的な視座に立った研究が主流である。TDMを持続的な活動として地域に定着させていくためには、TDMを支える地域コミュニティを基盤とした協働の視座に立った研究の蓄積が望まれる。

③ 継時的研究が乏しい。

これまでの研究は、「TDM導入前や社会実験期間中（直前直後も含む）」の一時点におけるデータからの分析によるものが多い。今後、実務的な貢献を考えた場合には、「誰が、どんな人や事業者と共に、どの段階で、何を、どこで、どのように」活動を発展させていったのかを明らかにする必要がある。また、持続的なマネジメント手法を検討していくためには、これまで多くみられたような共時的な研究から、導入前、導入後から継続に至る期間までの継時的な研究へと範囲を広げる必要がある。

④ 複数事例を対象とした研究の蓄積が必要である。

複数事例を対象とした研究は、より普遍的な概念化に向けた接近を試みるのに有効である。現在のところ、単一事例研究が多く、複数事例による研究は乏しい。

本研究では、上述の課題を乗り越えるために、地域コミュニティを基盤とし、

トライアド（3者もしくは3者以上）な関係による相互作用性を意識した継時的・複数事例研究を行う。

3.2 文献レビューからの知見

第2章では、TDM 定着過程（STEP 1：認知、STEP 2：受容、STEP 3：協力行動の実行、STEP 4：継続）を設定して、段階毎に既存研究で得られたTDM 施策に影響を及ぼす諸要因の整理をし、さらに、持続可能な観光地であるために「価値共創（STEP 5）」段階まで TDM 概念を拡張させる意義について述べた。また、既存研究では、2者間の関係と一方向性を前提とした概念モデルが一般化していることに対し、トライアドで双方向性のある関係性を考慮したモデルの検討の必要性について問題提起をした。

ここでは、文献レビューで得られた知見を活かしながら、新たな課題に挑むための本研究の枠組みを考察する。まず初めに、関係性のマネジメントを考慮した新たな「価値共創型 TDM」の概念を検討するために、「協働へのプロセス」について再考する。次に、既存研究で得られた TDM 施策に対する影響要因が、TDM 定着過程のどの段階において影響を及ぼし得るのかを再整理する。その上で、観光地マネジメント手法としての TDM を支える価値共創に向けた協働のネットワークの発展過程について、TDM 定着過程と影響要因を関連付けて探索するための原型を提示する。

3.2.1 価値共創型 TDM 概念に関する研究の枠組み

(1) アクターの「共有する価値」と「協働のための行動変容」との関連

図3－1は、アクターの共有する価値と協働のための行動変容との関連について示している。この図を使って2つの関連を説明する。

観光地マネジメントを担う中核組織にとって、地域内の観光事業者や住民は、地域固有の資源の維持管理をしていく大切なパートナーである。こうした地域のパートナーは、この地での「生活」を維持するために個別のベネフィットを求めている。それは、観光事業者であれば、経営する事業の「安定的な経営」を望むことであり、住民であれば「生活の質の維持・向上」を願うことである。

図3-1 アクターの「共有する価値」と「協働のための行動変容」との関連図

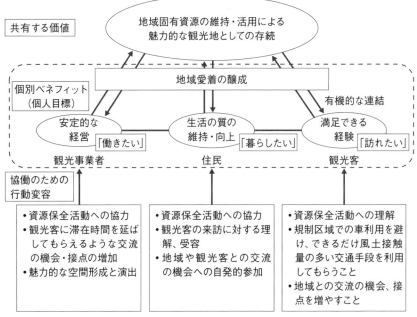

出所：筆者作成

　他方、観光地における観光事業にとって欠かせない顧客は、観光客である。観光客がこの地域に求めるのは、「満足できる経験」である。
　観光事業者、住民、観光客のすべてが、これらの個別ベネフィットを得る（個別目標を達成する）ためには、「地域固有の資源を維持しつつ活用しながら、魅力的な観光地として存続」していかなければならない。これが、「共有する価値」となる。そして、観光地として存続させていこうとする思いの源泉が、「地域愛着」である。地域愛着が高まれば高まるほど、地域を存続させるための行動を自発的に選択するようになっていく。持続的な観光地であるためには、地域と関わりのあるできるだけ多くのアクターが、地域の理想的な姿を思い描き、時には、協働による課題解決行動をとったり、時にはそれぞれが自分の役割を理解して個別に活動したりしながら、互いにシナジー効果をもたらすよう有機的に連結した価値共創に向けた協働のネットワークの構築が不可欠である。

また、観光地マネジメント活動の一環として観光客流入の最適化を図るためのTDMシステムを地域に組み込む場合には、観光事業者、住民、観光客のそれぞれに対し、「協働への行動変容」を促す働きかけが必要となる。まず、観光事業者には、資源保全活動への協力だけでなく、観光客が歩いて楽しめるような魅力的な空間形成と演出の役割を担ってもらうことと、観光客に滞在時間を延ばしてもらえるような交流の機会と接点を増やすことを目指す。住民には、資源保全活動への協力および日常的な実践と、観光客の来訪に対する理解を得るようにし、地域や観光客との交流の機会にも自発的に参加してもらうことが望ましい。そして、観光客に対しては、資源保全活動に理解をしてもらい、その上で、規制区域内での車利用を避け、できるだけ風土接触量を増やしてもらえるように働きかける。このように、観光地マネジメント組織は、3者に対し、観光地にとって望ましい行動変容を促しながら、かつ、価値共創に向けた協働のネットワークの一員であるように、絶え間のないコミュニケーションが不可欠である。

(2) 協働に繋がる心理的要因 ― 信頼とコミットメント

　国内におけるTDM研究は、2000年以降顧客のニーズを踏まえたマーケティングの視点に立った計画策定の必要性が唱えられるようになった。しかし、これらの主張で取り上げられているマーケティングは、刺激-反応型のパラダイムから抜け出していない。マーケティング理論の枠組みは、時代と共に変化している。その変遷の過程で、顧客との関係性の確立、維持、拡大は極めて重要な課題となっていった。関係性のマーケティング理論では、関係性構築の心理的媒介変数として、「信頼」と「コミットメント（交換の主体同士が、互いの関係の重要性を理解した心理的結びつき）」が重要視されている。この2つの要素を関係性構築の心理的媒介変数として据えた**図3－2**のMorgan & Hunt (1994)によって提示されたKMVモデルでは、「信頼」と「コミットメント」に影響を及ぼす変数と2つの媒介変数間の関係性について、次のように示している。

　① 「信頼」は、「共有された価値」、「コミュニケーション」、「機会主義的な

図3-2　KMV (Key Mediating Variables) モデル

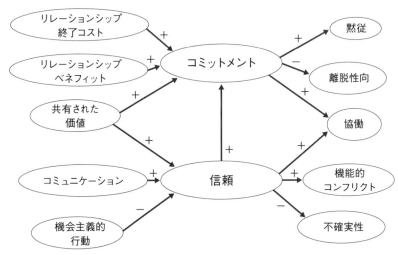

出所：Morgan & Hunt (1994, p. 22)

　行動の回避」によって正の影響を受ける。
②　「コミットメント」は、「リレーションシップ終了コスト（関係性を終了する際に発生するコスト）」と「リレーションシップベネフィット（交換の主体間の関係性によって期待されるベネフィット）」から正の影響を受ける。
③　「信頼」が「コミットメント」に正の影響を受ける。

そして、「信頼」と「コミットメント」が、「協働」へ正の影響を与えることを提示している。

(3) 価値共創に向けた協働のプロセスモデルの仮定

　この章では、まず、価値共創型TDM概念の基礎となる「価値共創に向けた協働のプロセスモデル」を仮定する。仮定したモデルは、事例研究を通じて構成要因の検証をし、「第7章 結果と考察」で改定を行うこととする。
　既存のTDM概念では、「協力行動への行動変容プロセスモデル（図2-3）」が基礎とされていた。このモデルでは、協力行動の実行へと繋がる

行動意図に影響を及ぼす心理的要因として、「態度」、「個人規範」、「知覚行動制御」、「協力行動の3心理要因（知識・信頼・道徳）」を挙げていた。既存のTDM概念モデル（「TDMによる行動変容プロセス」）では、実務的運用を意識して、基礎的モデルの影響要因を「態度」、「知覚行動制御」、「道徳意識」の3つに集約し、これらを「（車利用者の）心理的要因」として示している。本研究では、「（車利用者の）心理的要因」を、「（アクターの）個人資源要因」の一種として扱う。

一方、新たなモデルの検討にあたって参考とするKMVモデルでは、「協働」へ向けられたポジティブな心理的媒介要素である「信頼」と「コミットメント」をモデルの中核に据え、これらのいずれか、もしくは両方にポジティブな影響をもたらす要因として、「リレーションシップ終了コスト」、「リレーションシップベネフィット」、「共有された価値」、「コミュニケーション」を挙げている。本研究では、これらの要因を「関係性要因」として扱う。

「協力」行動を目的とした「行動変容プロセスモデル」が、2者間の関係、かつ、一方向的な視座であるのに対し、KMVモデルを援用した「価値共創に向けた協働のプロセスモデル」は、複雑で双方向性のある関係性のマネジメントを前提とする「協働」への影響を捉えたモデルである。「協働のプロセスモデル」では、関係性要因（「リレーションシップ終了コスト」、「リレーションシップベネフィット」、「共有された価値」、「コミュニケーション」）を、多様なアクターによる「協働のネットワーク」の「原動力」として重視する。図3－3が、価値共創に向けた協働のプロセスモデルの仮定である。

このモデルを基礎とした価値共創型TDMを考えた場合、これまでのTDM施策が個人の行動変容だけに焦点を当てて計画・実行されてきたのとは異なり、関係性要因に対する働きかけが必要となる。つまり、価値共創型のTDMでは、「構造的方略（交通整備・運用改善施策）」と「心理的方略（コミュニケーション施策）」の他に、「関係構築のための方略（①価値の共有、②リレーションシップ終了コストとベネフィットの知覚によって協働に対するコミットメントや信頼を得るための具体的施策）」も射程となり、また、その施策の重要性が指摘し得る。TDMの定着している観光地では、これまでのTDM施策（構造的方略と心理的方略）とは別に、価値共創に向けた協働のネットワークの構築

図3-3 価値共創に向けた協働のプロセスモデルの仮定

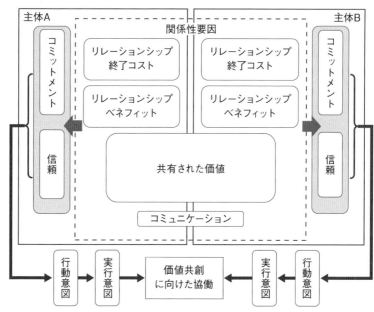

出所:筆者作成

に寄与する「関係構築のための活動」を行っていることが予想される。

3.2.2 価値共創に向けた協働のネットワークの発展過程と影響要因に関する研究の枠組み

(1) 協働のネットワークの発展過程の検討

表3-1は、「TDMの定着過程と実行過程」、「合意形成プロセス」、そして、本研究で検討する「協働のネットワークの発展過程(仮定)」との関連を示している。合意形成プロセスは、「TDM定着過程(開始前、STEP 1 認知から STEP 5 価値共創まで)」と「TDM実行過程」である「開始前からPDCA(計画、実行、評価、改善)サイクルの実行、反復」に照らし合わせると、TDM定着過程の「認知(STEP 1)から協力行動の実行(STEP 3)まで」、TDM実行過程におけるPDCAの「1サイクル」として解釈できる。

本研究では、合意形成プロセスの射程とする範囲からTDM定着過程の「価

表3-1 「TDMの定着過程と実行過程」、「合意形成プロセス」と「協働のネットワークの発展過程」との関連

TDM 定着過程	開始前	STEP 1 認知	STEP 3 協力行動の実行			STEP 4 継続	STEP 5 価値共創
		STEP 2 受容					
TDM 実行過程	開始前	PLAN (計画)	DO (実行) 社会実験含む	CHECK (評価)	ACTION (改善)	PDCAの繰り返し	
合意形成 プロセス	意見潜在期	意見調整期 (短期的)	―				
		意見調整期（長期的）				―	
	―	①意識の共有化	③交通社会実験の実施	④問題の顕在化	⑥合意できる条件の調整・合意点の探索	―	
		②共有意識の具現化		⑤調和の兆し			
協働のネットワークの発展過程 (仮定)	中核的活動組織の生成	協働する主要なアクターへの働きかけ	中核組織の実行力・運営体制の確認と改善			価値共創に繋がる活動または協働体の連結	
	協働する主要なアクターの探索	協働するアクターの出現	協働するアクターの役割の明確化				

出所：筆者作成

値共創（STEP 5）」段階まで拡張させ、その進展を支える協働のネットワークの発展過程を探索する。前章において、価値共創（STEP 5）段階は、「風土接触量（地域の自然や人々との接触や交流の機会と時間経過）を増やしながら『地域愛着』を強めていくことと、『観光価値の維持・創造に繋がる活動の主体性』を高めていくことによって、価値共創に向けての協働のネットワークが広がり、かつ、シナジー効果を生み出せる状態」として定義した。魅力的な観光地としての存続を目指したマネジメントを行う地域では、「地域愛着」醸成に向けた接点づくりやコミュニケーション、「価値の維持・創造に繋がる活動の主体性」を高めるための働きかけ（支援・促進策）を行っていることが考えられる。

一方、「協働のネットワークの発展過程」については、TDM定着過程に応じた変容として、次のようなことが予想される。まず初めに、TDM開始前段

階として「中核的活動組織の生成、協働する主要なアクターの探索」が挙げられる。次に、STEP 1 認知およびSTEP 2 受容の段階の「協働する主要なアクターへの働きかけ、協働するアクターの出現」から、STEP 3 協力行動の実行段階の「中核組織の実行力・運営体制の確認と改善、協働するアクターの役割の明確化」、そして最終段階である STEP 5 価値共創段階では「価値共創に繋がる活動または協働体の連結」が考えられる。現段階で想定した「協働のネットワークの発展過程」は、今後の事例研究（第4章、第5章、第6章）から得られた発見物を踏まえ、改定したものを再提示する。

(2) 影響要因探索の手がかり

TDM を含む観光サービス生産システムを支える価値共創に向けた協働のネットワークの発展過程では、どのような促進あるいは阻害要因による影響を受けるのだろうか。文献レビューでは、既存 TDM 研究で導出された影響要因について TDM の定着過程に沿って確認した。これらの TDM 施策に対する影響要因は、協働のネットワークの発展過程においても何らかの影響を与えるものと思われる。そこで、「協働のネットワークの発展過程における影響要因」の探索は、既存の TDM 研究で提示された「TDM 施策に対する影響要因」と本研究で新たに提示しようとする「関係性要因」の視点から行うこととする。

図3－4は、TDM の定着過程の段階ごとに、既存研究から得られた影響要因と本研究が新たに確認しようとする関係性要因を位置づけたものである。TDM 施策の受容性に関する影響要因には、「TDM 施策内容に関する要因」と「（車利用者の）心理的要因」が挙げられる（表2－2参照）。今回の研究では、アクター間のネットワーク構築の発展過程に焦点を当てるため、「TDM 施策内容に関する要因」には着目しない。

この図では、観光地をマネジメントする組織がそれぞれの影響要因についてTDM 定着過程のどの段階において特に配慮すべきかという視点から位置付けた。まず、「施策の受容性」に対する影響要因は、「STEP 1 認知」から「STEP 2 受容」に、「行動意図」に対する影響要因[2]については、STEP 1，2および「STEP 3 協力行動の実行」までとした。その上で、「施策の受容性」と「行動意図」に対する影響要因は、いずれもアクター個人に関わるものであることから

図3-4 TDMの定着過程に見る既存研究で得られた影響要因の整理と本研究で新たに確認を試みる要因の位置付け

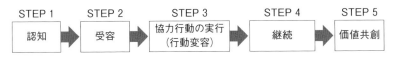

【既存研究で得た影響要因】

個人資源要因		
施策の受容性	行動意図に対する影響	
知覚された公平性 環境に対する問題意識 個人規範 道徳意識	コスト評価 実行可能性評価 環境配慮型 交通利用意識 社会規範評価	態度 知覚行動制御 道徳意識

継続性要因
公的支援、知識と技術、組織学習、コミュニケーション、リーダーシップ、 使命と地域愛着、協働の基盤、計画と戦略

【本研究が新たに確認する要因】

関係性要因
リレーションシップ終了コスト、リレーションシップベネフィット、 共有された価値、コミュニケーション

出所:筆者作成

ら、アクターの「個人資源要因」と包括して記述した。

次に、「継続性要因(表2-4参照)」については、「STEP 4 継続」段階だけでなく、STEP 1から5までの全段階において影響を及ぼすものとして捉える。最後に、本研究で新たに提示する「関係性要因(リレーションシップ終了コスト、リレーションシップベネフィット、共有された価値、コミュニケーション)」は、リーダーとアクター間、またはアクター同士の関係構築に影響を及ぼす。そのため、関係性要因は、リーダー(TDMを主導する個人、または組織や団体)の出現から始まって、多様なアクターとのコミュニケーションによってネットワークが広がっていく過程全般(つまり、TDM定着過程全般)において影響を与えるものとした。

3.3 リサーチクエスチョン

　本研究は、観光地 TDM をサービス生産システムの一部とした「価値共創型」管理システムとして捉え、TDM 概念の拡張を試みる。その際に、TDM を持続的に支える地域コミュニティを基盤とした多様なアクターによる価値共創に向けた協働のネットワークの発展過程に着目する。初めに、本研究では、以下 2 つの項目を調査し、研究対象地のサービス生産システムとしての現状を把握する。

(1) 地域の特性
　人口、立地条件、交通アクセス環境、地域コミュニティの特性、歴史的背景、集客の核となる観光資源、観光の現況など

(2) TDM 関連基本情報と TDM に付随する観光基盤整備状況
　実施背景、抱えていた課題、TDM 施策内容と運営体制（実行組織、意思決定の仕組み、資金・労力・技術力の調達方法）、TDM に付随した「（楽しさや安全性を提供するための）歩く」観光基盤ハード整備（駐車場の配置、歩くルートの確保、魅力的な景観形成など）とソフト整備（イベント、情報提供、散策マップなどのツール、魅力的な飲食・土産品、観光客をもてなす人の育成など）の状況など

　その上で、文献レビューで得られた知見をもとに、新たな価値共創型の TDM 概念の基盤となる「価値共創に向けた協働のプロセスモデル」の確認と「協働のネットワークの発展過程と影響要因」の探索を行うために、次のようなリサーチクエスチョン（RQ）を設定する。

RQ 1　関係性に関わる活動と配慮行動、関係構築のための支援要素
　TDM を継続実施している観光地では、価値共創に向けた協働に参画・関与してもらうアクターとの間で、信頼やコミットメントを築き上げるた

めに、どのような活動（価値の共有、コミュニケーション、リレーションシップ終了コストやベネフィットの知覚）や配慮をしているのか。また、その際、それらの活動の後ろ盾となったもの（関係構築のための支援要素）とは何か。

RQ２　協働のネットワーク形成の契機と起点、発展過程における影響要因

観光地にTDMを（本格導入前から）定着させていく傍らで、価値共創に向けた協働のネットワークはどのように形成され、変容したのか。また、発展過程でどのような影響を受けていたのか。

上述のリサーチクエスチョンの検証から、TDMの再概念化を試みる。その際に、これまでの「統制型」から「価値共創型」へと拡張させたTDM概念の違いを明らかにした上で、その概念の基盤となる「価値共創に向けた協働のプロセスモデル」と、サービス生産システムの一部としてTDMを進化しようとする「協働のネットワークの発展過程」の確認を行う。

本研究では、新TDM概念（価値共創型TDM概念）を提示し、新TDMを支える価値共創に向けた協働のネットワーク形成に必要なマネジメントの枠組みを明らかにすることで、観光地が観光客流入の最適化を図る活動を行う際に、TDMの導入、継続実施から価値共創に貢献するシステムへと発展させていく一助となることを目指す。

3.4　研究の方法

3.4.1　複数事例研究の採用

本研究は、定性的方法である事例研究を採用する。理由は、以下のような本研究の特性に基づき判断した。

① 日本では、TDMの本格導入から継続させていくことが難しいとされている中で、実現している地域（逸脱事例[3]）を研究対象とする。
② 逸脱事例を研究することで、観光地TDMの概念を拡張し、価値共創に

向けた協働のネットワーク・マネジメントのフレームワーク化を目指す。
③ 地域コミュニティを基盤とした価値共創に向けた協働のネットワークの形成と変容の発展過程を継時的に明らかにすることを試みる。
④ 地域内利害関係者、住民、観光客のトライアド（3者もしくはそれ以上）な関係性の複雑な相互作用を立証するために、過程追跡による多くの証拠収集と意味の解釈を行う必要がある。

なお、分析手法は、複数事例による比較分析を行う。その際には、異なる視点や立場から状況を見て多面的に把握するように努めながら、類似点や一定のパターンの発見と時間経過による変化や関連要因を探索する。

3.4.2 情報源と取扱い方法

情報源には、文書化されたものと関係者インタビューから得られた口述記録がある。文書化されたものについては、対象地域の統計データ、行政刊行物（報告書、広報など）、新聞などメディアで掲載された情報、旅行情報誌、会議資料、議事録など関係者より入手した内部文書、対象地域に関する先行研究などが該当する。ただし、各地域によって情報の存在有無や入手可能性の違い、発展過程に影響を及ぼした可能性のある事実確認に必要な情報源の違いから、すべてにおいて統一的な資料を入手できたわけではないことを予め述べておく。事例ごとの情報源は、**表3－2、表3－3、表3－4**のとおりである。

関係者インタビューは、当該地域のTDM主要関係者2名以上を対象とした。その手法は、質問事項を予めある程度決めておき、会話の流れに応じて質問の変更や追加を行うことで回答者の自由な反応を引き出す半構造化インタビューを採用した（佐藤 2015, p.56）。

研究の妥当性の確保には、Yin（1994）の指摘する「複数の証拠源の利用」、「証拠の連鎖の維持」、「主要な情報提供者による事例研究レポートのレビュー」に配慮しなければならない（Yin 1994, p.46）。本研究においても、以下のような配慮を行った。
① 1事例に対し、2名以上の関係者から話を伺うようにする。
② インタビューによる口述記録と文章化された記録と比較し、根拠を確か

第3章 研究デザイン 65

表3-2 事例ごとの情報源(第4章:奈良県吉野山)

情 報 媒 体		詳　細
インタビュー	2015年1月5日	TDM業務受託したコンサルタント会社担当責任者1名
	2015年3月26日	吉野町役場のTDMに携わった担当者3名
	2015年4月16日	
資料		協議会議事録、町役場提供資料
報告書		行政による調査、協議報告書
Web site		行政、観光協会、団体など

出所:筆者作成

表3-3 事例ごとの情報源(第5章:岐阜県白川郷)

情 報 媒 体		詳　細
インタビュー	2016年7月21日	白川村役場のTDMに携わった担当者1名
	2016年7月22日	白川郷荻町集落自然環境を守る会 兼　荻町交通対策委員会1名
資料		村役場および団体提供による(会議資料、議事録、統計データ)
書籍		白川郷関連書籍
行政刊行物		白川村広報誌、郷土史
報告書		白川村による調査報告書、団体等の報告書
論文		対象地区に関する研究論文
Web site		行政、観光協会、団体など

出所:筆者作成

める。

③ 得られた情報をインタビュー対象者に示して、情報に誤りがないかどうかの確認を行う。

3.4.3 事例の選定

第1章に記述したとおり、日本においてTDMを社会実験から本格導入へと至った事例は少ない。そのような状況の中で、本研究は、TDM導入に至った

表3-4　事例ごとの情報源（第6章：島根県出雲大社周辺）

情報媒体		詳細
インタビュー	2015年11月9日	出雲市役所のTDMに携わった担当者2名（うち、1名大社地区住民）
		TDM業務受託したコンサルタント会社担当責任者1名
資料		出雲市役所およびコンサルタント会社から提供
新聞・雑誌記事		2005年1月～2015年12月掲載記事（日経テレコン利用）
旅行情報誌		JTBパブリッシング出版「るるぶ松江・出雲・石見銀山」（2008年～2015年発行分　計8冊）
報告書		行政による調査、活動記録、計画書など
行政刊行物		大社町史（上巻・中巻）
Web site, ブログ		県、市、観光協会、企業、宗教法人等

出所：筆者作成

地域を研究対象とし、地域コミュニティを基盤としたアクターの活動および関係性の変容について時間軸に沿った分析を行う。

　研究対象地域には、TDMを継続実施し、地域の期待する効果を上げている箇所を選定する。その基準は、既存研究の中からTDMの実際の継続状況（安部他 2011）を鑑み、継続実施の定義を「3年以上」とした前例（沼尻他 2014）に倣い、かつ、国がTDMの代表的事例として公的な資料や報告書[4]で発表している地域を選定することとした。ただし、国の管理区域で定住者不在というような「制御しやすい観光地」[5]は対象外とし、日常（暮らし）と非日常（観光）が交錯する地域、つまり、観光事業に関わりのない住民と観光客、観光客の来訪によって利益を得る観光事業者が混在した「制御困難な観光地」に限定する。その理由は、本研究によって実務的な貢献を果たすべき多くの観光地が利害関係者調整の欠かせない制御困難な状況下にあるからである。

　上述の基準から、本研究では、奈良県吉野町（観桜期の吉野山）、岐阜県白川村（白川郷）、島根県出雲市（出雲大社周辺）を取り上げる。いずれの地域も、導入から3年以上経過し、日常と非日常の交錯する中で、地域コミュニティがマネジメント活動の主体となり、地域の期待する効果を上げている。

3.4.4 事例の記述

事例は、以下の項目について確認を行いながら書き記す。

(1) **基本情報**
- 地域の特性（人口、立地条件、交通アクセス環境、都市形成基盤、慣習、歴史的背景、集客の核となる観光資源、観光の現況など）
- TDM関連基本情報（背景、実施内容、運営体制、資金・労力・技術力の調達方法など）、TDMに付随する「歩く」観光基盤整備状況

(2) **関係性要因に関わる活動と配慮行動、関係構築のための支援要素**
- 観光地をマネジメントする組織もしくは実行リーダーが、関係構築のために取っていた行動、手段・方法、配慮、思いなど
- 関係構築のためのコミュニケーション、価値の共有、リレーションシップベネフィットや終了コストを知覚させるための行動、手段・方法、場と機会、表現内容など

(3) **協働のネットワーク形成の契機と起点、発展過程における影響要因**
- TDM施策の活動および「歩く」観光基盤整備が進展していく過程に沿った地域コミュニティ内部の変遷（活動組織の動き、主な出来事、外部者との接点とその関係の進展など）
- 協働のネットワーク形成の契機とネットワークの起点
- （インタビューあるいは議事録、報告書の記述を基に）関係者が語る協働のネットワーク形成上の影響要因
- TDM施策以外に、交通アクセス手段の選択に影響を及ぼす可能性のあるもの

続いて、事例研究（第4章 観桜期の吉野山、第5章 白川郷、第6章 出雲大社周辺）へと進む。

■注
1 サービスの特徴（生産と消費の同時性）やサービス生産システムなど。詳しくは、第2章（2.1.5）に記載している。
2 行動意図に対する影響要因は、図2-5に記載したうちの、環境要因（コスト、代替案の容易さ、権力：土木学会 2005）に対する評価や反応としての「コスト評価、実行可能性評価、社会規範評価、環境配慮型交通利用意識（大友ほか 2004）」や評価や反応の結果および個人の意識である「態度、知覚行動制御、道徳意識（土木学会 2005）」とする。
3 「逸脱事例とは、ほかの大多数の事例とは異なり、これまでの通説に適合しない事例のこと（井上 2014, p. 60）」
4 研究対象とした地域は、国土交通省（2008），国土交通省（2010），国土交通省社会資本整備審議会（2016）の中でTDMの代表的事例として紹介されている。
5 例えば、長野県上高地（松本市：中部山岳国立公園）では、1975年からTDMを継続実施している。上高地は、国の管理する公園区域で、定住者もなく季節営業をする観光事業者のみ存在する地域であり、国（環境省）が主体となってTDMを行っている。

第4章

観桜期の吉野山の事例
── 奈良県吉野町 ──

　観桜期の吉野山(奈良県吉野町)におけるTDM事例は、1994年〜2005年(地域コミュニティのみで実施)、2006年〜2011年(地域コミュニティと外部有識者との協働)、2012年以降(実行組織のリーダーおよび外部有識者を変更して実施)と、同一の場所で、実施内容と組織体制を変化させながら活動を継続している。この事例では、TDM活動の背景にある地域コミュニティ内の継時的変化と、TDMを取り巻く活動に影響を与えた要因について探索する。

4.1　奈良県吉野町の概要

4.1.1　位置と交通アクセス

　奈良県吉野町は、図4-1のとおり奈良県の中央部に位置している。また、交通アクセス(図4-2)は、鉄道利用の場合、近畿日本鉄道で大阪、京都、奈良方面から特急で約1時間5分から30分、JR関西本線、あるいはJR和歌山線を使用しJR吉野口駅で近畿日本鉄道に乗り換える方法もある(この場合は、約2時間程度の時間がかかる)。一方、車利用の場合は、名古屋市内から東名阪自動車道と名阪国道を通って針インター出口、369号線、370号線のルートで約3時間、大阪市内から西名阪自動車道を通り、郡山インター出口から24号線で柏原を経由するルートで約2時間程度かかる(いずれも通常時の所要時間)。

図4-1 奈良県吉野町の位置

出所：素材 Library.com web site:sozai/3435よりダウンロード

4.1.2 人口と基幹産業

「吉野山」は、奈良県中央部吉野町にある吉野川（紀ノ川）南側から大峰山脈へと南北に続く尾根続きの山稜である。吉野町の人口は、7,375人（2017年12月末現在、吉野町 web site:about/jinko/）であり、そのうち、吉野山区の人口（未公開）は、吉野山区の給水人口から510人程度と推測される[1]。

基幹産業[2]は、製材業および木材関連産業である。この町は、吉野林業地帯の一部であり、その地形的特性から吉野材（吉野杉・檜）の集積市場として発

図4-2 吉野町への交通アクセス

出所：吉野町 web site:about/access より引用

達した。吉野林業地帯にある製材業は、最高級材質と称される建築用部材を製材し、全国各地に供給している。吉野川（紀ノ川）流域に点在する流筏前の材が置かれていた場所は、現在、材木問屋の貯木場として利用されている。

4.1.3　観光資源

　観光業もまた、この町を代表する産業である。町の一部は、吉野熊野国立公園であり、吉野川（紀ノ川）・津風呂県立自然公園といった自然観光資源の他、多くの文化財を保有する。表4-1の吉野町文化財軒数一覧表を見てわかるように、吉野山区は、吉野山そのものが国の史跡や名勝として指定されるほか、文化財の多い地区である。また、古くから山岳信仰の聖地として知られていたこの地区には、山内の道沿いに飲食店、土産物店をはじめ、中小規模の宿泊施設が点在している。表4-2は、吉野山内宿泊施設の一覧表である。

　吉野山は、南北朝時代に約60年間にわたり南朝（吉野朝廷）の皇居が置かれた場所であり、また、修験道の聖地でもある。2004年には、世界遺産「紀伊山地の霊場と参詣道」の一地区として認定を受けている。

表4-1　吉野町内所在指定文化財件数一覧（単位：件）

	国宝			有形文化財							史跡	名勝	天然記念物	無形民俗文化財	合計
	建造物	彫刻	考古資料	建造物	絵画	彫刻	工芸品	書籍典籍	古文書	考古資料					
国指定	2	1	2	4	7	11	10	8		2	3	1	1	1	53
（うち吉野山）	2	1	2	3	2	10	6	2		2	2	1			33
県指定				1	1	5	1		1	1	1	1	6	3	21
（うち吉野山）				1	1	5							2		10
町指定						1		2						5	8
（うち吉野山）						1		1						2	4

注：吉野山は、史跡と名勝で指定されているため両方の件数であげた。
出所：吉野町 2012, pp. 17-21をもとに筆者作成

4.1.4 「製材業」と「観光業」が発達した歴史的背景

(1) 「製材業」発達の歴史[3]

　山岳信仰の聖地であった吉野山は、修験道信仰が盛んになると道沿いに社寺が建立されるようになった。その際に利用されたのが、周辺の天然林である。吉野地方で林業が始まったのは、その頃とされる。室町時代になると、木材の需要の高まりから、山畑に植林をするようになった。吉野の材が大量に排出されるようになったのは、安土桃山時代である。豊臣秀吉が吉野地方を直接領有し、吉野杉は大阪城や伏見城の築城などに用いられた。

　江戸時代には、徳川幕府の直領となった。この頃、木材需要の急激な増加により、山地の森林資源は減少し始め、さらに植林を行う必要に迫られた。しかし、村に課せられる税金は高く、造林地を維持する資金も乏しいことから、林業存続のための策として、有力者に林地を売却するか造林能力のある人に貸し付ける制度（借地林業・山守制度）が作られた。吉野林業地域は、「山主」と「山守」との間で行われる資本と経営の分離方式によって、山林資源を守り、林業を後世に継承することができたのである。

表4-2　吉野山内宿泊施設（旅館・民宿・宿坊）全22軒　一覧

地区名 （軒数）	宿泊施設名	室数 （収容人数）	価格帯 （1人当たり）
下千本 （7軒）	旅館歌藤	15室（76人）	13,650～17,850円
	千本楼	Webに記載なし	Webに記載なし
	桜山荘花屋	9室	7,350～9,450円
	さこや	18室（150人）	15,700円～
	吉野荘	14室（70人）	16,800～29,400円
	湯川屋		
	美吉野桜庵	10室	7,000円～
中千本 （8軒）	東南院	8室（30人）	10,500円～
	吉野温泉元湯	7室（30人）	13,650～15,750円
	新富	10室	5,500～9,000円
	湯元　宝の家	19室（90人）	16,800～26,250円
	吉野館	10室（40人）	12,600～15,750円
	戎館	19室（100人）	15,750～26,250円
	坂本屋	7室（20人）	10,500～15,750円
	一休庵	7室（50人）	5,250円～
上千本 （7軒）	景勝の宿芳雲館	31室（150人）	16,800円～
	喜蔵院	Webに記載なし	Webに記載なし
	櫻本坊	Webに記載なし	Webに記載なし
	竹林院群芳園	46室（300人）	13,600～52,500円
	太鼓判	19室（100人）	6,000円～
	花夢花夢		
	桜美荘たいら	Webに記載なし	15,000円～

出所：吉野山観光協会 web site:stay.php を参照し、筆者作成

(2)　「観光業」発達の歴史[4]

標高1,000m～2,000m級の山々が続く紀伊山地は、古代より修験道の聖地として知られていた。その脊梁である大峰山脈の北端部（吉野川南側六田付近から青根ヶ峯まで）が、「吉野山」である。吉野山内は、修験を目的とした人々の往来により、尾根上に道ができ、道に沿って社寺や旅館、土産物屋などが立

ち並ぶ門前町へと変わっていった。修験の開祖とされる役行者（飛鳥時代から奈良時代まで実在した呪術師）が桜の木を刻んで本尊を彫刻したという言い伝えから、周辺の尾根や斜面には「献木」という宗教行為によって、桜の木が広範囲に植えられた。それが、現在の日本屈指の桜の名所として文化的な景観を形成した。今でも地元の人にとって、桜は神の宿る木として崇められており、吉野の桜を土産品などの商材として使用することはない。

4.1.5　観桜期の吉野山が抱えていた課題[5]

　この地区の最も賑わう時期が、観桜期である。3月末もしくは4月の初めから5月の連休が終わるまでの約1か月間、山裾から山の奥まで（下千本〜中千本〜上千本）徐々に開花していく桜を愛でることができる。図4-3の吉野山における季節別需要を見てわかるように、観桜期に、30万人から40万人の観光客が集中して訪れる。その数は、吉野山の年間観光客数のうち、4月単月だけで44.92％、4月5月を合わせると57.6％を占める。この観光の最盛期である観桜期は、人口約530人の山に、多い時に1日3万人〜4万人の観光客が訪れるのである。

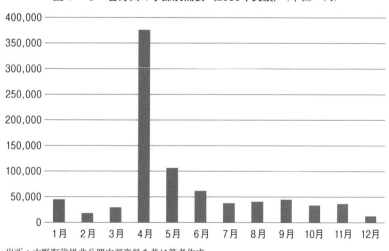

図4-3　吉野山の季節別需要（2009年実績）（単位：人）

出所：吉野町役場非公開内部資料を基に筆者作成

観光客の過度な来訪は、吉野山および周辺地域に次のような問題を引き起こしていた。

① **交通渋滞**：山へのアクセス道路が国道169号に限られるため、最大20kmの交通渋滞が発生してしまう。観光業に関係のない一般住民にとって、通勤・通学・通院・買い物などのための移動や緊急車両が通行できない状況を１か月間耐えなければならない。
② **山内歩行時の安全性低下**：吉野山内には急こう配や幅員の狭い道路、寺の階段等危険の伴う個所もある。歩行時の安全確保ができない状態となる。
③ **山内の水圧の低下・断水**：山の上下水道規模の問題により使用できる水の量には限りがある。ピーク日になると、観光客のために使用される水の量が上限を超えてしまい、夜間水圧の低下や断水を引き起こしてしまう。
④ **ご神木である桜の損傷・減少**：桜の木が病気にかかり年々減少している。原因は定かではないが、車による排気ガス、観光客の行為（桜の木に屋台で買った串を指す、枝を折るなど）も影響要因として考えられている。
⑤ **観光客の残すごみの処理**：地元がごみの処理に労力と費用をかけている。

これらの問題を改善するために、1994年より吉野山観光協会が中心となってパークアンドバスライド（P＆BR）[6]や、山内の歩行者優先時間の設定などを行っていた。しかし、渋滞の解消には至らなかっただけでなく、観光客から徴収する駐車料金でバスの傭車や警備員費用、駐車場借上げ料などの経費を賄えず、赤字続きでもあった。

4.2　TDM 活動と地域コミュニティの変遷[7]

観桜期の吉野山での交通対策は、1994年～2005年（地域コミュニティのみで実施：以下、「第Ⅰ期」とする）、2006年～2011年（地域コミュニティと外部有識者との協働：以下、「第Ⅱ期」とする）、2012年以降（実行組織リーダーおよび外部有識者を変更して実施：以下、「第Ⅲ期」とする）と、同一の場所で、実施内容と組織体制を変化させながら活動を継続している。特に、第Ⅰ期から第Ⅱ期への移行は、外部有識者との協働による観光バスの予約制や観光客に対

する協力金徴収の導入など、地域コミュニティにとって大きな決断と変革が求められる時であった。また、第Ⅱ期の期間中は、これまで実現し得なかった渋滞の劇的な解消と黒字化という成果を出すことができた時でもある。しかし、実行組織リーダーおよび外部有識者変更後の第Ⅲ期は、再び渋滞が発生し、黒字決算が厳しい状況にある。

この節では、初めにTDM基本情報(第Ⅰ期、Ⅱ期、Ⅲ期の比較)を簡単に説明する。その後、第Ⅰ期から第Ⅱ期へ、第Ⅱ期、第Ⅱ期から第Ⅲ期へと進展していく過程での地域コミュニティ内の変化について記述する。

4.2.1 TDMの基本情報

(1) 運営体制

運営体制の比較は、**表4-3**のとおりである。吉野山の観桜期における交通対策の責任者は、P氏が第Ⅰ期と第Ⅱ期にわたって務めていた。第Ⅲ期には、P氏の辞任を受け、Q氏に変更している。

第Ⅰ期の交通対策協議会は、吉野山観光協会と町役場が中心となり、吉野山

表4-3 運営体制の比較

	第Ⅰ期　1994年〜	第Ⅱ期　2006年〜	第Ⅲ期　2013年〜
リーダー	P氏		Q氏
組織構成員	吉野山観光協会 吉野町役場 吉野山駐車場管理委員会	※以下、第Ⅰ期より追加分のみ記述 (公財)吉野山保勝会 自治会	2006年以降と同じ
実施運営協力者	交通事業者 (奈良交通・近鉄) 地元警察署 地元警備会社	※以下、第Ⅰ期より追加分のみ記述 民間駐車場との連携 国・県との連携 運営支援業務を民間に委託	1994年〜2005年の体制が基本 民間駐車場との連携 国・県との連携稀薄 運営支援業務を民間に委託
技術協力 (契約形態)	なし	あり (A社：成功報酬契約)	あり (B社：委託金額に基づく請負契約)

出所：筆者作成

（下千本地区）にある観光バス駐車場および警備員の運営・管理を行う地元の人によって構成された委員会（吉野山駐車場管理委員会）と共に、実施計画の検討がなされていた。その際、交通の専門家などによる技術的な支援は受けていない。自力で作りあげた計画に基づき、交通事業者（乗合バス、鉄道、ケーブルカー）、地元警察、地元警備会社が協力して交通対策を実施していた。

第Ⅱ期は、外部有識者（交通コンサルタントと旅行会社A社）からの働きかけにより、国の社会実験費用を活用した調査および計画策定の実施をきっかけとして、新たな運営組織体制へと変更された。その際、桜の保全活動を行っている（公財）吉野山保勝会、自治会が、協議会構成員として新たに加えられている。国の補助金を活用した社会実験から始めたこともあり、国や県との連携は強化された。同様に、新交通対策では、観光バス駐車場の予約制と、車で来訪する観光客に対し協力金を徴収する制度の導入により、吉野山内の民間駐車場との連携も不可欠となった。協議会は、外部有識者に対し、社会実験終了後も「赤字の場合に（外部有識者が）責任を負う代わりに、黒字化すれば予め決められた配分に従って報酬を得る」という契約を取り交わし、期間中の運営管理を任せていた。

第Ⅲ期は、リーダーが交代となり、外部有識者もA社からB社へと切り替えられた。その際、外部委託経費を抑えることを目的に、B社との契約は委託金額を固定化した請負契約とした。しかし、この契約形態によって期間中の徹底的なコスト管理機能が失われ、結果として、必要以上の警備費用やシャトルバス借上代の出費を生み、赤字運営を招くこととなった。外部有識者以外に運営組織構成の変更はないが、国や県との連携は、（町役場の担当者変更、外部有識者A社担当者との人間関係によるつながりも途絶えたため）次第に稀薄になっていった。

(2) 実施内容

実施内容の比較は、表4-4のとおりである。第Ⅰ期の対策では、観桜ピーク期の土日2週4日間の「P＆BRの実施」が行われた。その際、郊外駐車場を1か所設置し、そこが満車の場合には、吉野川河川敷を臨時駐車場として使用した。シャトルバスは1系統のみ用意された。P＆BRにかかる経費は、郊

表4-4 実施内容の比較

	第Ⅰ期 1994年〜	第Ⅱ期 2006年〜	第Ⅲ期 2012年〜
実施内容	P & BR（観桜ピークの土日2週4日間）＊第Ⅲ期は、3週6日間実施		
	シャトルバス1系統	シャトルバス2系統	シャトルバス2系統
	郊外駐車場1か所（臨時1か所追加）	郊外駐車場2〜3か所（臨時1か所）	郊外駐車場2か所（臨時1か所）
	自動車乗り入れ規制		
	吉野山内道路の歩行者専用化		
	下千本駐車場の観光バス専用化		
	広報（役場、観光協会 web site）、近鉄沿線ちらしポスター掲出		
	観光バス駐車場（予約制なし）	観光バス駐車場の予約制	
		（予約期間3月末〜5月連休明け）	
		WEBで予約するが、割り付けは人的作業《1企業への偏り、過度な仮予約の防止のため》→予約確認書の郵送《不正防止》、取消料規定あり。	（WEBで予約および在庫管理、発券機能付き）コスト削減にはなったが、来訪者管理ができなくなり不正も増えた。取消料規定はあるが、不正分の徴収できず。
	警備統括一元管理不十分	警備統括一元管理の徹底	警備統括一元管理不十分
	コスト管理不十分	コスト管理の徹底	コスト管理不十分
	高速道路、県道の交通案内表示の徹底不十分	高速道路、県道の交通案内標示の徹底	
	サイン未整備	サイン計画改善	
資金調達方法	町行政と吉野山観光協会とで赤字を折半	外部有識者の利益分配および赤字リスクヘッジあり	外部有識者の利益分配および赤字リスクヘッジなし
	郊外駐車場の駐車料金（1,000円）	郊外駐車場料金および交通環境対策協力金の収受	
成果	赤字・渋滞解消せず	黒字・劇的に解消	赤字・渋滞解消せず

出所：筆者作成

外駐車場料金（普通車1台1,000円）で対応していた。しかし、それだけでは賄えず、赤字分を町役場と観光協会で折半していた。P & BR以外の対策は、山内の自動車乗り入れ規制、山内道路の歩行者専用化、下千本駐車場の観光バ

図4-4 吉野山周辺交通規制マップ（2017年版）

出所：吉野町 web site:index.html よりダウンロード

ス専用駐車場化を実施した。広報活動は、主として町役場や観光協会のウェブサイトでの発信、近鉄沿線にチラシやポスターの掲出が行われた。

　第Ⅱ期には、第Ⅰ期実施状況の問題点を調査によって把握し、改善が図られた。その1つが、P＆BRである。新たなP＆BRでは、駐車場容量（常設第1駐車場とA駐車場、臨時河川敷駐車場）の拡大、駐車場数の増加に伴ってシャトルバスの系統を増やしている。また、駐車場誘導の際、図4－4の交通規制マップ内に記載されている第1駐車場には、奈良橿原方面からの車を、A駐車場には、針インター方面からの車を引き込むようにし、その先の交差点での混乱を避けるようにした。このように郊外駐車場の増加に合わせて、警備員配置の数と範囲もこれまで以上に拡大し、駐車場の満車状況に応じた切り替えや、シャトルバス系統別運行本数の変更など、警備全体を統括する責任者が新たに必要とされた。また、これまで不十分だった吉野山郊外駐車場までの交通アクセス案内看板の作成と設置、高速道路、国や県道の道路案内電光掲示板による情報提供なども行われた。

　この期より、吉野山に大きな変化をもたらすこととなった対策が、「観光バス駐車場の予約制」と「協力金徴収」の仕組みである。協議会では、社会実験時の調査結果より、渋滞の原因の1つとなっていた観光バス専用駐車場のピーク日および時間の集中によってもたらされる渋滞を、日毎・時間帯毎の「予約制」で解消する方策が検討された。そして、その予約制導入と同時に、「交通環境対策協力金」として駐車場料金に上乗せして徴収すること、特にP＆BR実施日（ピーク日）の協力金を高く設定してピーク分散を図ること、その協力金は郊外駐車場だけでなく民間駐車場にも徴収してもらうこと、徴収した協力金ですべての運営経費を賄うことが議論された。この議論は、外部有識者A社の「万が一、赤字になった場合、すべてA社が負担する。一度やってみましょう。」という判断によって実施へと移行している。結果として、渋滞は解消し、事業自体も黒字化することができた。

　予約制導入は、事前予約・事前支払いとしたことで、駐車場入り口での料金徴収の時間を削減できたことや、予め事前に予約台数がわかることから、警備員の適切な数の配置や、観光バス専用駐車場の一部を普通車駐車場として利用するなど渋滞緩和に貢献した。また、観光バス台数の事前把握は、渋滞対策だ

けでなく山内の土産品の仕入れや臨時雇用者数の判断にも活用されるようになった。

第Ⅲ期でも、予約制と協力金の徴収は継承している。しかし、予約ルールは改正された。第Ⅱ期では、ウェブで予約を受け付けるが、予約可否の回答を後日とし、1企業の予約の偏りや過度な仮予約の防止、山中での食事予約や宿泊予約団体バスを優先して割り付ける作業を行った。また、「予約確認書」は、不正防止のため「公印付き」とし、郵送で対応していた。しかし、第Ⅲ期では、予約から予約確認書の発券まですべてウェブで行えるようにし、人的作業を大幅に削減している。その結果、観光バス駐車場利用を希望する側にとってやり取りの手間を省くことができた反面、協議会にとっては、一部の大手旅行会社への偏りや不正入場を増やすこととなり、他の旅行会社からの不満や徴収額の取りこぼしを招くこととなった。

4.2.2　TDMをめぐる地域コミュニティの変化

表4-5は、第Ⅰ期（1994年から2004年観桜期終了まで）から第Ⅱ期へ、第Ⅱ期（2005年4月から2011年観桜期終了）、第Ⅱ期から第Ⅲ期（2011年観桜期終了以降）へと進展する過程において、TDMとTDM実行組織、外部有識者との関係の変化をキーワード化して整理したものである。この項では、TDMの進展の背景にあった実行組織内の動きや外部有識者との関係の変化について、時期ごとにその概略を記述する。

(1)　第Ⅰ期　経験知の蓄積

吉野山周辺では、毎年4月になると1か月間渋滞が続いていた。この時期は、吉野山観光協会も自営業が多忙となるため、町役場が電話の問い合わせ、苦情も含めて対応していた。吉野山観光協会には、川沿いの地域住民からの渋滞に対する苦情も区会長を通じて時折耳にしていたという。

P&BRを始めたきっかけは、1994年4月に吉野町で全国桜サミットを開催することが決まったことにある。これまで、警察からも渋滞対策の要請を受けていたこともあり、この機会に交通対策を講じることになった。サミットの1年前から町役場、P氏、警察との間で何度も話し合った末に、計画と運用方法

表4-5 TDMとTDM実行組織、外部有識者との関係の変化

時　期	TDMの変化	TDM実行組織内の動きと変化	トピックス	外部協力者との関係
Ⅰ. 1994年～2004年観桜期終了	地元だけでTDM開始	経験知の蓄積	問題意識	協力者なし
			試行錯誤（原型づくり）	
Ⅱ-1. 2004年10月～2005年3月	TDM運営における課題の洗い出し	外部有識者との対話	地元リーダーと外部協力者との出会いと情報交換	接触：拒絶から受容へ
Ⅱ-2. 2005年4月～2006年1月	新TDMシステム計画策定期間	外部支援者との協働開始（外部有識者からパートナーへ）	調査実施・実態の把握（数値化）	ベネフィットとリスクを分かち合う「パートナー」として承認
			新しい方式に対する不安	
			決断	
			強烈なリーダーシップ	
			繰り返された地元への説明	
			理解と協力	
Ⅱ-3. 2006年2月～12月	新TDMシステムの実施	新たな方式の受容と挑戦	協働、情報の共有	信頼
Ⅱ-4. 2007年1月～2010年11月	改善と進化	（新たな課題解決に向けた）前向きな姿勢と行動	情報の共有	安定
Ⅱ-5. 2010年12月～2011年観桜期終了	実行組織の見直し	内部不協和の顕在化	リーダーの辞任（組織内の分裂）	不安定
Ⅲ. 2011年観桜期終了～現在	実行体制およびルール変更	新たな推進リーダー主導の組織体制へ転換	外部支援者の変更	第Ⅱ期外部支援者との関係解消
			外部支援者との関係性（契約形態）変更	「業務」の受託者としての新たな外部支援者の出現

出所：筆者作成

を完成させた。

　対策を繰り返し実施したことによって、TDM実行組織は、吉野山の収容能力や期間中の自家用車両の台数を把握することができた。交通規制期間の山内住民や宿泊者限定の通行許可証（住民向け「桜マーク」と宿泊者向け「宿マーク」）や、交通規制の解除方法についても実施の回数を重ねながら、生み出されたものである。しかし、第Ⅰ期の交通対策は、渋滞緩和という成果をなかなか得られず、また、赤字運営のままであった。

(2) **第Ⅱ期-1　外部有識者との対話**

　吉野山の交通対策の実施状況を耳にした交通コンサルタントK氏は、大型イベントの運営経験豊富な旅行会社A社と共に、吉野山の交通対策に関する情報収集のために動き出す。初めは、町役場とP氏がまともに対応することなく、拒絶していた。しかし、何度か訪問するうちに、P氏は、次第に10年くらい自分たちの力でやってきたが、なかなかうまくいかないことや継続に対する不安を打ち明けた。A社は、県や近畿運輸局へ相談に出向き、その際に、TDM社会実験の説明を受けた。その後、町役場によって社会実験の申請が行われ、渋滞の原因を探る調査の実施に至った。

(3) **第Ⅱ期-2　外部有識者との協働開始**

　観桜期に入り、旅行会社A社とK氏は、実態調査や新たな対策を検討するのに必要な基本情報の収集を始めた。これらの結果から、問題点と解決の方向性、具体案をまとめ、国や県も構成メンバーである「吉野山の観光交通対策協議会[8]」と「吉野山交通・環境対策協議会[9]」に報告した。数値データを使った具体的な説明は、地元の協議会メンバーの旅行会社A社とK氏に対する態度や、課題に対する向き合い方を大きく変えることとなった。

　しかし、実行策を提示したものの、その後は前進することもなく時間だけが過ぎていった。「協力金の徴収」と「観光バスの予約制」の導入に対する不安が大きかったからである。その不安とは、「（観光事業者）協力金の徴収決定による観光客の減少」、「（吉野山駐車場委員会）今までやってきた自分たちのやり方を崩されてしまう懸念」、「（町役場と観光協会）赤字への不安」といった

ものだった。

「赤字に対する不安」は、旅行会社A社の「赤字になったら全額A社が負担をする」という決断によって、また、「協力金徴収による観光客の減少に対する不安」は、事前に行われた観光客アンケート結果から、観光客が協力金を支持していることがわかったこと、「(旅行商品を造成する旅行会社に対しては)協力金の上乗せ分を旅行代金に含めるだけなので抵抗はないはず」という旅行会社A社の発言、「吉野山駐車場委員会の築き上げてきた駐車場運営をできる限り尊重する」ことによって、取り除かれていった。最後は、P氏の強烈なリーダーシップのもとで実行の決断が下された。「当時は、P氏をはじめ、協議会メンバーの中には、2004年の世界遺産登録を受け、世界に名前を出していくのにお粗末な観光地であってはならないという意識も芽生えていた」と関係者がインタビューの中で語っている。

決断が下されてからは、予約制ルールと仕組みを決定し、地元への説明会(山内の民間駐車場経営者向け、自治会向け、旅館向けなど)を繰り返し行った。また、全国の旅行会社、バス、レンタカー、タクシー事業者に対し、新たな制度に関する情報配信(FAXおよび郵送、町行政および協議会ホームページによる告知)を行った。

新たな交通対策のための運営方法を検討する際に配慮したのが、地域の事業者、住民の「便益の確保や分配における公平性」であった。住民に対しては、通常の通行規制の場合、いかなる車両も通行不可となるのが通例であるが、警察の理解により「住民」と「宿泊者」に限り、許可証を発行してもらった。また、民間駐車場に対しては、郊外駐車場で完全に車をせき止めてしまうのではなく、まず優先的に民間駐車場を満車にさせてから郊外駐車場に誘導するようにした。民間駐車場の中には、駐車場料金の統一と協力金徴収を嫌がるところもあるため、協力をしてくれる民間駐車場だけ、交通規制マップへの駐車場位置の掲載やサイン看板の設置を行った。

(4) 第Ⅱ期-3 新たな方式の受容と挑戦

新TDMの運営は、2006年2月1日の観光バス予約開始日と共に始まった。観光バスの予約を必要とする4月1日には、テレビ局2社が全国版朝の情報番

組のオープニングトークで協力金の徴収について取り上げ、好意的なコメントを述べてくれた。その後も多くのメディアが取材に訪れ、地元の人たちは新聞・テレビなどで「花見にお金を取ること」に対する肯定的な報道を目にすることとなり、不安を払拭させる後押しとなった。新 TDM は、期待以上の効果を発揮した。予約していた観光バスは、時間を遵守してくれたこともあり、渋滞の劇的な解消だけでなく、運営するための資金も心配するような結果にはならなかった。

(5) 第Ⅱ期‐4　前向きな姿勢と行動（改善と進化）

　2006年から開始した新 TDM は、2008年まで赤字の不安を抱えながら運営していた。その後、不安は次第に解消されていった。年を経ても、様々な課題は見つかったが、協議会で検討を繰り返しながら、課題解決策の対応を行った。2009年以降、協力金は、吉野山内を清掃するスタッフの配置、桜の植樹、トイレのリフォーム、歩行者道路の危険箇所の修繕などにも使用した。こうした活動状況は、町役場および協議会を通じて住民や観光客に情報公開された。

(6) 第Ⅱ期第‐5　内部不協和の顕在化（組織内の分裂）

　新 TDM 実施6回目を前にした2010年12月頃、これまで長い間 TDM に携わってきたP氏が辞任することとなった。その背景には、P氏に対する反発（リーダーシップの強さが、一部の人にとって言いたいことを言えずにいたという不満）や、新たに就任したQ氏との昔からの確執にあった。P氏とQ氏は、共に同業の経営者である。Q氏は、P氏と TDM の運営協力をしている旅行会社A社との間で特別な便宜を図っているのではないかと疑念を抱いていた。P氏は、Q氏との不愉快な状況が続く中で、リーダーとしてけん引していくことにうんざりしていた。結局、これまでの活動の経緯や疑念を払しょくするための丁寧な説明もせずにリーダー職を降りたのである。

　また、協議会の中には、旅行会社A社の利益配分に対し見直しの必要性を考えている人もいた。しかし、契約のための会議の場では、P氏を前にして表立って声を出せずにいた。協議会内部は、P氏の辞任、新リーダーQ氏の出現、町役場担当者の人事異動による一新を受けて、次第に不安定な関係へと変化し

ていった。2011年観桜期の実施は、旅行会社A社によって実行されたが、新リーダーであるQ氏が現場に顔を出すことはなかった。

(7) 第Ⅲ期　新リーダーによる組織体制への転換

2011年観桜期対策終了後、Q氏の紹介によって旅行会社B社との次年度以降の契約・実施が決定した。これまで旅行会社A社とは、「協力金収入から経費を差し引いた額が赤字の場合、旅行会社A社の全額負担、黒字化した場合は収益額に応じた配分率で分配をする方式」の契約を結んでいた。これによって、協議会と旅行会社A社は期間中コスト管理を徹底的に行った。しかし、B社との新たな契約形態は、「経費の単純積算と取扱手数料」としていたため、旅行会社が特段コスト管理をする必要性もない状態を作り出してしまった。また、「協力金の収受」や「観光バスの予約制」そのものは継承されたが、旅行会社B社の提案によって、予約ルールの改正と予約システムの変更が行われた。新体制と実行内容には、全体統括の機能やコスト管理が不十分となり、実質、第Ⅰ期の成果の出せなかった状態に戻りつつある。

4.3　協働のマネジメントの実際

吉野山は、渋滞に対する近隣住民や観光客からの不満への対応と共に、世界遺産の一部として恥ずかしくない観光地に変わらなければならないという思いから、これまでにない新たな交通対策へと切り替える決断をした。この節では、地域内のアクターに対する協働を促すための利害の調整とコミュニケーションの実際、新たなTDMを支える地域内外のアクター間の関係性の確認を行う。

4.3.1　利害の調整とコミュニケーション[10]

TDM実施の有無と施策内容は、地域内アクターの利害に直接的な影響を及ぼす。アクターの利害を理解することは、アクターとのコミュニケーション表現（コストを強調するのか、ベネフィットを強調するのか）や、対応策の決定に欠かせない。この項では、吉野山におけるアクター毎の利害と調整のためのコミュニケーションおよび対応策をまとめた表4-6を使って説明をする。

表4-6 アクターの利害とコミュニケーションおよび対応策

対　象	利　害	（関係構築のための）コミュニケーション	対　応　策
旅館 土産物屋 飲食店	・従業員、宿泊客の車は交通規制対象外にしてほしい。 ・（渋滞しても）たくさん観光客が来てくれたらそれでいい。 ・格安日帰りバス旅の観光客は来てほしくない。	コスト 「（排ガスの影響等）による環境負荷で桜資源がなくなってしまっては営業できなくなる。」 ベネフィット 「滞在時間を増やすことができたら、消費を増やす可能性もでてくる。」	・通行許可証の発行。 ・従業員駐車場の確保。 ・予約制導入では、宿泊および山内での昼食を予約している団体を優先。
民間駐車場	・郊外駐車場ができたら、売り上げが激減する。	ベネフィット 「まずは、民間駐車場への誘導を優先する」	・郊外駐車場より先に民間駐車場に案内。
宗教法人	・宗教行事は決まり事。	コスト 「混雑状態により寺の階段などで大きな事故が起きてしまう場合もある。」	・行事の開始時間調整。
住民	・約1か月間の交通渋滞。日常生活支障をきたす。 ・交通規制で容易に車移動ができなくなっては困る。	ベネフィット 「この対策によって、渋滞を解消し、桜の保全活動にも繋げる」	・通行許可証の発行。

出所：筆者作成

　TDMによる影響に対し最も懸念すると思われる地域内アクターが、観光客を対象に商売をしている旅館、土産物屋、飲食店である。彼らの思いは、「自分の店の従業員や顧客の車は交通規制対象外にしてほしい」、「渋滞したとしてもたくさん観光客が来てくれることが商売の機会」、「格安日帰りバス旅の観光客は、旅行会社の契約する弁当屋や土産品店のカタログ販売を吉野山到着前に済ませているため、山の中で購買してくれる機会が乏しく、好ましくない」と考えている。こうしたアクターに対して、TDM実行組織は、コストを強調するコミュニケーションとして「車の排ガスの影響等による環境負荷で桜資源がなくなってしまっては将来営業できなくなる」ことと、ベネフィットを強調す

る「滞在時間を増やすことができたら、消費を増やす可能性が生まれる」ことを伝えて理解を得ている。また、具体的な対応策では、宿泊客用の「通行許可証」の発行や、山内下千本駐車場とその周辺に、期間内限定の従業員駐車場スペースを確保すること、観光バスの予約の際に宿泊および山内で昼食の予約をしている団体を優先して扱うことにした。

山内の民間駐車場は、「P＆BRの郊外駐車場ができてしまうと売り上げが激減する」と考えていた。これに対し、「郊外駐車場より先に民間駐車場に誘導する」として、ベネフィットの分配を着実に行うことが伝えられた。

宗教行事は、特別なものである。宗教法人は、観桜期の混雑状況が見込まれたとしても原則、日時場所等の変更を考えることはない。しかし、混雑状態によって寺の階段などで大きな事故が起きてしまう場合もあり得ることを伝え、行事開始時間の調整に協力してもらっている。

住民は、これまで桜の季節の約1カ月間は交通渋滞に見舞われ、日常生活が困難な状況にあった。TDMの導入は、渋滞解消の期待を持てる。しかし、一方で自分の車も通行規制の対象となって、移動困難になるのは困ると考えている。そこで、公共交通手段の不便さ、高齢者の多さ、山岳地域という高低差のある地形から、警察の配慮によって住民のための通行許可証の発行が許されている。

4.3.2 TDMを支えるアクター間の関係性

Kotler（1972）は、これまでのマーケティング概念の拡張を試み、その中核概念として「交換概念」を提唱した。交換概念では、対象（物財、サービス、貨幣、アイディア、時間、エネルギー、感情）が何であろうと、活動の主体が営利、非営利であろうと、マーケティング活動が当事者間における価値物の交換であると捉えている。吉野山TDMにおいて、アクター間でどのような価値の交換が行われていたのかを示したのが、図4-5である。

地域コミュニティ外部で代表的なアクターには、観光客（B）と旅行会社（C）が存在する。Bは、吉野山内（D）に対し、観光サービスを求め、それに対し、対価を支払う関係にある。また、BとCとの関係は、旅行商品を媒介としたサービスと対価の取引が行われる。このような基本的な関係の中で、

図4-5 吉野山TDMを支えるアクター間の関係性

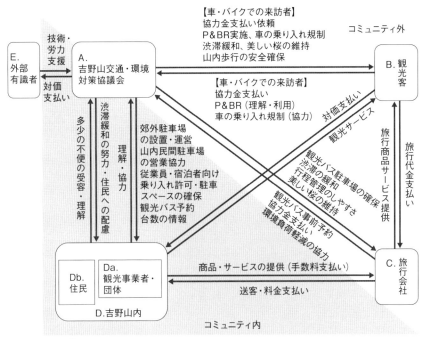

出所：Bagozzi[11]1975, pp. 33-35の複合的（3者以上の相互関係）交換モデルを参考にして、吉野山における関係性を筆者が図式化した。

TDMは、吉野山交通・環境対策協議会（A）がBやCに対し、TDM施策の受容を求め、渋滞の緩和や美しい桜の保全、山内歩行の安全確保を約束する。B、Cは、Aによる施策を受容し、桜の保全活動、環境負荷の軽減につながる行動、協力金の支払いにも応じようとする。

一方、地域コミュニティ内では、Aが観光事業者および団体（Da）と住民（Db）に対し、図4-5のようなアクター間のコミュニケーションと取引を行っている。また、Aは、TDM実施の際に、外部有識者（E）から技術的、労働力の支援を受け、それに対する対価を支払っている。

吉野山におけるTDMでは、吉野山交通・環境対策協議会（A）が中核となり、各アクターとの間で納得できる対等な価値物（情報、金銭、商品・サービス、特例措置など）の交換となるよう配慮しながら、実施計画と実行、コミュ

ニケーションが行われていた。

4.4 価値共創に向けた協働のネットワーク形成上の影響要因

　前述の図4-5では、吉野山のTDMを支えるアクター間の関係性の一部を示した。交換概念に従えば、アクター間の関係は、互いの価値物の交換によって成立する。本研究では、アクター同士の価値物の交換によって、観光地としての価値の創造（地域固有の観光資源を維持しつつ活用しながら、競争力ある魅力的な観光地として存続させること）に貢献するようなつながりを、価値共創に向けた「協働のネットワーク」としている。TDMが地域コミュニティに受容され、期待する効果を発揮するには、技術的な側面だけでなく、アクター同士の相互作用やつながりに関わる影響も受けていると思われる。実際に、吉野山でTDMに関わってきた町役場担当者3名と交通コンサルタントK氏を対象とした「吉野山TDMにおける成功要因（期待する効果が出た時）と失敗要因（期待する効果が出なかった時）」に関するインタビューから、技術的な側面以外に、表4-7のような地域コミュニティを基盤としたアクター間（協働のネットワーク形成）の諸要因を挙げている。この節では、表4-7として整理したTDM関係者が感じている協働のネットワーク形成上の影響要因について説明する。

(1) 強烈なリーダーシップの存在
　前例のないことの実施や利害に関わることの決断は、強烈なリーダーシップを発揮する人がいなければ進展しなかったであろう。その反面、リーダーの個人的な資質や人間関係上の好き嫌い感情、狭い地域コミュニティならではのしがらみは、リーダーとして認められるかどうか、例え認められたとしても、リーダーシップを発揮し得る期間の継続に影響を与える。

(2) 使命感の共有
　吉野山の事例では、「世界に誇れる持続的な観光地をつくる」という使命を、初代リーダー筆頭に外部有識者、町役場、自治会などの担当者たちが共有し合

表4-7 関係者の感じているネットワーク形成上の影響要因

促進要因	阻害要因
(1) 強烈なリーダーシップ	リーダーの個人的資質（評判、権威、魅力など）、好き嫌い感情、地域コミュニティのしがらみ、実質的リーダーの不在
(2) 使命感の共有	近視眼的（目先の利益重視） 手段の目的化 使命感の継承ができない
(3) 現状の正確な理解・問題意識	現状理解の欠如、問題意識
(4) 経験知の活用と継承	経験知の継承ができない
(5) 日常的なコミュニケーション	中断・途絶えてしまうコミュニケーション
(6) 外部有識者（パートナー）の存在 ・技術支援 ・利害の調整役としての役割 ・契約上共同責任を伴う関係性 ・使命感の共有	共同責任の伴わない外部有識者との関係 外部有識者が地域コミュニティの対立関係に飲み込まれる
(7) ベネフィットの分配における公平性と透明性	不公平感・不信感

出所：筆者作成

い、その使命を成し遂げるための目的が「渋滞の緩和」であり、手段としてTDMを実践していた。使命や本来の目的を見失ってしまうと、「シャトルバスを運行すること」といった手段や「協力金で利益を得ること」が目的化してしまい、理想像（観光価値の共創によって目指す姿）に近づくための使命を見失ってしまう。

(3) 現状の正確な理解と問題意識

渋滞状況の数値データの収集、渋滞の原因の探求、観光客の意思を確認する調査は、これまで漠然としていた「渋滞」を具体的に把握することができ、問題を共有しやすくした。吉野山のTDMは、渋滞に対する「近隣住民の不満の声」と「警察からの指摘」や、誇れる観光地でなければならないという使命、「桜サミットを機会に全国から関係者が集まる機会を迎えること」、「世界遺産に登録されたこと」、「環境汚染による桜資源の損傷」といった問題意識から、

その導入と継続がなされてきた。現状の理解が曖昧なままで問題意識が共有されていなかった時（第Ⅰ期）は、地域内の協力を得るのも容易ではなかった。

(4) 経験知の活用と継承

第Ⅰ期では、試行錯誤をしながらTDMの原型を作り上げていた。第Ⅱ期では、その原型を基礎に置きながら新しい方式を築き上げていった。また、初代からリーダーを務めていたP氏をはじめ、交通対策の実行組織メンバーは、渋滞を緩和させることの難しさを十分に理解していた。その結果、外部有識者の参入により渋滞が緩和された時には、その技術力と運営力の高さを理解できた。実務経験のないリーダーには、その難しさの理解や発生し得る問題の予測をすることができなかった。

(5) 日常的なコミュニケーション

町役場担当者は、地域コミュニティ内の人間関係を理解し、日常的なコミュニケーションを図ることで、何でも話し合える関係構築に努めていた。インタビューに応じた町役場の関係者は、リーダー格のP氏やQ氏、その他の実行組織メンバーと年が近いこともあり、うまくコミュニケーションを図っていた。しかし、行政の人事異動に伴いベテラン職員から若手職員に変わると、人間関係とコミュニケーションの質の浅さから、町役場側とリーダーが対等に意見を交わすことは難しくなっている。

(6) 外部有識者の存在

外部有識者の参加は、TDM計画・実行の際の技術的支援だけでなく、地縁の深い地域のマネジメントを行う際に、しがらみのない存在であることから純粋に目標達成に向けた利害調整役を果たすことが期待できる。その際に、地域のビジョンの共有をし、業務委託の契約形態において共同責任を伴う形式にしたほうが連帯意識は高まる[12]ものと考えられる。しかし、地域コミュニティとの関わる時間と親密度が深まることで、外部者としての効力を失い、対立関係に飲み込まれることに注意が必要である。

(7) ベネフィットの分配における公平性と公明性

アクター間のつながりには、互いのベネフィットを理解し、公平性なベネフィットの分配を行うことが必要である。また、分配の実態（分配先と比率、使途など）を情報公開することで、公明性が保たれる。このことは、民間駐車場や住民の理解と協力を得られた時のことや、外部有識者に対する不信感（ベネフィットの分配に対する不公平感の芽生え）にも表れている。

4.5 小　　括

吉野山地区は歴史的、地理的に見ても「特別な区域[13]」であり続けている。ここには、修験目的の来訪者向けに造られた社寺と門前町の形成、「献木」という宗教行為によって植えられた桜が、現在の観光事業を支える主要な基盤として存在する。この山岳沿いの門前町には、先祖代々引き継がれてきた飲食店、土産物店、宿泊施設が多いため、人間関係も硬直化しやすい環境にある。

このような特性を持った吉野山地区のTDM事例では、TDM活動が地域コミュニティ単独から外部有識者との協働による実施へと変化していく過程の「TDM活動と地域コミュニティの変遷」、「利害の調整とTDMをめぐる主要なアクターの関係性」、「価値共創に向けた協働のネットワーク形成上の影響要因」を探索した。

TDM活動と地域コミュニティ内部の変遷では、TDMの導入から継続へと発展させていく背後にある「実行組織内の動き」と「主な出来事」、「外部有識者との関係」について継時的変化を整理した。その結果、TDMの発展段階と地域コミュニティ内部における変容の過程を確認できただけでなく、実行組織リーダーの言動や思想、人間関係が、協議会メンバー、外部有識者、地域コミュニティ内との関係性に影響を及ぼしていたこともわかった。

利害の調整とTDMをめぐる主要なアクターの関係性では、相手の利害の所在を理解した上で、ベネフィットあるいはコストを感じさせるコミュニケーションを図っていたことや、TDMを支えるアクター間の価値交換の全体像を把握した。

価値共創に向けた協働のネットワーク形成上の影響要因では、7つの要因を

発見した。その要因とは、ネットワークの起点となるリーダーの資質(「(1)強烈なリーダーシップの存在」)と、TDMによって確実に成果を出すことに加えて、しがらみのない立場を活かした利害調整役の「(6)外部有識者の存在」、価値共創のための協働によってもたらされる理想像に近づくための「(2)使命感の共有」、協働の支援・補強要因としての「(3)現状の正確な理解と問題意識」と「(4)経験知の活用と継承」、アクター間の関係構築に不可欠な「(5)コミュニケーション」と「(7)公平性かつ公明性のあるベネフィットの分配」である。その中で、吉野山の事例に見られる(7)は、TDM施策の計画と実施の際に、地域コミュニティ内で利害関係にあるアクターに対し原理原則を押し付けるのではなく、施策に「余白を残す(例:P & BR実施の際に、民間駐車場へ優先的に誘導すること、車両乗り入れ規制時の住民および宿泊者限定の特別対応策など)」ようにしている。こうした「余白を残す」といった施策の運用は、実務上参考になると思われる。

■注

1 吉野町(2012)には、吉野山区の給水人口612人(2011年3月31日現在)と記されている(p. 12)。当時(2011年3月)の住民基本台帳に記載された町の人口が、8,784人であり、2017年2月末現在の人口と比較して16.04%減少していることから、同程度の現象を想定し510人程度と推測した。
2 基幹産業、観光業に関する記述は、(吉野町 web site:about/sangyo/)を参照した。
3 奈良県 web site:7429.htm 参照
4 吉野町 web site:rekishi-bunka/ および和歌山県世界遺産センター web site:yosino.html を参照
5 以下、国土交通省近畿運輸局2006, p. 1, p. 9, p. 22を参照した。
6 P & BRとは、渋滞の緩和を目的として、郊外に設定した駐車場に自動車、バイクを駐車させ、そこからバスで目的地まで輸送する方法である。
7 以下、関係者インタビュー、吉野山の観光交通対策協議会(2006)、国土交通省近畿運輸局(2006)、議事録を参照して記述した。
8 国の補助事業進捗の監督役、交通対策の協力・支援のために立ち上げた。
9 第1期の交通対策実行組織に、桜の保全活動を行う(公財)吉野山保勝会、自治会が加えられた。
10 以下、議事録および関係者インタビューを基に記述した。

11 Kotler (1972) の中核概念である「交換概念」から、Bagozzi は、交換の際に取引される対象には、貨幣と財のような経済的なものだけでなく、観念や感情のような象徴的なものも含まれるとし、混合型の交換であると説明している。
12 Molm et al. (2007) は、社会的交換における連帯意識への影響を研究している。その中で、強い連帯意識が生じるのは、「返報されないリスクが高い状況下で返報された時」と「交換をする両者の間で相互利益が示された状態の時（共同責任を伴う場合）」であり、「交換関係における両者の利害対立が顕著な時」に連帯意識は低下すると述べている。(Molm, et al. 2007, pp. 211-214)。この研究結果を参考にして、筆者は、共同責任が交換関係の不確実性を少なくし、両者の間で相互利益を示し合うことを前提とすることから、連帯意識を高めるのに有効であると考えた。
13 吉野山は、地理的背景として、手前に一級河川、その先に標高1,000〜2,000m級の険しい山道の続く「外部から容易に行けない場所」であった。歴史的背景では、山岳宗教の場、南北朝時代に皇居のあった場、江戸幕府の直領、自然公園法や文化財保護法、世界文化遺産登録などの規制区域として位置付けられてきた。

第5章

白川郷の事例
— 岐阜県白川村荻町合掌集落 —

　本章は、世界遺産地区白川郷におけるTDMが、2001年から2年間実施した社会実験後に一旦交通対策を休止したものの、地域コミュニティ主導で再開させ、段階的に発展していった事例を研究対象としている。その目的は、TDM発展の背後にある協働の仕組みと要因、関係構築のための配慮行動について考察することにある。

　研究の手順は、地域特性（位置と交通アクセス、風土と慣習、観光の現況）と観光交通対策に取り組むこととなった背景の確認から始める。その上で、TDM発展過程の追跡と考察を行う。

5.1　白川村の概要

5.1.1　位置と交通アクセス

　図5−1は、岐阜県および白川村の位置を示したものである。岐阜県白川村は、石川県と富山県の県境付近、県の西北端に位置している。

　また、図5−2には、白川郷への交通アクセス（A．車利用の場合、B．公共交通機関の場合）と通常時の所要時間を示した。白川郷には、電車で直接アクセスできない。交通アクセスBの場合は、駅から公共の乗合バスを利用することとなる。したがって、観光客が交通アクセスA、Bのいずれかを選択したとしても、最終的には車（自家用車両、貸切バス、タクシー、レンタカー、公

図5-1　岐阜県および白川村の位置

出所：白地図専門店、web site tyubu.html 掲載図に筆者が加筆したもの

出所：素材 Library.com, web site, sozai/3424掲載図に筆者が加筆したもの

共乗合バス）で来訪することになる。

5.1.2　風土と慣習[1]

　白山連峰と飛騨高地の急峻な山岳に囲まれた白川村の面積（約356.55㎢）のうち、96％が山林である（白川村 2015b, 2015c）。村の中央には、庄川が南から北に貫流し、川沿いとその支流のつくる深い渓谷に16の集落（農林水産省 2015）が点在している。研究対象の荻町集落は、庄川の東側右岸に南北長さ1,500m、東西最大幅約350m、広さ約45.6haの区域（白川村史編さん委員会 1998a）にある。

　白川村の冬は長い。特別豪雪地帯として指定されているこの村は、約4か月間、雪に覆われる。最厳寒期の1月から2月になると、約4mの雪が積もる（国土交通省気象庁 web site：table）。このような自然環境と共に暮らす村の人口は、2017年12月現在1,657人（高齢化率31.74％）である（白川村 2017a）。最大集落の荻町には、約580人（2011年4月1日現在で582人）が暮らしている（白川村 2012a）。

　重要伝統的建造物[2]である「合掌造り」建築様式の家屋（**写真5-1**）は、この地域特有のものである。掌を合わせたような三角屋根の鋭角な勾配は、雪

第5章　白川郷の事例　99

図5−2　白川郷までの交通アクセス

A. 車利用の場合（白川郷までの所要時間）

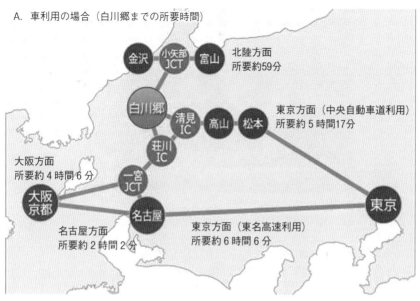

B. 公共交通機関利用の場合（各駅から白川郷までのバス所要時間）

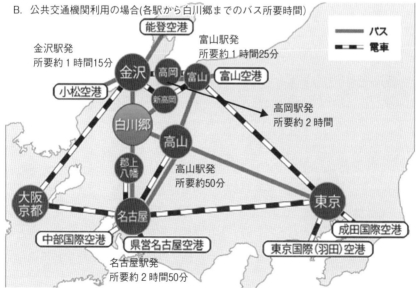

出所：白川村（2014, 2015a）掲載の地図に筆者が加筆したもの

写真5-1　合掌造り（冬の荻町集落内）

提供：白川村役場

質の重さと積雪量に適応させている。合掌造り家屋は、平野の少ないこの地で「暮らし」の場としてだけでなく、「生産」の場としても利用されていた。風通しを考慮して設計された屋根裏空間では、江戸末期から明治・大正時代にかけて最盛期であった養蚕業の生産が行われていた。また、1棟当たりの床面積の広さは、「住み込み」の働き手を確保するためのものであった。

　白川村の暮らしや生産様式には、地域コミュニティ内の互恵関係を維持する伝統的な慣習が存在する。それが、「合力(こうりき)」と「結(ゆい)」である。「合力」は、暮らし様式に係るシステムである。このシステムでは、家の建築または修理、冠婚葬祭、災害時など日常生活の中で人の手を借りたいような時に、「返礼」を期待せず自発的に労働で奉仕する（白川村 2012b、白川村史編さん委員会 1998a, p.345）。これに対して、「結」は、生産様式に係る。「結」では、他者が求める生産活動に必要な「労働」を提供し、その対価として等量の「労働」を得るという「労働交換」を原則としている（白川村 2012b、白川村史編さん委員会 1998a, p.338）。こうした「合力」と「結」の実行を支え、また、自治会としての役割も担うのが、「組」と呼ばれる組織である。現在、荻町集落には、7つの組[3]が存在する。

5.1.3 観光の現況

　白川村の基幹産業は、観光業である。平成27年国勢調査の結果によると、白川村の産業分類別就業は、**図5-3**のとおり、宿泊業・飲食サービス業の割合がもっとも高い。中でも荻町集落では、民宿などの宿泊施設22軒、飲食店26軒（準備中を除く）、土産品店19軒、見学施設9施設が営業している（白川郷観光協会 web site）。

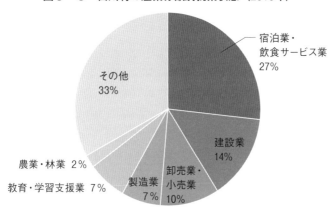

図5-3　白川村の産業分類別就業状態（2015年）

出所：総務省統計局（2017）「平成27年国勢調査」のデータを基に筆者作成

　人口約1,600人の白川村には、年間約180万人の観光客（うち、95％が日帰り）が訪れる（白川村 2017b）。主な観光資源は、名勝や天然記念物などの自然環境資源と、有形文化財の建物や建造物群のような歴史文化的資源である。文化庁に登録されている白川村および荻町集落に存在する文化財（白川村 2015d）は、**表5-1**のとおりである。

　これらの資源の中でも、重要伝統的建造物群（重伝建群）保存地区である荻町の合掌集落は、1970年以降の個人旅行を促進させた旧国鉄のディスカバージャパンキャンペーン[4]、女性誌の創刊[5]、雑誌内での旅行記事の掲載等により、国内観光地として広く知られるようになった（黒田 2003, p.91）。こうした観光地としての発展過程を経て、白川郷（荻町）[6]の合掌造り集落は、1995年に世

表5-1 白川村の文化財 (単位:件)

	有形文化財					史跡	名勝	天然記念物	無形民俗文化財	合計
	建造物	重伝建群	工芸品	古文書	考古資料					
国指定	1									1
(うち荻町)	0									0
国選定	1	1								2
(うち荻町)	1	1								2
県指定	4						1	6	3	14
(うち荻町)	4							2	1	7
村指定	3		1	2	1	9		11	2	28
(うち荻町)	2		1					2		5
国県村計	9	1	1	2	1	9	1	17	4	45
うち荻町計	7	1	0	1	0	0	0	4	1	14

(注1) 無形民俗文化財のうち、地域が特定されていないもの「村指定どぶろく祭り(村内5神社)、県指定古太神(こだいじん)(白川村)、県指定白川村の獅子舞(村内7保存会)」については、荻町として計上していない。
(注2) 村指定史跡・天然記念物である小白川の積石塚群および大ケヤキと御母衣白山神社社叢は、史跡と天然記念物のそれぞれで計上した。
出所:白川村(2015d)掲載データより筆者作成

界遺産として登録された。今では、この白川郷(荻町)合掌造り集落が白川村を代表する顔となっている。

1980年代後半以降の白川村の観光客数推移は、図5-4のとおりである。観光客数は、世界遺産に登録された1995年以降、これまで以上の伸び率で増加していく。その堅調な推移は、2011年の東日本大震災によって一時的に観光客数は減少したものの、それ以降、震災前の数まで回復している。

さらに、近年では、国および地方自治体が訪日外国人観光客誘致活動(ビジットジャパンキャンペーン;VJC)を開始した効果により、白川村を訪れる外国人観光客数も増加傾向にある。図5-5では、白川村における外国人観光客数の推移(2005年以降)を示した。

世界遺産に登録された観光地は、国内だけでなく海外の観光客にとっても旅行先候補地としての価値を高める。図5-4に示した白川村の観光客推移をみ

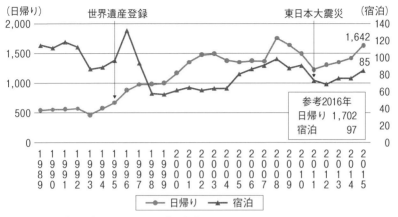

図5-4 白川村における観光客数の推移（単位：千人）

出所：白川村（2017b）記載データより筆者作成

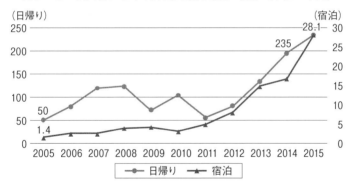

図5-5 白川村における外国人観光客数の推移（単位：千人）

（参考） データの算出方法は、2016年より変更している。変更後の算出方法は、せせらぎ駐車場におけるレンタカー利用者数および路線・定期観光バス利用者数の約7割を外国人観光客数とした。そのため、2016年実績は、日帰り530.2（千人）、宿泊31.1（千人）と前年を大きく上回る結果となっている。この図は、2015年実績までを掲載している。

出所：白川村（2017b）掲載のデータを基に筆者作成

ても、世界遺産登録後の観光客数は年々増加している。観光客数の増加は、村に経済的な潤いを与える反面、「日常の暮らし」と「世界遺産としての価値」を維持していくための課題をもたらす。表5-2は、2008年に荻町区大寄合の場で行われた世界遺産マスタープラン検討住民会議で討議された問題について、筆者が3つの課題種別（(a)景観保全を脅かすもの、(b)保全活動の継続に必要

表5-2 世界遺産白川郷の抱える課題

大項目	討議された問題
(a) 景観保全を脅かすもの	観光車両の増大→(c)安全な暮らしの阻害
	農地の駐車場化→(c)農業の衰退にも繋がる
	建て詰まり
	土産物の陳列、看板、メニュー、ポスター、自販機等の存在
(b) 保全活動の継続に必要なこと	住民の理解
	周辺環境や他集落との連携した活動
	世界遺産にふさわしい観光地としての努力
(c) 暮らしの維持を脅かすもの	観光客のマナー(ごみの投げ捨て、私有地侵入、安全確保に不安)
	就労場所の確保や地域振興・産業の安定に不安
	「結」による屋根葺きの減少

出所:白川村役場提供内部資料「世界遺産マスタープラン検討住民会議からの提唱(2008年12月21日付)」に記載された「討議された問題」を、筆者が課題種別を設定し整理を行った。

なこと、(c)暮らしの維持を脅かすもの)を設定し整理したものである。この中で、景観保全だけでなく暮らしの維持を脅かすものとして問題視されたのが、観光車両の増大に基因する諸問題(安全な暮らしの阻害、農地の駐車場化と農業の衰退)であった。世界遺産登録時(1995)、地区内の交通対策は行われていなかった。しかし、村役場をはじめ荻町集落の人々の中には、増え続ける観光車両による渋滞状況から「このままだと大変なことになる。車を入れない取り組みをしなければいけない(白川村役場観光振興課インタビュー 2016)」と、交通対策の必要性を感じていたという(図5-6は、村営駐車場における駐車場利用推移を示したものである)。世界遺産登録以降の白川村は、「交通対策」を取り組むべき課題として捉え、「観光事業」、「暮らしの維持」、「景観保全と文化の継承」の3つの均衡を図るためのまちづくりに取り組むこととなる。

5.2 TDM活動と地域コミュニティの変化

　白川郷では、国からの声掛けによりTDM社会実験を2年間行うものの実験

図5-6 せせらぎ小呂駐車場（村営駐車場）における駐車台数の推移（単位：台）

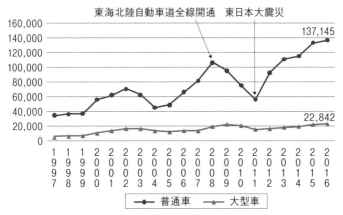

出所：（一財）世界遺産白川郷合掌造り保存財団（2016）によって作成された実績データを基に筆者作成

後に休止する。そして、休止から2年経過後、今度は地域コミュニティ[7]主導による新方式でTDMを再開させ継続実施している。この節では、まず、現在の地域コミュニティ主導型TDMの概要（施策内容、運営体制、最高決議機関、運営費）と、社会実験時におけるTDMとの相違を確認した上で、白川郷におけるTDM発展過程を追跡する。その後、白川郷に見る協働の仕組みとアクター間の関係構築のための配慮行動に関して考察する。

5.2.1 TDMの基本情報

白川郷では、TDMを段階的に発展させている。ここでは、2017年度時点における施策内容、実行組織、最高決議機関、運営費の調達方法を紹介する。

(1) 施策内容
・世界遺産地区の観光車両乗入規制（通年：9時から16時）
大型車両乗入（公安）規制（2009年から開始）、普通車両乗入（自主）規制（2014年から開始）を行う。
・パークアンドバスライド（ピーク期のみ）
特定シーズンのみ寺尾駐車場からシャトルバスを運行する（年間で20数日稼

働実績)。

- 駐車場容量の拡大、車両進入抑制、観光客分散を狙った駐車場配置

　1993年から2011年まで利用されていた世界遺産地区内にある荻町駐車場は、車両進入抑制のため、駐車場としての利用を全面廃止し、観光客が休憩できる公園として整備した。また、世界遺産地区のほぼ中央エリアにつながる「せせらぎ駐車場（村営駐車場）：1996年完成」だけでなく、地区の南側「みだしま公園キャンプ場駐車場（既存駐車場の活用）」と北側「寺尾駐車場：2010年完成」をピーク期の臨時駐車場として利用し、観光客の分散と駐車場容量の拡大を行った。さらに、2016年より世界遺産地区北側に路線バス専用のバスターミナルを移設し、村営駐車場での乗降者数分散を強化した。図5－7には、車両進入区域および駐車場の配置を示している。

図5－7　白川郷（荻町集落）と周辺地図

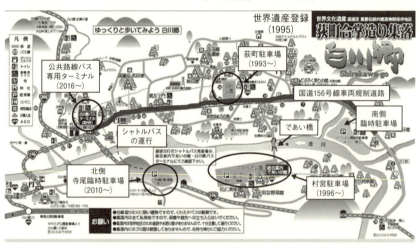

出所：白川郷観光協会（2016）よりダウンロードした地図に筆者が加筆し作成したもの

(2) 実行組織

　「荻町交通対策委員会」が組織化されたのは、2005年である。その構成は、外部有識者を含まない地域コミュニティ主体の組織[8]としている。当委員会の構成メンバーの中には、「(一財)世界遺産合掌造り集落保存財団（1997年設

立）」や「白川郷荻町集落の自然環境を守る会（1971年結成）」のいずれかあるいは両方に、また、すべての団体において意思決定に関わる重要な職に就いている人（地域コミュニティ内のリーダー格）もいる。また、荻町交通対策委員会と白川郷荻町集落の自然環境を守る会は、各組の代表者、女性会、青年会、地区内営業団体、観光協会などから各組織の代表としての参画を要請している。このように、荻町交通対策委員会は、地域コミュニティ内の活動組織との重なり合いによって、交通対策だけでなく世界遺産の維持や景観の保全活動と連携しやすい状況を生み出している。当委員会をはじめ、その他の団体においても調整役や事務局としての役割を担っているのが、村行政である。

(3) 意思決定のための最高決議機関

荻町集落では、年に1回全世帯の住民が一堂に会する大寄合（おおよりあい）が開かれる。住民合意の必要な決定事項については、この場が活用される。荻町交通対策委員会は、2012年12月の議題に「2年後を目標とした観光車両通年進入規制」を挙げ、住民の同意を求めた。こうした段階を経て、白川郷は2014年から通年（自主）規制を実現させた。

(4) 運営費用の調達

運営費は、駐車場の収益と村行政の支出によって賄われる。駐車場料金は、普通車500円、大型バス3,000円であり、そのうち普通車200円、大型車1,000円は「世界遺産合掌造り集落保存協力寄付金」として徴収している。2017年4月以降、駐車場料金は、利用者の集中しやすい村営駐車場に限り普通車1,000円（大型車は据え置き）に改定された。一方、村行政の支出については、主に警備費用（ガードマン人件費）に充てる。その額は、1,500万円〜1,600万円程度である（関係者インタビュー 2016）。

5.2.2　社会実験と現在のTDMとの違い

社会実験は、2001年（2日間）と2002年（1日のみ）に国の全額負担で行われた。実験は、「世界遺産地区内観光車両進入制限」と観光交通を時間ごとにコントロールするための「駐車場予約システム」を主としていた。また、これ

らを有効に機能させるための補完的施策として、2001年には、パークアンドバスライド（駐車場からシャトルバスに乗り換える方法）、パークアンドサイクル（駐車場でレンタル自転車を有料貸与する方法）、環境負荷の少ない電気自動車の活用施策の実験を行った。2002年には、新たに観光バス乗降システム（観光バスの降車と乗車、待機場所を分離する方法）と遊歩ガイドの配布（マップに推奨観光ポイントや散策ルートなどを図示し回遊行動を促す方法）を実施している。駐車場予約システムは、インターネットやi-mode等の携帯電話・端末によるWEBシステムだけでなく、高速道路のSA等に設置した予約デスク、駐車場の空き情報を提供する案内システムなど大掛かりなものであった。

表5-3は、社会実験と現在のTDMとの比較表である。白川郷が選択した施策は、需要量そのものを積極的にコントロールするものではない。需要のコントロールに最も効果的な駐車場予約システムには、多くの費用と労働力がかかる。白川郷では、高額な費用と労働力負担の伴う精度の高いTDM施策よりも、持続的に実行可能な施策の構築を目指して、「観光車両進入制限」、「駐車場の分割配置（公共路線バス、貸切観光バス、一般車等の配置、ピーク期の臨時駐車場対応）」、「（ピーク期のみ）パークアンドバスライド」を選択し、住民の了解を着実に得ながら段階的に発展させている。

こうして荻町集落周辺の渋滞状況は、観光車両進入制限によってピーク期の10日間程度を除き緩和している（関係者インタビュー 2016）。

5.2.3 TDM発展過程と地域コミュニティの変化

白川郷におけるTDMは、その発展段階を「社会実験期（2001～2002年）」、「休止期（2003～2004年）」、「新組織設立期（2005年）」、「漸次的発展期（2006～2017年）」として区分できる。各段階において地区外部あるいは内部からどのような影響を受け、地域内利害関係者の関係性と行動を変容させていったのだろうか。**表5-4**は、テーマごと（組織化、地区内進入規制関連、観光客導線関連、景観保全関連）に活動内容を整理したものである。この項では、表5-4を使って各段階における出来事を記述する。

表5-3 社会実験と現在のTDMの比較表

		行政主導型（社会実験時）		コミュニティ主導型
時期		2001年	2002年	2017年現在
項目		実施内容　補足説明	実施内容	実施内容
内容	世界遺産地区内観光車両（普通車、バス）の進入制限	―	⇒同様	大型車両乗入公安規制
				普通車乗入自主規制
	パーク＆バスライド	各10分間隔で2系統運行。世界遺産地区内は双方向運行、停車場は2系統合わせて10箇所。駐車場料金は一般車500円。	⇒一部変更して実施	特定シーズンのみ寺尾駐車場よりシャトルバス運行（年間で20数日稼働）
	パーク＆サイクリング	（地区内の散策用としては用いない）	実施せず	実施せず（自転車の偏り調整やサイクリングロード整備要）
	駐車場予約システムによる観光交通コントロール	駐車場予約システム（web,携帯端末,高速道路のSA等に設置した予約デスクでの情報提供）	⇒同様	実施せず（費用的にも労力的にも到底できない。）
		駐車場案内システム（駐車場の空き情報を提供		
	電気自動車の活用	荻町駐車場と荻山城間の送迎に利用	実施せず	実施せず（時期尚早）
	―	―	（新規）観光バス乗降システム	実施せず（運転手、ガイドにとって観光客管理が面倒という意見）
	―	―	（新規）遊歩ガイドの配布	実施せず（飲食店、土産店の不公平感を招くため）
	―	―		（新規）観光客分散を狙った駐車場配置の見直し

出所：岐阜県白川村（2003, pp.7-20）を参照して筆者作成

表5-4 白川郷におけるTDM発展過程と関係性の変化

発展段階名称	年	主なトピックス			関係性	内部影響要因	外部影響要因
		組織化	地区内進入規制関連 / 観光客導線関連 / 景観保全関連				
社会実験期	2001~2002	白川村まちづくり委員会立ち上げ	2001年2日間、2002年1日実施		外部主導を受容		外部からの接触（国の補助金と技術支援者の派遣）
休止期	2003~2004	ー	ー		外部有識者に対する心理的距離感		外部有識者によるTDM実行、要請・指導
新組織設立	2005		規制日数の段階的延長（2005年；年2回～2012年；年18回）		外部有識者による触発、自律へ		ー
					村行政、守る会、区、合掌造り、集落保存財団の集結		
漸次的発展期	2006~2007				守る会、区、村行政などによって繰り返される説得、交渉		
	2008			世界遺産マスタープラン検討、住民会議の開催			東北北陸自動車道全線開通
	2009		荻町駐車場大型バス駐車の廃止 / 大型車両乗入公安規制の通年実施				ー
	2010		ー	寺尾臨時駐車場設置 / 世界遺産マスタープラン策定	地域内利害関係者との交渉、利害調整		
	2011	荻町交通対策委員会設置				有料駐車場の考え方について（お願い）文書	
	2012		荻町駐車場廃止			荻町大寄合で観光車両進入規制を通年実施の決議（2年後目処に）	イコモスからの手紙
	2013		観光車両進入制限通年化に向けた試行（冬季を除く毎週末・行楽時期）				メディアの掲載記事
	2014		観光車両進入規制通年実施			（個人民間駐車場0に）	
	2015		旧荻町駐車場公園化				
	2016			荻町バスターミナル（公共路線用）完成		ー	ー
	2017		ー	村営駐車場普通車駐車場料金500円から1000円に値上げ。南北の駐車場は500円据え置き。			

出所：岐阜県白川村（2003）、白川村（2017b）、関係者インタビュー（2016）を基に筆者作成

(1) 社会実験期

　白川村が交通対策の必要性を感じ始めていた頃、日本では、1990年代以降TDM施策の導入を国の政策として位置付けていた[9]。2001年よりTDM社会実験が、国による金銭的および技術的支援の下、全国各地で始められた。白川村（荻町集落周辺）もその1つである。当時、地方整備局等の呼びかけによって集められた交通計画の研究者を含む有識者側から、駐車場予約システムを使った社会実験の提案を受けて実施に至ったという（関係者インタビュー 2016）。この時、白川村役場は、白川まちづくり委員会を立ち上げ、町の交通基本計画策定と合わせて依頼している。

(2) 休止期

　国の補助期間が終了した2003年から2年間は、交通対策を実施していない。その理由は、前回提案をうけた計画があまりにも大がかりな交通対策であり、費用と労働力の負担を考えると実用化できないという村の判断にあった。社会実験終了後、交通渋滞等の問題は残されたままとなり、実験当時関わっていた外部有識者などから継続実施を指導、要請する声が村に寄せられた。これら外部有識者の意見や思いに反し、白川郷の人々の中には、「地域の実情を理解していない」との不信に思う声が挙がっていた。

(3) 新組織設立

　白川郷は、社会実験後2年を経過した2005年に社会実験に関わった外部有識者の全く入らない地域コミュニティ主導による「荻町交通対策委員会」を立ち上げ、交通対策を再開させた。

(4) 漸次的発展期

　白川郷は、社会実験時に作成された交通基本計画を基に、観光交通乗入規制や観光客の受け入れ態勢の強化（駐車場容量の確保）、観光客の動線の見直しが段階的に進められていった。その進捗の中で、繰り返し行われてきたのが利害関係者との交渉と調整である。交通対策の導入から継続実施する際、地区では、主に3つの壁に直面している。最初の壁は、観光車両進入禁止の導入に対

し、「車道沿線の観光事業者の理解を得ること」であった。「ここに道路があったから店を始めたんだ（白川村教育委員会 2011, p.52）」、「車の通っている状態の時に世界遺産登録できたのだから、（車両進入規制は）必要ない（関係者インタビュー 2016）」といった思いを持つ人々に対し、施策を受け入れてもらうために行ったのが、「意義を伝え続けること」と「段階的な実施日数の延長」であった。具体的には、いつまでも観光客にとって魅力的な地区であり続けるためには、増え続ける車への対応は避けられないことを同じ地区に暮らす人々によって伝え続けたことと、「まずは年に2回だけやってみましょう」と少ない日数から始め、徐々に「今年は〇〇日やってみましょう」と増やしていったという。

2つ目には、観光車両進入禁止に伴う駐車場の指定によって生じる「観光客動線の偏り」である。当初、村営駐車場で車を降りた観光客は、であい橋を渡った先の中心部周辺に集中し、地区の北側と南側への流れを減少させていた。そこで、北側と南側にある観光事業者に配慮した観光客の分散化を図る取り組み[10]を行うことにした。

3つ目には、「保存地区内農地の個人有料駐車場化」への対応であった。白川村の公共事業減少に伴い地元の建設会社の倒産が相い次ぐ中、地区内では、空いている私有地で駐車場を始める人がでていた。元々この地区には、「白川村伝統的建造物群保存地区保存条例（1976）第7条第8項」において、地区内の土地利用が保存地区の保存に支障をきたす場合は許可できないことや、この条例に基づいて定められた「景観保存基準におけるガイドライン」で貸有料駐車場利用を規制していた。しかし、小さなコミュニティ内では、経営破たん、家庭内の諸問題などもわかってしまう間柄である以上、条例違反だからと強硬手段に出て排除するようなことはなかなか難しい。結局、区長、守る会代表、村行政担当者ができることは、繰り返しのお願いや、村、教育委員会、守る会、合掌造り財団連名による「荻町伝統的建造物群保存地区内の有料駐車場の考え方について（お願い）（2011年9月12日）」といった文書を発信し、区民全体の理解を促すことであった。このような地道な活動によって、いくつかの駐車場はなくなった。しかしそれでも、すべてをなくすまでに至らなかった。

膠着した状態の中で変化を起こすきっかけとなったのが、「イコモス

(ICOMOS)[11] からの手紙」であった。村長宛に届いた手紙には、車の進入を抑制することができなければ世界遺産として未来に残すことができなくなる危険性を指摘する内容が記載されていた。守る会は、それでも駐車場運営をし続けている人の元に行き、イコモスから改善を要求する手紙が届いたことや、子や孫に世界遺産としてこの地区を引き継ぐ使命があることを伝えた。また、守る会は、取材にきたメディアに対し、この地区を守る活動との思いを伝えつつ、個人有料駐車場の問題について丁寧に伝える努力を重ねた。取材された内容は記事となり、その記事も使いながら説得を繰り返し行っている。その結果、今では最大8ヵ所あった個人有料駐車場のすべてがなくなったのである。

5.3 協働のマネジメントの実際

この節では、白川郷における地域コミュニティ主導型TDMの始動と継続を支える協働の仕組みと要因、関係構築のための配慮行動について記述する。

5.3.1 協働の仕組みと要因

白川郷では、「結」や「合力」のような伝統的な慣習をはじめ、地域コミュニティ主導による課題解決のための「協働」がTDMに限らず繰り返し行われてきた。この項では、白川郷TDMの始動と継続を支える協働の仕組みと要因について、「協働のプロセスと支援者の役割」、「協働の源泉と持続を支える仕組み」、「計画と実行」、「意思決定の場」を取り上げ、考えを述べる。

(1) 自律型地域コミュニティの協働プロセスと支援者の役割

白川郷の地域コミュニティは、現在および数年後の環境の変化(機会や脅威が予測できるもの)を捉えて、問題意識を共有し、その問題に対応するための組織を立ち上げ、地域コミュニティ内や解決に必要な外部有識者、団体、企業などの協力、支援を得ながら協働している[12]。また、協働を通じて地域に合った規範をつくり、地区に所属する者が景観保全を前提とした行動をとれるような基準の設定や観光客に向けたサービス条件の固定化[13]を行ってきた。その際に、白川郷では、「合力」や「結」の精神に通じる協働のために必要な「労

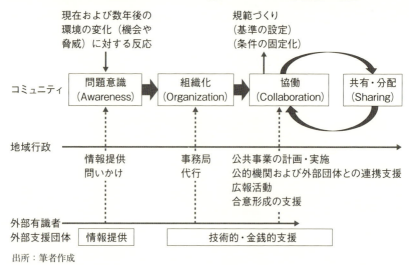

図5-8 地域コミュニティの協働のプロセスと支援者の役割

出所：筆者作成

力」や、得られる「便益」の公平な共有と分配を絶えず心がけている。白川郷には、こうした「協働」と「共有と分配（以下、「シェアリング」という）」の循環の仕組みが、長きにわたる経験学習によって地域コミュニティの中に定着しているのであろう。

図5-8は、白川郷に見た地域コミュニティの協働プロセスと支援者の役割を図式化したものである。外部有識者や支援団体は、当該地域コミュニティに問題意識を持たせるような情報の提供や問いかけをすることや、課題解決のための組織化以降の技術的・金銭的支援を行いながら協働に参画している。また、地域行政は、地域コミュニティの協働のプロセスに寄り添いながら支援をし続けている。その役割は、①「事実確認から得られた正確な情報を提供し、問いかけること」によって地域コミュニティの問題意識の共有の手助け役、②外部有識者や支援団体、公的機関とのつなぎ役、③事務局代行、④行政としての役（公共事業の計画・実施、公的機関および外部団体との連携支援、広報活動、利害関係者間の合意形成の支援など）を担っている。

(2) 協働の源泉：「誇り」を象徴する資源の存在

　合掌造り集落は、先人たちが守り続けてきた「くらし文化」を目に見える形で残している貴重な資源である。合掌造り集落に対する住民の「意味づけ」は、観光の大衆化期を迎えた頃、「不便かつ維持管理の大変な住まい」から「地域経済を支える観光資源と観光空間」へと変わり、さらには、「重要伝統的建造物群保存地区」や「世界遺産登録」の認定といった日本国のみならず国際機関による評価が得られるようになった頃から、「住まい」や「観光」の２つの側面だけでなく、ここに暮らすことに対する「誇り」を象徴する資源に変わっていったのだろう。白川郷の事例では、個人有料駐車場を営んでいた利害関係者に対し、「自分たちの代でこの集落の景観を劣化させてもいいのか、世界遺産から危機遺産に降格した地区として子や孫に引き継いでもいいのか」と問いかけたことで、これまで難航していた合意をようやく得ることに成功している（関係者インタビュー　2016）。

　地域の誇りを象徴する（有形）資源の存在は、集落における「あるべき姿（理想とする将来像）」の共有をしやすくし、後世に残さなければならない使命感をもたらす。将来像と現実に起きている問題とのギャップを感じた時、あるいは、「誇り」を奪われる恐れを感じた時に、地域コミュニティ主体の協働は始まっている。

(3) 協働の持続を支える３つのシェアリング

前述(1)で示した地域コミュニティの協働のプロセス（図５－８）では、地域コミュニティが問題意識を持って、組織化し、「協働」と「シェアリング」の循環といった一連の流れと、その流れに影響を与える「外部有識者・支援団体」や「地域行政」による働きかけを整理した。ここでは、「シェアリング」についてさらに掘り下げる。

　白川郷の事例から、「地域のあるべき姿（理想像）」を目指した協働の持続を支えるためには、３つの領域におけるシェアリングのマネジメントが必要であると考える。１つは、「問題意識や使命感」のシェアである。白川郷では、「世界遺産が危機遺産になってしまう」といった危機意識や、「これまでの先人たちのように、子や孫に世界遺産としてこの景観を受け継がなければならない」

といった使命感を共有しあっていた。2つ目には、「資源」のシェアである。資源には、ナレッジ（専門的な知識）、スキル（技術）、知恵の他に、労働、役割、物財、時間などが含まれる。白川郷は、「合力」や「結」の精神のような労働交換を前提とした慣習の残る地区である。白川郷のまちづくりでは、労働の分配だけでなく、話し合う時間、知恵、外部有識者の保有するナレッジやスキルの活用などを先祖代々繰り返し行ってきた。3つ目は、「ベネフィット（便益）」のシェアである。活動によってもたらされる便益は、公平に分配することを第一に考えられていた。このように、地域コミュニティ主体の協働は、図5-9のように、「問題意識や使命感」を共有し、お互いに「資源」を出し（出資）、出資の実態に見合った「便益」を享受し、当該活動の成果から改めて問題意識や使命感を確認しあうよう、3つの領域のシェアリングをマネジメン

図5-9　シェアリングのマネジメント

出所：筆者作成

図5-10　協働の持続を支える3つのシェアリングの意義

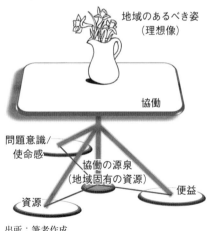

出所：筆者作成

トすることで、持続的な活動を維持しているのだろう。

　さらに、協働の持続を支える3つのシェアリングの意義について図式化したのが、図5-10である。この図は、三脚テーブルとガラスの花瓶をイメージしたものである。ガラスの花瓶は、「地域固有の資源」を核として価値共創に向けた「協働」の上に実現しようとする「地域のあるべき姿（理想像）」である。この図では、テーブル（協働）を支える3点（問題意識・使命感、資源、便益）のそれぞれが、偏りなく公平に分配されていなければ、テーブル（価値共創に向けた協働）のバランスは崩れ、その上にあるガラスの花瓶（地域のあるべき姿への到達）が壊れてしまい、魅力ある観光地として存続できなくなってしまうことを表している。3つの領域のそれぞれにおいて、アクター間の公平なシェアリングを心がけることが、地域コミュニティ主導による「協働」の持続にとって不可欠である。

(4)　協働のための計画と実行：「身の丈」と「漸次的発展」

　社会実験後、外部有識者は、地区内への観光車両進入制限だけでなく、観光客の量に直接的に働きかける「駐車場予約システム」導入を再三にわたり指摘している。これに対し、「いくら外部の方々に指摘されようとも、ここに住んでいるのはわたくしたちであり、わたくしたちしか理解し合えないこともある事実（白川村教育委員会 2011, p.7）」、「交通コントロールをそんなに簡単にできるものでもないことを当たり前のように言われても……（関係者インタビュー 2016）」といった受け止めようであった。

　地域は、「技術的に完璧なシステム」よりも、「実現性と持続可能性を見据えたシステムの構築」を求めている。このようなシステム構築に至るまでには、時間を要する。したがって、まずは、「身の丈に合った計画」を考えることが優先される。ここでの「身の丈」とは、「予算規模、労力、組織体制、合意の状況といった条件設定の中で、今できる最適な方策」を意味している。白川郷では、「小さな取り組み」から、少しずつ理想的なシステムへと近づけていくことを目指し、段階的に住民の反応の確認と理解を得るよう努めながら、漸次的に発展させていくことを選択している。

(5) 公明な意思決定の場

　住民の暮らしに関わるような対策の実行（観光車両進入規制の通年化）を決断するのは、交通対策委員会ではない。その決断は、地区内全住民の集まる「大寄合」で行っている。このような住民に開かれた公明な場で意思を確認することで、住民1人ひとりが決定事項に従う責任と覚悟を持ち、また、地区内の監視役としての働きにも期待できる。

5.3.2　関係構築のための配慮行動

　白川郷では、地域の誇りを維持し次世代につなぐために、問題となっていた「観光交通対策」を地域内利害関係者だけでなく、外部有識者、観光客との望ましい関係づくりを行いながら進めている。この項では、白川郷の事例に見られた関係構築のための配慮行動について探索する。

(1)　外部有識者・支援団体との関係：自律の精神と良きパートナーの存在

　白川郷における地域づくりに関わる団体が、外部有識者や支援団体に完全に依存してしまうことは未だかつてない。「外部からの提言に触発されながら現状を確信する決断と行動力がある（白川村教育委員会 2011, p.27）」と柿崎氏（元白川村教育長）が述べているように、白川郷では、課題解決行動をとる際に、外部有識者もしくは支援団体の提言をたびたび求めてきた。そして、これまで関わりのあった外部有識者には、「信頼して長く付き合っている人（良きパートナー）」と「信頼関係が生まれなかった人」がいることを、関係者インタビューや活動記録報告書から確認できる。その記録内容から、白川郷の人々の外部有識者に対する信頼[14]は、「能力（専門性や実力）に対する期待[15]」以上に、「意図（外部有識者が考えていること、思惑）に対する期待」に応える人物であるかが重要に思える。TDMの支援を行う外部有識者は、渋滞の解消に向けた最善の策を講じ、完全な実行を急ぐのではなく、①地域の実情（人間関係や合意の状況）を良く理解し、②住民に寄り添いながら、③漸次的に進めていくこと、④地域の出す決断を待ち、その決断を尊重するように心がける必要があるだろう。

(2) 観光客との関係：対等な関係と非強制的な施策（自主性の尊重）

　白川郷は、観光客と対等な関係にあるために金銭の徴収や価格の設定に対し慎重な考えを持っている。以前、車利用者だけでなく公共路線バスや観光バスで来訪する観光客に対し、であい橋付近での入村料徴収案が議論されたという。しかし、「入村料を徴収すれば、観光客からテーマパークのようなサービス提供を求められても断りにくくなるだろう。例えば、田んぼ仕事をしている人たちにカメラを平気で向けられたり、私有地に入られたりするようなことは容認できない」と、その案は却下されている（関係者インタビュー 2016）。また、村行政TDM担当者は、駐車場料金の価格設定について「運営経費の上乗せをもう少ししたいところだが、現状1時間程度の日帰り滞在に対応した地区であるため、観光客や旅行商品を企画募集する会社の不満を招くような価格にはしたくない」という考えを述べている（関係者インタビュー 2016）。

　同様に、「地区内観光車両進入規制」によって「集落を守り続ける姿勢と生き方」を尊重して欲しいと観光客へ伝える一方で、あくまでも強制ではなく観光客の自主的判断の余地を残した施策（自主規制）に留めている。

　これらのことから、白川郷では、観光客と地区に暮らす住民との対等な関係づくりに努めており、お互いの間で均衡の保てるようなルールの決定をしている。

(3) 地区内利害関係者との関係：「公平性」の確保と「意図された外部の力」の活用

　観光車両進入規制は、観光客の地区内への来訪動線に影響を与える。そこで、村行政は地区内の飲食店や土産物屋に対し、できるだけ公平な機会となるように、観光客の分散に配慮した駐車場配置の見直しを段階的に行っている。

　また、「外部の力の活用」は、利害関係者との交渉に有効である。白川郷のような地域コミュニティでは、互いに顔が知られており、店の経営状況や家庭の問題などもわかってしまうほど近しい間柄にある。したがって、たとえ、地区内で決めた約束ごと（景観保存基準におけるガイドラインや住民憲章など）に反する行為をし続けている人がいたとしても、事情を知っているが故に、法的規制をかけて有無を言わさずに排除することはできない。個人有料駐車場問

題では、地域の誇りである「合掌造り集落」の世界遺産としての価値を定期的に確認する権限を持ったイコモスからの手紙や、メディアの記事という「外部の力」を意図的に活用することで、利害関係者の理解を得ることに成功している。

5.4 小　　括

白川郷は、先祖代々、様々な課題に直面しながらも、地域コミュニティが主体的に解決行動を繰り返してきた地区である。観光交通の問題への対処もその1つである。白川郷におけるTDMは、2001年から2年間実施した社会実験後に一旦休止したものの、地域コミュニティ主導で再開し、段階的に発展させている。

本章では、この事例に見られるTDMの発展過程と地域コミュニティの変遷を辿るとともに、地域コミュニティを基盤とした協働の仕組みと要因、関係構築のための配慮行動を考察した。結果は、次のとおりである。

持続的な協働の仕組みと要因には、以下の5点を指摘した。

① 白川郷における協働のプロセスは、問題意識から組織化し、協働と共有・分配（以下、「シェアリング」と記す）を繰り返しながら規範を生み出している。そして、そのプロセスにおいて、支援者である地域行政や外部者が、次のような役割を果たしていた。

　その役割とは、
- 地域行政は、地域コミュニティの問題意識に影響を及ぼす情報提供や問いかけをし、組織化の段階で事務局代行として、協働の段階で公共事業の計画・実施、公的機関および外部団体との連携支援、広報活動、合意形成支援などを行っている。
- 外部有識者は、情報提供を行うことと、組織化や協働の段階で技術的・金銭的支援をしている。

② 地域の誇りを象徴する有形資源の存在が、地域コミュニティにおいて理想とする将来像の共有をしやすくし、使命感をもたらしている。

③ 地域資源を核とした3つの公平なシェアリング（問題意識や使命感、資

源、便益)が、価値共創のための協働の持続を支える仕組みではないか。
④　身の丈（予算規模、労力、組織体制、合意といった状況設定の中で、今できる最適な方策）にあった計画から開始していることと、段階的に住民の反応の確認と理解を得るよう努めながら、漸次的に発展させていくことを選択している。
⑤　公明な意思決定の場が設定されている。

また、関係構築のための配慮行動については、
①　白川郷における地域コミュニティ主体の課題解決行動は、外部有識者および支援団体に依存していない。あくまでも自律した課題解決行動をとるための適切な情報や助言を求め、それらを判断の材料としている。その際、「良きパートナー」として認める外部有識者には、能力（専門性や実力）に対する期待以上に、意図に対する期待に応えることを求めている。
②　交通対策委員会は、「提供可能なサービス」との均衡と「観光客との対等な関係の維持」に配慮し、観光客に対して「入村料という形で金銭の徴収はしないこと」、「価格設定」、「非強制的で自主性を尊重する施策」を選択している。
③　交通対策委員会は、地域内利害関係者に対して「公平性の確保」に配慮している。理解を得るためのコミュニケーションでは、意図的に「外部の力」を活用して壁を乗り越えていることがわかった。

第5章 補　論

白川村住民による自然・文化的景観保全活動の歩み

　今では、世界的に価値ある資源として認められた合掌造り集落ではあるが、この集落を長きにわたって守り続けてきたのは住民である。この補論では、1950年代から2000年代までの白川村内の出来事および村を取り巻く環境の変遷と住民による保全活動の歩み[16]をたどる。

(1) 高度成長期（1950年代および1960年代）

　1950年代の日本は、戦後復興から高度経済成長期へと進展していく過程で、さらなる経済発展に向けた安定的な電力供給が喫緊の課題であった。国は、早急な電力供給源の開発を目指して、ダム建設の調査と計画を積極的に進めようとしていた。その中で、ダム計画建設地点として選ばれたのが、庄川上流の御母衣地点だった。この地点での巨大ダムの完成は、日本の産業界の経済成長を支える重要な電力供給源を得られる一方で、荘白川地方（白川村と荘川村）に「故郷を失う」決断を強いることになる。御母衣ダム建設による水没移転対象者は、301世帯1,346人（このうち、白川村は56世帯208人）に及ぶ。水没移転を迫られた住民たちは、反対運動組織を立ち上げ、建設地変更を訴え続けた（浜本 2011, pp.52-53）。やがて、7年半にわたる電源開発側との補償交渉を妥結させ、反対運動組織は解散した（同, p.40）。

　こうして、電源開発を目的としたダム建設が、水没による集落の消失、小集落の集団離村、合掌家屋の売却などを招いた。その結果、1953年時点で264棟あった合掌家屋は、1965年になると166棟まで減少した（白川郷荻町集落の自然環境を守る会 web site : sub3.html）。その間、ダム建設に係る外部労働者の流入によって、一時的に住民の数は増加した。図（補）- 1は、白川村の人口推移を表にしたものである。この表から、1950年代と1960年代の人口は突出して多いことがわかる。

　一方、日本全体では、1950年代から1960年代にかけて、美しい自然景観や貴

図(補)-1　白川村の人口推移（単位：千人）

出所：白川村（2013）掲載のデータを基に筆者作成

重な文化財、歴史的環境を保全するとともに、それらを利活用することで後世に継承しようとする動きが活発になっていた。1950年に「文化財保護法（法律214号）[17]」が成立し、1960年代に入ると、英国で始まったナショナルトラスト活動が日本でも広まっていく。そのような時代背景の中で、白川村には、白川合掌保存組合が発足（1963年）し、文化財としての合掌家屋保存運動が始まる。発足以降、当組合は、外部団体からの補助金を得ながら、保存活動の推進に取り組むようになった。

(2) 観光の大衆化期（1970年代および1980年代）

　日本は、大阪万博開催（1970）以降、観光旅行の大衆化が急速に進んでいった。国鉄（現JR）が個人旅行客の増大を目的として始めたディスカバージャパンキャンペーンは、新たな旅行需要と国内旅行先の開拓に貢献することとなる。白川郷荻町集落は、この頃に開拓された旅行目的地の1つである。図(補)-2で示した1966年から1983年までの白川村観光客数推移から、1970年代以降観光客数が急速に増加しているのがわかる。観光客を迎える村が、その産業基盤を畜産、養蚕、農林業から観光業へと移りゆく中で、荻町集落は新たな課題を抱えることとなった。それが、駐車場の新設・増設要求の増大、商店や宿泊施設の増改築、看板の設置など景観保全に対する諸問題であった（白川

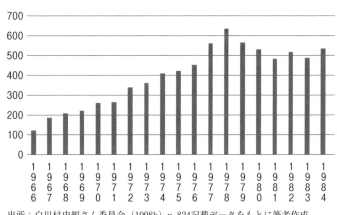

図（補）-2　白川村観光客数推移（1966年〜1983年）（単位：千人）

出所：白川村史編さん委員会（1998b）p. 824記載データをもとに筆者作成

村 1998b, p. 825)。

「白川郷荻町集落の自然環境を守る会（以下、「守る会」）」は、観光の大衆化時代の幕開けに結成された（1971年）。同年、荻町区大寄合において全住民の総意で決められたのが、「住民憲章」である。住民憲章には、地域内資源を「売らない」「貸さない」「壊さない」ことを3原則として掲げている。荻町集落の住民は、維持管理に労力がかかり、近代的で利便性の高い機能を持たない合掌家屋での暮らしを守り続ける選択をしたのである。その後、白川村は、1976年白川村伝統的建造物群保存地区保存条例および計画制定を行い、同年に重要伝統的建造物群保存地区[18]として選定された。こうして、荻町集落の価値が国に認められると、さらに景観保全のための動きは加速する。その活動は、守る会による「荻町から看板を失くす運動（1980）」を始め、村が「保存地区景観保存基準の策定（1985）」や合掌集落保存に係る莫大な経費削減のための「保存基金条例の制定（1988）」をし、基金回収の仕組みを作っている。

また、村では、保全活動と同時に、観光客受け入れのための整備も進めた。具体的には、荻町地区内の公共駐車場の設置（1974）、白山スーパー林道の開通（1977）、城山展望台の整備（1978）、国道165号バイパスの着工（1987）が挙げられる。

(3) 個人旅行化の進展期（1990年代）

　日本は、1992年にユネスコ世界遺産条約を締結し、1993年に初めて国内4か所（自然遺産2か所、文化遺産2か所）が世界遺産として認められた（文化庁 web site2：sekai_isan/）。白川郷が五箇山（富山県南砺市）とともに合掌造り集落として世界遺産登録されたのは、1995年のことである。国内では6番目の登録であった。これを受けて、「（財）世界遺産白川郷合掌造り保存財団[19]」が1997年に設立された。

　守る会は、世界遺産登録後まもなく、100年前の電柱や電線のない風景を取り戻すための運動を起こす。莫大な費用のかかる電線等の地中化の実現は、容易なことではない。守る会は、村役場と共に中部電力やNTT、県に対し、「修景」を目的とした無電柱化の陳情を繰り返し行うものの、費用に見合う必要性を感じてもらえずにいた。こうした事態を変える助けとなったのが、かねてから地域と関わりのあった学者からのアドバイスだった。守る会は、学者のアドバイスをもとに、工事の必要性を訴える論点を「修景」だけでなく「火災対策」を加えることと、陳情先を「県から中央（国）へ」と変更した。また、電線地中化プロジェクトチームを結成し、全国に向けて無電柱化の支援を訴える署名と募金活動を行った。その結果、荻町集落は、国の交付金対象地区となり、電線地中化工事が始められた。

■注
1　主に、白川村（2012a、2012b、2015b、2015c、2017）、白川村史編さん委員会（1998a）を参照して記述した。
2　国が、市町村からの申し出を受け、文化財保護の観点から歴史的な集落やまちなみとしての価値の高さを認めたものを「重要伝統的建造物群保存地区」として選定している。
3　7つの組とは、中屋組、東上組、東中組、東下組、西上組、西下組、橋場組のことである（白川村役場提供資料「平成27年度荻町交通対策委員会委員名簿 2015」）。
4　旧国鉄が、大阪万博終了後の乗客減に対応するために始めたキャンペーン。このキャンペーンでは、旧来の名所や観光地をまったく意識させないことで、新たな旅行需要をつくり出し、国内旅行先の再開発の役割を果たしたとされる（白幡 1996, p. 81）。
5　大阪万博が1970年3月に開幕したちょうどその頃に女性誌「an・an（アンアン）」が、その翌年には「non no（ノンノ）」が創刊された。女性誌には、ファッション情報に加え、

6 本来「白川郷」の範囲は、現在の荘川村と白川村を合わせたものであった。しかし、1993年以降の旅行ガイドブックは、すべて「白川郷」が「荻町」に限定して紹介されている（黒田 2003, p.93）。

7 地域コミュニティとは、「居住地域を同じくし、利害をともにする共同社会。生産・自治・風俗・習慣などで深い結びつきをもつ共同体」と定義する（大辞泉）。

8 構成メンバーは、区長（委員長）、白川郷荻町集落の自然環境を守る会（以下、守る会）会長（副委員長）、村会議員、副区長、守る会副会長、守る会事務局長（村役場職員）、発展会会長および副会長、女性会会長、女性会会員、組代表各1名、警察、財団、白川郷観光協会副会長、役場（観光振興課、基盤整備課、教育委員会文化財課：事務局）である。

9 1992年に作成された第11次道路整備五箇年計画では、活力ある経済に支えられた「ゆとり社会」を実現するために掲げた3つの柱の1つである「生活者の豊かさを支える道路整備の推進」の中で、TDMの導入を主な施策としている（〔一財〕道路新産業開発機構 1992, p.2）。

10 具体策は、第2節第1項の (1) 施策内容に記している。

11 イコモスとは、国際記念物遺跡会議（ICOMOS/ International Council on Monuments and Sites）の略で、文化遺産保護に関わる国際的な非政府組織（NGO）である。当団体は、ユネスコの諮問機関として、世界遺産登録の審査、モニタリングの活動を続けている。

12 本文に記載のない1950年代から2000年台以前の白川村住民による自然・文化的景観保全活動の歩みについては、補論を参照のこと。

13 サービス条件の固定化とは、あらかじめルールを設定することで協働関係を事前に特定化しておくこと（上原 1999, pp.273）。例えば、白川郷では、車利用の観光客に対して地区内の車両進入の抑制と駐車可能箇所の指定をサービス提供の条件としている。

14 山岸（1998）による「信頼の構造（広い意味での信頼とは、「能力に対する期待」と「意図に対する期待」に応えるものとして区分）」を参照した。

15 意図に対する期待とは、「相手は決して自分をだましていない」というものである。仮に、「自分の利得のために提案しているのではないか」といった疑念が生じた場合、信頼関係を築くことはできない。

16 この節は、白川村教育委員会（2011）、白川郷荻町集落の自然環境を守る会（web site : sub3.html）、（公財）日本ナショナルトラスト（web site : histry1.html）、白川村史編さん委員会（1998a, 1998b, 1998c）、羽田他（2016, p.33）、浜本（2011, pp.32-41, 52-53）を参考にして記述した。

17 文化財保護法は、文化財の保全だけでなく国民の文化的向上を目的として活用するための法律として制定された。この法律の成立が、観光資源の価値づけにも貢献することとなった（文化庁 2014）。

18 文化財保護法の改正によって伝統的建造物群保存地区の制度が発足。市町村が地区（歴史的な集落やまちなみ）を設定し、地区内の保存事業を計画的に進めるための計画を策定し、国がその地区を価値あるものとして判断した場合に、保存対象地区として選定される（文化庁 web site1：hozonchiku/）。
19 現在は、一般財団法人として2015年4月1日より名称変更をしている。

第6章

出雲大社周辺の事例
― 島根県出雲市 ―

　本章は、新たなTDM導入によって期待する効果を得られた出雲大社周辺（島根県出雲市）の事例を取り上げる。この事例の特徴は、「歩く」魅力を創出する観光サービス基盤整備活動（以降、「サービス劇場」づくりと記す）とTDMを連結させたことで、観光客流入の最適化を図るためのサービス生産システムが成立している点にある。

　研究の手順は、初めに、出雲大社周辺の地域特性ならびに歴史的背景、TDMの基本情報、TDMを含むサービス生産システムの発展過程と地域コミュニティの変化を確認する。その上で、今回の事例研究で発見した事象（価値共創に向けた協働のネットワークを形成するための接点および生み出された相乗効果）と考え（サービス劇場づくりとTDMを連結させた「観光客流入の最適化を図るための管理上の枠組み」）を述べる。

6.1　出雲市および大社地区の概要

6.1.1　人口と行政区域

　出雲市は、島根県東部に位置した人口17万5,016人（2017年11月30日現在：出雲市 web site1）の中都市である。2005年3月に2市4町（出雲市、平田市、

佐田町、多伎町、湖陵町、大社町)、さらに2011年10月に1町(斐川町)と合併して、現在の出雲市が誕生した(出雲市 web site2)。出雲大社のある大社地区(旧大社町)もまた、2005年3月より出雲市の一部となった1つである。この地区の人口は、5,467人(2017年11月30日現在:出雲市 web site1)である。

6.1.2　地理的特性

　出雲市の位置は、図6-1のとおりである。市の北部には、国引き神話[1]で知られる島根半島、中央部は出雲平野、南部に中国山地で構成される。平野の中央部には、東進して宍道湖に注ぐ斐伊川と、西進して日本海に注ぐ神戸川が流れている。

図6-1　出雲市の位置

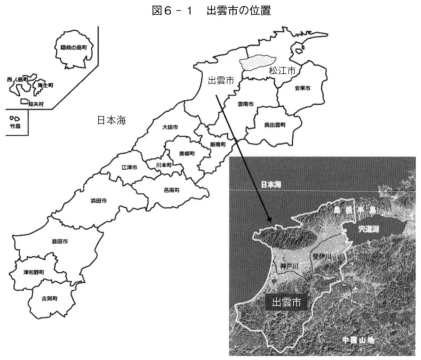

出所:素材 Library.com, web site:sozai.3438よりダウンロードしたものに筆者加筆
出所:出雲市(2015), web site:index.html よりダウンロードしたものに筆者加筆

6.1.3 交通アクセス環境

　出雲市は、空港、港、鉄道、高速道路の玄関口といった環日本海交流の機能を担う交通の拠点である。しかし、利便性の視点から見ると、市内移動および市へのアクセスは、車利用を促進させる環境にある。その現況について、市および周辺地域の、(1)公共交通（バスおよび鉄道）、(2)山陰自動車道の実際を紹介する。

(1) 公共交通（バスおよび鉄道）の現況

　島根県における乗合バスの輸送人員は、1964年の約5,500万人を最多として、2005年には824万人と減少している（島根県 web site:access/bus）。その間、バス事業者が、乗合バス事業の規制緩和の施行（2002年2月）を受けて、不採算路線から撤退を始めたことにより、ますますバス路線の維持・確保は困難になっていった（同 web site）。県内各市町村では、多額の赤字を抱えている系統で、デマンド型バス[2]の運行やNPOなどとの連携により輸送確保に努めている。

　一方、当該エリアにおける鉄道事業も厳しい状況にある。路線維持確保の先行きには不安が尽きない。出雲市内を発着する鉄道路線は、**図6-2**のとおりである。JRは、県内の海岸線に沿って東西を移動可能な山陰本線と、山陰本線から広島県に至る地方交通線の木次線（宍道駅～備後落合駅間）、三江線（江津駅～三江駅間）を結んでいる。しかしながら、利用者の減少により、山陰本線の運行本数は、出雲市駅を起点として米子方面で1時間に2～3本、浜田方面で1本程度といった状況にある。また、三江線は、2018年4月1日をもって廃止し（JR西日本 2016）、同じ地方交通線である木次線についても存続が危ぶまれている。

　松江市と出雲市を宍道湖北岸で結ぶ地方鉄道が、一畑電鉄である。この路線には、「出雲大社前駅」があり、電車を利用して出雲大社に向かうこともできる。一畑電車は、交通手段の確保と利用促進を目的に、沿線自治体（県、松江市、出雲市）で構成される協議会が立ち上げられ、2006年度以降、上下分離方式[3]の導入により経営支援を受けている（島根県 web site:ichibata.html）。

図6-2　鉄道路線図

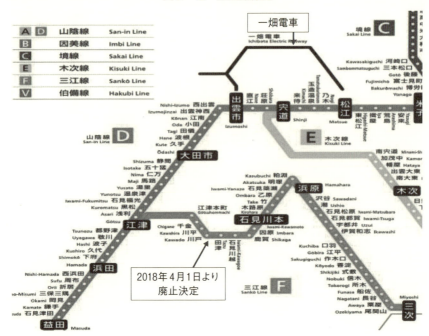

出所：JR おでかけネット web site (route/) よりダウンロードした PDF の一部を引用したものに筆者が加筆した。

(2) 山陰自動車道の整備状況

日本海沿線の高速道路は、国内の中でも開発が遅れている。図6-3は、島根県内の高速道路マップである。現在も、島根県内日本海岸沿いの高速道路整備事業が継続して行われている。この中で、出雲市には、斐川 IC と出雲 IC の玄関口があり、遠方から車で来訪しやすい環境にある。

6.1.4 島根県内観光地としての位置付け[4]

2016年の島根県観光客入込客延べ数[5]は、33,119千人地点で、そのうち、出雲市の入込延べ数が約1,202.6千人地点（全体の36.3％）であった。また、観光での県内訪問地点上位10箇所では、「1位：出雲大社（6,058千人地点）」、「2位：日御碕（979.8千人地点）、「3位：島根ワイナリー（750千人地点）」と上

図6−3　島根県内の高速道路マップ

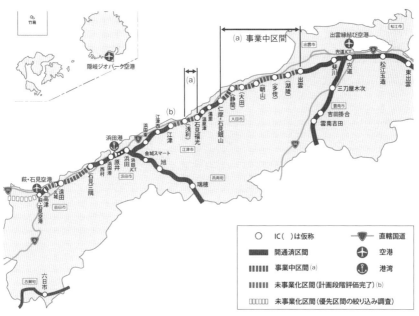

出所：島根県 web site:kosokudoro/ より引用した図に筆者が加筆したもの

位3箇所が出雲市内にある。このように、島根県内で最も観光客を誘致している都市が出雲市であり、その中でも県および市の観光振興において出雲大社の存在は非常に大きい。

6.2　大社地区門前町の盛衰

6.2.1　出雲大社と門前町

　出雲大社は、少なくとも8世紀には大きな社が建てられていたと古書に記されている（出雲市 web site3）。現在の境内の姿は、江戸時代前期（1667年）の造営遷宮で計画されたものである（同 web site）。

　出雲大社と門前町商人は密接な関係にある。平安時代後期以降、出雲大社に所属して全国に派遣された「御師[6]」たちが、信者のための祈祷や参詣のため

の宿泊斡旋を行うようになると、出雲大社周辺には「講[7]」を受け入れるための商家や宿屋が発展していった（出雲大社教 web site:200_naritachi.html）。

　江戸時代に入ると、特定の寺社に限り、興行に対する幕府助成策「富くじ」が認められた（東京都古文書館 web site:0703kaidoku15_2.htm）。出雲大社もその1つであり、富くじは、3月と8月の年2回行われていた（大社町史編集委員会 2008, pp. 207-226）。出雲大社では、外貨獲得を目的に、富くじの販売対象者を他藩の人に限定した。さらに、当たり札の換金の際には、宿主の立ち合いを条件とし、賞金額の一割が宿主に寄付されるような仕組みを作っていた。その恩恵は、宿主だけでなく地域に大きな経済効果をもたらした。しかし、明治時代の幕開け（1868年）に富くじは禁じられ、門前町民の収入の激減に伴い、町は衰退していった。

6.2.2　神門通りの形成と盛衰

　旧国鉄大社線（出雲市駅から大社駅間約7.5km）の開通（1912年）を契機に、大社駅から出雲大社を結ぶ新たな参詣道として整備されたのが、「神門通り」である（出雲大社正門前商店街神門通りおもてなし協同組合 web site:100th,）。神門通りは、出雲大社正門前商店街として栄えていった。しかし、1960年代以降のモータリゼーションの進展や、1970年代に出雲大社西側の外苑駐車場が設置されたことにより、車で参拝してそのまま帰ってしまう人々が増加した。さらに、1990年3月にJR大社線が廃止（大社町史編集委員会 2008, p. 777）されたことを受け、ますます神門通りの人通りは、少なくなっていった。2005年時点では、既存店舗数26店・事業所（そのうち4店は後に廃業）といった空き店舗の多い寂れた商店街へと変わり果ててしまった（中国電力 2015, pp. 20-22）。

6.3　TDMの基本情報

6.3.1　新たな交通対策導入の背景

　出雲大社周辺では、年末年始やゴールデンウィークなど参拝者の多い期間に限り、市や関係機関による交通渋滞対策を行ってきた。しかし、これまでの対

策だけではもはや対処できない事態となったのが、平成大遷宮[8]の本殿遷座を迎える2013年のゴールデンウィーク時のことである。例年にない参拝者の来訪は、山陰道まで及ぶ約16kmの渋滞を引き起こした。

渋滞は、夕方になっても解消されず、地元近隣住民や観光客（参拝者含む）、NEXCO西日本などから県や市に不満の声が寄せられた。このような事態から、市は、同年の盆期間に向けて新たな交通対策の計画を策定し、組織体制を強化して実行することにした。その結果、神門通り・出雲IC付近は、対策前の最もひどかった2013年5月4日（土）の渋滞（16km）が、対策後の2014年5月3日（土）には1.3km、2015年5月2日（土）には0.5kmとなり、渋滞緩和の効果が現れている。

図6-4は、出雲大社観光入込客延べ数の推移である。この表から、2013年実績が例年に比べて非常に多いことがわかる。

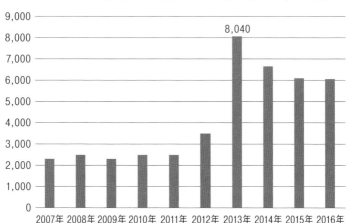

図6-4　出雲大社観光入込客延べ数の推移（単位：千人地点）

出所：島根県商工労働部観光振興課（2009～2016）掲載データより筆者作成

6.3.2　実施内容および運営資金[9]

表6-1は、従来の交通対策と2013年以降の新方式を比較したものである。従来の対策は、約26年間年末年始に限定して交通規制（車両通行禁止区域、一

方通行）と誘導のための看板設置や警備員の配置のみ行っていた。資金は、大社周辺の民間から100万円を集め、残りは市の予算から400万円ほどの補助を追加した総額500万円程度である。それに対し、新方式では年末年始に加えて多客期間（GW・盆・秋の行楽期）にも実施し、①交通規制の他に、②（自家用車駐車場容量の拡大のための）民有地駐車場借上げ、③（パークアンドバスライドを実施するための）シャトルバスの運行2系統の設定、④パークアンドレイルライド（一畑電車雲州平田駅に駐車場設置：出雲大社前駅まで所要20分乗車区間）、⑤観光バス対策（乗降場の予約システム、推奨ルートの設定）、⑥案

表6-1 従来の交通対策と新方式との比較

		従来	新方式
開始年		1987年（S62）～2013年（H25）ゴールデンウィーク（GW）	2013年（盆・秋以降）～
実施期間		年末年始のみ	多客期間（GW・盆・秋の行楽期・年末年始）
交通対策		交通規制（車両通行禁止区域、一方通行）、看板設置、警備員配置	① 交通規制 ② 民有地駐車場借上げ ③ シャトルバスの運行2系統 ④ パークアンドレイルライド ⑤ 観光バス対策（予約システム、推奨ルートの設定） ⑥ 案内誘導看板の設置 ⑦ 啓発広報・リアルタイム情報配信
		周辺駐車場および主要交差点に警備員・看板を配置し、交差点を中心とした大社エリアの交通の円滑化と駐車場の有効利用の促進	
組織体制（大社交通渋滞対策実行委員会）	委員長	大社町長（～2005年）、市大社支所長（2006年～2013年GW）	副市長
	構成員数（委員長含む）	24名	31名
事業費		500万円（大社周辺民間団体100万円＋役場400万円）	概ね3,500万円

出所：出雲市役所観光交流推進課　担当者2名インタビュー（2015年11月9日）および市役所提供の内部資料より筆者作成

内誘導看板の設置、⑦啓発広報、リアルタイムな情報配信（WEBによる駐車場の満空情報やライブカメラによる渋滞状況）など、対策手法も手厚く行われるようになった。

　シーズナリティに配慮した実施内容の判断は、これまでの数値データに基づいて出雲ICにおける流出台数に応じた5段階（通常、A～D）[10]と年末年始（E）の体制区分と実施内容から選択される（出雲市役所提供資料）。

　新方式では、対策日数および手段の拡大に伴い、県および市による事業費が概ね3,500万円となり、以前よりも大幅に増えている。これらの事業費の一部を回収するために、シャトルバスの有料化（250円）が、一度だけ（2014年ゴールデンウィーク時）行われた。しかし、同年秋には無料に戻している。その理由は、シャトルバス利用者と出雲大社近隣の駐車場利用者との間に不公平な状況が作られてしまうことによる。かねてより出雲大社駐車場は、参拝客のために無料という方針を変えていない。そのため、近隣駐車場も無料にせざるを得なかったという。その一方で、シャトルバス利用者には、パークアンドバスライドの不便さを受容してもらうだけでなく、費用負担をお願いするのは不公平であるという考えから、再度無料化へと変更している。

6.3.3　運営体制

　図6－5は、運営体制の変化を示したものである。従来の体制では、行政側の参加者は市行政機関関連のみであり、その他地元の宗教法人、商工会、交通安全協会、町内会、観光関連団体、交通事業者等で構成されていた（構成メンバー総数24名）。一方、新体制では実施規模を拡大したことにより、これまでの構成メンバーに加えて、国や県、NEXCO西日本など各管轄する領域で権限のあるアクターたちが参画している（構成メンバー総数31名）。これらの構成メンバーが、TDM実施主体として協働する組織体となり、実施のための意思決定を下す。なお、実務的なサポートは、コンサルタント会社（技術および運営管理）、警備会社（警備）、交通事業者（シャトルバスや鉄道による輸送）、神門通りおよび周辺の民間・公共施設・団体等（駐車場の臨時使用許可）に事業の委託や協力を要請している。

図6-5　運営組織体制の変化

【2014年3月まで】	【2014年4月～】
① 出雲市役所大社支所長	① 出雲市副市長
② 出雲警察署地域官	② 島根県出雲警察署地域官
③ 出雲市役所観光交流推進課長	③ 出雲市役所大社支所長
④ 出雲警察署交通課長	④ 島根県警察本部交通部交通規制課
⑤ 出雲警察署警備課長	⑤ 島根県出雲警察署大社広域交番所長
⑥ 出雲市役所交通政策課長	⑥ 島根県出雲警察署警備課長
⑦ セーフティ大社運動推進委員長	⑦ 島根県出雲警察署交通課指導官
⑧ 出雲地区交通安全協会	⑧ 島根県出雲警察署地域課指導官
⑨ 出雲大社	⑨ 国土交通省中国整備局松江国道事務所
⑩ 出雲大社教	⑩ 西日本高速道路㈱中国支社松江高速道路事務所
⑪ 出雲教	⑪ 島根県出雲県土整備事務所
⑫ 日御碕神社	⑫ 島根県商工労働部観光振興課
⑬ 出雲商工会	⑬ 出雲市役所交通政策課長
⑭ 出雲観光協会	⑭ セーフティ大社運動推進委員長
⑮ 大社旅館組合	⑮ 出雲地区交通安全協会
⑯ 大社土産品組合	⑯ 出雲大社
⑰ 大社飲食業組合	⑰ 出雲大社教
⑱ 日御碕土産品組合	⑱ 出雲教
⑲ 一畑電車株式会社	⑲ 日御碕神社
⑳ 一畑バス株式会社	⑳ 出雲商工会
㉑ 出雲地区旅客業組合	㉑ 出雲観光協会
㉒ 大社町町内会長連合会	㉒ 大社旅館組合
㉓ 島根県立古代出雲歴史博物館	㉓ 大社土産品組合
㉔ 神門通り甦りの会	㉔ 大社飲食業組合
	㉕ 日御碕土産品組合
	㉖ 一畑電車株式会社
	㉗ 一畑バス株式会社
	㉘ 出雲地区旅客業組合
	㉙ 大社町町内会長連合会
	㉚ 島根県立古代出雲歴史博物館
	㉛ 神門通りおもてなし協同組合

出所：出雲市役所から入手した資料を基に筆者作成

6.4 「サービス劇場」としての発展過程と地域コミュニティの変化

　Grove & Fisk（1983）は、サービスを演劇に例え、サービス生産システムを「劇場」として比喩している（pp. 46-48）。この比喩に倣えば、出雲大社へと通じる神門通り商店街は、観光客（観客）を迎える舞台と言えよう。魅力的な舞台と演劇の提供には、観客を魅了する装置（例えば、道路の拡幅、休憩用ベンチの設置、日よけ暖簾など）や劇場に関与するアクター（例えば、イベント企画・主催者、工事発注者、商店の店主、接客担当者、まち歩きガイドなど）が必要となる。

　TDM もまた、企画演出どおりの演劇を提供するために欠かせないバックヤード機能の一部である。その機能とは、渋滞による観客（車利用者および住民）のストレスを軽減し、観客が劇場に向かうまでの最適な手段の選択と経路へと導くことで、舞台上（神門通り）での演技（サービス）を十分に満喫してもらう役割を担う。この節では、新 TDM 導入の基盤となる「サービス劇場」の発展過程と地域コミュニティの変化を追跡する。

6.4.1　県主導によるイベント・情報発信・商品開発・アクターの育成[11]

　島根県は、古事記編纂1300年（2012年）、60年に一度の祭事である出雲大社大遷宮（2013年）と歴史的な節目を迎えるにあたって、2010年度に「神々の国しまねプロジェクト」を立ち上げた。当プロジェクトは、4年後の出雲大社大遷宮を迎えるまでを実行範囲としている。まず、1、2年目にはプレイベントを行うことで、県内の気運の醸成と県内外に話題を喚起させる。そして、古事記編纂1,300年を迎える3年目（2012年）には、本イベントとして「神話博しまね」を開催し、本殿遷座祭を迎える4年目（2013年）で「ご縁」や「神々」といったブランドイメージの定着を目指していた。具体的には、神話をテーマとしたブランド発信事業（イベントの開催、情報発信）と、県民の故郷に対する誇りと自信を醸成する事業（ふるさと再発見のための講演や研修会）、観光振興の担い手づくり事業（ガイドの養成や観光関係者向け研修会）、旅行商

品・仕組みづくり事業（定時ガイドツアー、周遊バス旅行、県外流通対策）が企画された。2012年度のシンボルイベント「神話博しまね」の特設会場は、神門通りに近い出雲歴史博物館駐車場に設置された。

6.4.2　県、市主導による「舞台装置」づくり[12]

県や市は、神門通りに出雲大社の門前町としてふさわしい風格と賑わいのある通りを取り戻そうと、2011年度より道路の拡幅、電線地中化、石畳舗装などの道路改良工事を実施した。図6−6には、神門通り商店街の整備工事の内容、場所、着工期間を記している。

工事着工前（2009年10月）には、周辺住民の工事に対する意見をアンケートで募ることから始め、住民や観光客に対して、「再生整備事業」への理解と関心、完成後の期待を持ってもらえるような取り組みを行っている。具体的には、①住民参加型「道づくり・景観づくりワークショップ（2010年7月〜2011年3月：6回）」の開催とかわら版の発行（ワークショップに参加していない住民に対し情報提供）、②道路を拡幅する計画の安全性を検証するための「社会実験」の実施（2010年11月〜12月）、③住民参加型「神門通りデザインワーク

図6−6　神門通り商店街の整備工事

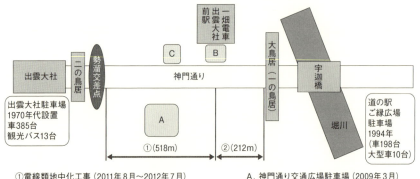

①電線類地中化工事（2011年8月〜2012年7月）
　石畳・舗装照明灯第1期（2012年5月〜7月）
　　　　　　　第2期（2012年12月〜2013年3月）完成
②電線類地中化工事第1期（2014年4月〜7月）
　＋照明灯　　第2期（2014年12月〜2016年3月）

A．神門通り交通広場駐車場（2009年3月）
　（車60台　観光バス6台　駐車場代無料）
B．縁結びスクエア（2012年9月）
　（車60台）
C．神門通りおもてなしステーション
　（大社観光案内所）（2012年10月）

出所：島根県 web site:shinmon1.html, sinmon2.html を基に筆者作成

ショップ（2011年6月〜12月）」、④ワークショップから着工までの道づくりに関する情報発信や意見収集、疑問に対応するための「PR館」の設置（2011年7月〜2013年3月）、⑤「石畳に残そう100年のメッセージ」イベントの実施（2012年5月10日〜6月17日、5月27日えびすだいこく100kmマラソン完走者対象、12月7日〜12月24日）である。⑤は、住民や観光客に石材（裏面）へ自由にメッセージを記入してもらい、その石材を実際に道路舗装に使用するという参加無料イベントで、参加人数3,000人、石材枚数約1,000枚を集めている。

　また、道路工事と共に、賑わいを創出するための仕掛けづくり（施設整備、規制緩和、補助金制度）も行っている。賑わい拠点としての施設整備では、駐車場兼イベントも開催できる広場（［市］神門通り交通広場2009年3月、［県、市、一畑電車共同］縁結びスクエア2012年9月）や、観光案内・情報提供の場「［市］おもてなしステーション2012年10月」が作られた[13]。規制緩和や補助金制度では、しまね版「神門通りおもてなし特区[14]」の認定（2012年3月 出雲商工会申請）をはじめ、沿道建築物修景基準策定委員会（町内会会長、関係2団体、学識者で構成：2010年12月発足）によって定められた「神門通り地区まちづくり協定」に則った街並み整備の補助金（2011年4月告示）や、新規出店の促進および既存商店の魅力向上を支援するための補助金（出雲市地域商業再生支援事業補助金）等が用意された。これらの活用によって、神門通りは、「2005年の26店舗から、2014年8月には70店舗超に増加し、空き店舗もほぼなくなる状況（中国電力 2015, p. 22）」となり、統一のとれた風格のある街並みと賑わいを徐々に取り戻していった。

6.4.3　民間事業者による活動[15]

　神門通り商店街の再活性化の推進役となったのが、「神門通り蘇りの会」である。この会を立ち上げたのは、JR出雲市駅前でホテルを経営しているA氏（当時出雲市観光協会副会長）である。彼は、2005年3月島根県出雲市、大社町、多岐町など2市4町が合併した後に行われた市の主催する「門前町開発に関する検討会議」の席で、旧大社町関係者の「神門通りの再生には努力したが万全を尽くした」といった言葉を聞き、ならば自分が復活に挑もうと1人で動き出したことから始まる。

彼は、4年前に読んだ郷土史に「出雲はぜんざいの発祥の地」の記述があったことを思い出し、2007年2月に「日本ぜんざい学会」を立ち上げた。その際に、古代出雲歴史博物館（2007年3月開館）学芸員に相談し、歴史的な裏付けの確認も行ったという。そして、同年10月には市の「空き店舗対策事業」に応募し、神門通りに「日本ぜんざい学会壱号店」を開店させた。学会としてPR活動を始めると、「どこで食べられるのか」といった観光客からの問い合わせも多くなり、さらに提供店舗数を増やす必要性を感じたという（日本経済新聞 2007）。そこで、地元食品業者にも製品化の打診をし、A氏自身も食べ歩きながら、味の研究や包装デザインなどに関わり、レトルトパック商品の開発を行った。学会を立ち上げて約10カ月後の12月5日の新聞記事に掲載されたA氏のコメントには、「最近は周囲にもぜんざいをメニューに載せた飲食店が増え、学会が作った共通ののぼりが目立つようになった（日本経済新聞 2007）」とあり、約3年後の2010年2月15日の新聞記事には「神門通りに10店以上が新たに開業した（日本経済新聞 2010）」とあることから、ぜんざいを使ったまちづくり活動の輪が広がっていることが窺える。

　「神門通り蘇りの会」の結成は、2008年7月である。A氏は、市の新規開店公募事業を使って横浜からIターンして団子屋を始めたB氏と、同じく地元テレビ局を退職し土産物店兼無料休憩所を始めたC氏と3人で立ち上げた。彼らは、手分けをして空き家・空き店舗の所有者に貸す意思があるかどうか1軒ずつ確認を行った。こうして実態を把握した上で、外部からの物件の問い合わせや所有者との話し合いに同席するなどの対応を重ねた。

　その他にも、当会は賑わいづくりのための様々な活動を広げていく。2009年3月に完成した神門通り交通広場では、近所の農家や商店に声掛けをして「軽四朝市」を始めた。また、法被を着て案内する案内人事業（2010年10月）、各店の接客担当者を対象としたおもてなし講習会（2011年3月）、神門通り語り部の会の立ち上げ（2011年11月）など観光客に対するサービスの質を高めるための人づくりの活動を開始した。そして、2012年以降、歴史的な節目を迎えるイベントや祭事に向けて、県や市、地域内の他団体と連携しながら、風格ある門前町の景観と賑わいづくりの活動を拡大していく。県から「神門通りおもてなし特区」の認定（出雲商工会より申請：2012年3月）を受けて、市と地元地

区住民で作ったまちづくり協定に則った形で、置き座（ベンチ）やフラワーポット、行燈などが並べられた。また、神迎の道の会や観光協会などとともに、神話博の実行委員会組織「神々の国しまね実行委員会」に対し、賑わいとおもてなしの気持ちを表す「日よけ暖簾事業（沿道店舗の個性ある日よけ暖簾を店前に設置）」を提案し、2012年6月から開始した。その後、「神門通り蘇りの会」は、2013年11月に法人格を有する「神門通りおもてなし協同組合」へと活動組織を進化させている。

6.5　協働を促す「ストーリー」としての観光情報

　TDMを支える価値共創に向けた協働のネットワークには、周縁的アクターとして観光客も含まれる（図1-7参照）。本節では、出雲大社を訪れる観光客が、協働するアクターへと促された一要因として、最適な手段や経路へと導く「観光情報」をとりあげる。観光客は、目的地や訪問箇所、アクセスルートを決定する際、観光情報を検索し参照する。そして、彼らは、魅力的だと感じた情報に導かれながら、地域内を次から次へと辿っていく。この時点での観光情報は、「物語（ストーリー）」のような存在といえよう。観光客は、地域の魅力的なストーリーを1つひとつ読み解きながら、時間的、経済的消費を楽しむ。
　本節では、観光地域内の訪問箇所やルートを推奨する「ストーリー」としての観光情報（車で大社まで直接来て帰ってしまうのではなく、いかに神門通りを歩いてもらうか）とその発信方法（地域内からの配信である内発型と、地域外によって発信される外発型）について取り上げる。

6.5.1　地域発信による観光情報（内発型）

　出雲大社は、勢溜（せいだまり）の大鳥居からご本殿に向かって歩いていくのが正式な参拝ルートである。この参拝ルートに従えば、大社に隣接する駐車場まで直接車で来訪し、参拝後そのまますぐに帰ることができる。神門通りを歩いてもらいたいと考える「神門通り蘇りの会」は、自身のブログ（出雲大社神門通り蘇りの会ブログ、2009）に「4つの鳥居をくぐることが四逢わせ（幸せ）」と2009年5月12日に配信している。「4つの鳥居をくぐる」ことは、参拝の出発点を

図6-7 出雲大社門前町まち歩きマップ

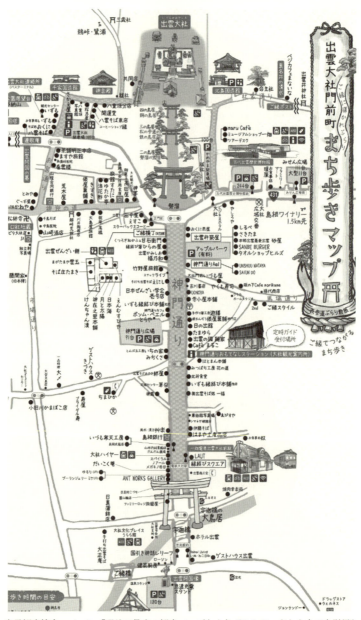

出所：出雲観光協会 web site「現地で役立つ観光マップ」よりダウンロードしたものを引用した。

「勢溜の大鳥居（二の鳥居）」から、「宇迦橋の大鳥居（一の鳥居）」へと変える。「宇迦橋の大鳥居」から歩き出せば、神門通りを通ることになる[16]。

「4つの鳥居を（歩いて）くぐる」ことを推奨する情報発信は、神門通り蘇りの会のブログでの掲載以降、地域から次々と配信されている。地元タクシー事業者のウェブサイト（有限会社出雲観光タクシー web site:/143）で「願いが叶う幸せの4つの鳥居」といった記述や、出雲大社平成の大遷宮の年に作成された出雲観光協会発行のまち歩きマップ（2013年3月発行）[17]の中で参拝の心得の1つとして「4つの鳥居をくぐる[18]」と紹介されている。また、出雲市役所ウェブサイトに掲載されている観光パンフレットにも、4つの鳥居をくぐることを推奨する記述「4つの鳥居をくぐって御参拝（出雲市 web site: 1350524378353/files/pamphlettaisha.pdf）」がある。

6.5.2 外部環境としての「流行」や「観光情報」（外発型）

島根県が、県外からの女性観光客を対象として2013年から2015年5月にかけて季節ごとに計5回行ったアンケート調査によると、「出雲大社」は毎回突出して島根県への旅行目的1位（各回における割合の幅：47.6％〜87.7％）に挙げられており、各回の結果の2番目〜4番目には「縁結び」が入っている（島根県商工労働部観光振興課 2015, p.40）。年齢別でみると20代、30代が最も多く、この2つの年代合計のアンケート各回における割合の幅は、49％〜69.6％であった（同, p.4）。

また、出雲大社来訪中の女性観光客に対して行われた別の調査[19]結果によると、旅行目的地の情報源として「雑誌」を参考にする人は67.7％であり、その中でも20代が最も高く80％を占めていた（島根県商工労働部観光振興課 2014, p.8）。さらに、雑誌の種類別には、「るるぶ（JTBパブリッシング発行）」を選択している人が最も多く、全体の57.4％の割合であった（同, p.9）。「縁結び」をするとしたらどんなことを行うかという質問に対しては、「縁結び、パワースポットと呼ばれている場所へ行く」と答えた人が全体の61.7％であり、特に20代の割合が80％と最も高かった（同, p.13）。

このように、出雲大社を訪れる女性たちは、20代、30代が多く、「雑誌（特にJTBパブリッシング発行『るるぶ』）」による影響や、「縁結び」「パワース

ポット」に対する関心の高さが窺える。そこで、(1)「縁結び」「パワースポット」の場としての起源と流行、(2)雑誌『るるぶ』に紹介されている観光客に対する出雲大社周辺の紹介やアクセスルートの推奨の変化について確認する。

(1) 「縁結び」「パワースポット」の場としての起源と流行

　出雲大社が、「パワースポット」や「縁結び」の地とされるのには理由がある。大社の主祭神である大国主大神は、「日本書紀[20]」の中で神や霊魂の世界を治めるという神事(かみごと)の神として描かれている。神事を司る神が出雲にいることもあり、「毎年旧暦10月になると、日本国中の神様は出雲に集まって人々の縁組について会議をされる」と言い伝えられている[21]。

　「パワースポット」とされる所以は、「神事を司る神」と「全国の神が集まる」場としての神話の存在と、「縁結び信仰[22]」の長い歴史にある。

　パワースポットの流行は、いつ頃から始まったのだろうか。日経テレコンを使って「パワースポット」のキーワード検索を1985年から2015年までの期間で行った。結果は、1985年と2005年に1件、2009年に4件程度であったのが、2010年には43件と急激に増え、2013年には65件とピークに達し、2014年以降は30件台に落ち着いている。キーワード出現がピークとなった年（2013年）は、ちょうど出雲大社の平成の大遷宮（本殿遷座祭）の時である。

　また、「パワースポット」の意味は、時代の移り変わりとともに変化している。1985年の記事では、「原住民」、「宇宙」、「自然」、「気」を表すものとして使用されていた。しかし、2005年以降の記事では、「幸運」、「夢」、「恋」を叶えるという意味へと変わっている。これまでの調べから、現在のような「恋」や「幸運」に変換されたパワースポットの流行は、2005年以降から始まったと考えられる。

　こうして、パワースポットの流行と出雲大社の「神々の集結」「縁結び信仰」としての場の合致により、出雲大社を来訪しようとする女性たちが、神様に願いを叶えてもらえるような「縁を結ぶ」ストーリーを好み、また、そのストーリーを受容しやすい状態にあると考えられる。

(2) 旅行情報誌『るるぶ』に見る情報の変化

次に、旅行情報誌「るるぶ 松江・出雲・石見銀山（JTBパブリッシング発行）」2008年8月から2015年8月分までの8冊[23]において、「表紙タイトル」および「出雲大社参拝と神門通りへのアクセスルート」として記載された内容の変遷を調べた。その変遷を整理したのが、**表6-2**である。

まず、表紙タイトルについては、2009年以降、「縁」に関するもの（縁結び、ご縁）や、恋愛成就（「願いを叶える」「心ときめく」）、パワースポット（「パワー」）をイメージさせる言葉が使われている。加えて、神々の国しまねプロジェクトの始動した2011年には「神話の国」、出雲大社大遷宮の年（2013年）には「60年に一度」「大遷宮」と、その年ならではのイベントや祭事を表す見出しが添えられている。

アクセスルートは、2008年から2010年までの雑誌に掲載された出雲大社参拝が「勢溜の大鳥居」を始点として紹介されるだけで、神門通りを「歩いてもらう」ことを推奨する内容ではない。しかし、修景工事の開始した2011年と沿道店舗によるおもてなし事業が次々と展開された2012年には、参拝後に神門通りの散策を推奨する内容に変更されている。大遷宮のあった2013年には、電車やバスを利用して大社へ向かうアクセスを「縁結び＆美肌ゴールデンルート」とし、参拝後に神門通りで縁結びグッズを購入することを推奨している。2014年以降は、参拝ルートを初級、中級、上級として紹介し、中級以上については、大社まで歩くことを薦めている。この場合、車利用であったとしても出雲大社周辺エリア外で駐車してから徒歩で来るか、公共交通機関を使用することになる。

このような推奨ルートの変化の背景には、地元の観光協会等が意図して提供した（要望も含む）最新の現地情報に加えて、雑誌購買者に興味を持ってもらえるような魅力要素が神門通りに増えたことや、沿道の広告掲載事業者の増加により、出版事業者側としても神門通りを「歩いてもらう」楽しさを伝える情報掲載に配慮したことなどが考えられる。

島根県を訪れる女性観光客の中で、旅行目的地の情報源に「雑誌（特に『るるぶ』）」を利用している割合が高いことは先に述べた。「縁結び」「恋愛」「パワースポットめぐり」に関心の高い女性が、雑誌の「表紙タイトル」を「出雲

表6-2 情報誌『るるぶ』に見る情報の変化

時期	主な出来事	表紙タイトル(8月発行)	ルート紹介
2008年	7月:神門通り蘇りの会発足	今年流の島根がアツい!	出雲大社参拝は「勢溜の大鳥居」を始点(p. 93)
2009年	5月:神門通り蘇りの会により「4つの鳥居をくぐること(幸せ)」推奨始まる	縁結びの旅	上述同様(p. 63)
2010年	7月:「出雲縁結び空港」愛称決定 社会実験および道づくり・景観づくりワークショップ開始、「まちづくり協定」検討	上述同様変更なし	上述同様(p. 4)
2011年	神話博開催1年前 神々の国しまねプロジェクト始動 修景工事開始	神話の国叶えてお願い縁結びの旅	参拝ルート紹介は変更なし。特別付録「縁結びの旅出雲大社Book」にて、参拝の後に神門通り散歩を推奨(付録pp. 4-9)
2012年	おもてなし特区認定 日よけ暖簾事業開始 石畳工事開始	願い叶えたい! 縁結びタビ	上述同様(付録pp. 4-11)。「ラブ運UPへの道」と紹介し、店舗紹介数が増加している点に違いあり。
2013年	出雲大社本殿遷座祭	縁結びの神様60年に一度の大遷宮出雲大社	縁結び&美肌ゴールデンコースとしてJR出雲市駅からバスで出雲大社へ行き、その後神門通りで縁結びぜんざいと縁結びグッズを購入しようと推奨している(pp. 20-21)。
2014年		心ときめく ご縁旅出雲大社	特別付録「出雲大社おまいりBook」の中で、5つの参拝アドバイス(その5)参拝のスタート地点として、上級者(稲佐の浜から)中級者(宇伽橋から)初級者(勢溜の大鳥居から)と紹介している(付録pp. 4)。
2015年		パワーあふれる ご縁の国へ	上述と同じ(付録pp. 4)。

出所:筆者作成

大社への来訪」の目的とし、さらに、記載された「推奨ルート」に導かれて、「（大社まで車で直接行くよりも）神門通りを歩きながら参拝へ向かう」行動を選択した人は少なくないだろう。

6.6 協働のネットワーク形成のための接点と相乗効果

図6-8は、第4節で記述した2005年以降の「サービス劇場」の発展過程を図式化したものである。本節では、この図を参照しながら、「サービス劇場」の発展過程における行政（県や市）、民間事業者による価値共創に向けた協働のネットワーク形成の接点および生み出された相乗効果（ネットワークの広がり）について確認を行う。

6.6.1 行政の提供した接点

「サービス劇場」づくりにおける行政の役割は、住民や民間事業者、観光客を対象とした、①規制や条例の整備、②支援施策、③ハード（街並み景観）整

図6-8 「サービス劇場」の発展過程

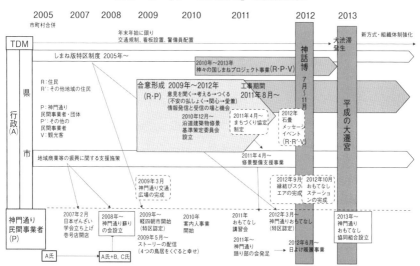

出所：筆者作成

備、④イベントの企画、実施であった。それぞれの役割が生み出した接点を記述する。

(1) 規制や条例の整備

規制や条例の整備には、「しまね版特区制度（県）」、「交通規制（県および市）」、「（沿道建築物修景基準を含む）まちづくり協定（市）」が挙げられる。「しまね版特区制度」は、民間事業者による神門通りでの「軽四朝市」の開始（2009年〜）や、「神門通りおもてなし特区の認定（2012年）」により、商店街で協働する日よけ暖簾事業などを生み出した。また、「交通規制」は、TDM活動に欠かせないものである。出雲大社へのアクセスに関わる多様なアクターによる規制の受容と行動が、価値共創に向けた協働へと繋がっている。「まちづくり協定」は、魅力的な劇場づくりに向けて、神門通りの事業者や住民と共に決定した約束事を、公的な形にしたものである。この協定に基づいて、この後の景観整備工事が行われている。

(2) 民間の活力支援施策

民間の活力を生かした「サービス劇場」づくりに寄与した行政による施策には、地域における商業機能の維持・向上への取り組みを支援する「地域商業等の振興に関する支援施策」、「修景整備支援事業」が挙げられる。神門通りの再生のために立ち上がった蘇りの会（2008年設立）メンバーは、支援施策の1つである「小売店等持続化支援事業（空き店舗を活用した小売業、飲食業などの開店を支援）」を活用して自ら出店し、空き店舗の実態を把握した上で、新たに開業を目指す仲間探しと交渉の仲介役を担っている。「修景整備支援事業（2011年4月以降）」は、まちづくり協定の制定と合わせて設けられた事業である。神門通り沿道の店舗は、この支援を活用しながら、「サービス劇場」づくりに協力している。

支援施策は、新規参入・開業や移住の促進と、舞台装置の一部としての役割を担う魅力的な店舗づくりや商品開発、街並みの統一感をもたせるための外観整備、おもてなしの演出などに活かされている。

(3) 街並み景観整備と参画する機会の提供

　街並み景観整備は、神門通りの魅力を「目に見えるもの」として創りだす事業である。着工前（計画段階）、工事期間中、整備後にかけて、神門通り関係者をはじめ多くの人々の不安や期待、関心が高まる機会となる。この事業では、工事の始まる約2年前より、住民や民間事業者の「意見聴取」のためのアンケートの実施から始まり、「不安の払しょく」と「効果に対する期待」を感じてもらう社会実験や、「当事者意識」を高めるための道づくりや景観づくりに関するワークショップが段階的に行われた。また、石畳工事に合わせて石材にメッセージを書くイベントでは、住民および周辺住民、観光客に参加してもらうことで親しみや愛着を持ってもらう機会としている。

　また、人の集う場として「神門通り交通広場（2009年3月）」、「縁結びスクエア（2012年9月）」、「おもてなしステーション（2012年10月）」が民間と協働しながら設けられている。

(4) 参画型イベントの企画、運営

　県が主催する「神々の国しまねプロジェクト（2010年度～2013年度）」事業では、住民を主体とした「故郷に対する誇りと自信の醸成」、「観光振興の担い手づくり」、「旅行商品・周遊の仕組みづくり」を目的に実行された。これらによって、住民、民間事業者および団体、観光客との交流の機会を創出している。

6.6.2　民間が生み出した接点

　神門通りでは、本気で門前町としての再生に取り組む、①リーダー（A氏）の出現から始まり、A氏を中心に、②仲間づくり（組織化）として「出雲ぜんざい学会の立ち上げ（2007年）、空き店舗対策のための出店希望者と不動産持主とのマッチング等の活動を行い、B氏、C氏とともに「神門通り蘇りの会（2008年）の設立」をした。その後、④賑わいを創出するための協働による名物料理（出雲ぜんざい）や土産品開発と集う場づくり（軽四朝市など）、④サービスの充実・拡大（案内人事業、おもてなし講習会の開催、語り部の会の立ち上げ、おもてなし協同組合の設立、置き座、フラワーポット、行燈の設置）が民間主導で進展していった。

6.6.3 行政や民間の動きによる相乗効果（ネットワークの広がり）

　行政および民間から生み出された接点をきっかけに、協働のネットワークは広がっていく。観光客をもてなすアクター（案内人、語り部の会、店の従業員）は、2012年以降のイベントや祭事に向けて、行政の支援だけでなく神門通り活性化のために立ち上がった組織（神門通り蘇りの会）を中心に、主に住民や民間事業者を対象として育成された。

　観光客を誘う観光情報としての「ストーリー」は、県と一体となった「ご縁」「神々」のイメージ発信とともに、神門通り蘇りの会をはじめとした民間事業者による「4つの鳥居をくぐると幸せ」、ご縁をテーマとした商品開発と販売、アクター（案内人、店の従業員、語り部の会）を媒介として語られている（内発型の情報発信）。同様に、そのストーリーは、地元から入手した情報を基に作られた旅行雑誌によっても発信される（外発型の情報発信）。また、2005年頃から始まったと思われるパワースポットの流行も、観光客がストーリーに関心を寄せる後押しとなったと考えられる。こうして神門通りには観光客の訪れによって賑わいが創出される。賑わいを生み出す観光客もまた、舞台を飾るアクターの役割を担っている。

　以上のとおり、行政による価値共創への参加を促す活動は、民間活動の活性化を支援し、行政（地域活性化）、住民（地域への愛着）、民間（ビジネス機会の増大）、観光客（楽しさの享受）のそれぞれが価値を創造するための役割を果たし、歩きたくなる魅力的な「劇場」を創造している。

6.7　観光客流入の最適化を図るための管理の枠組み

　出雲大社周辺の事例で見てきたように、観光地側が意図する流入経路および手段・方法の選択へと観光客を導いたものは、TDM施策だけではない。その実態は、TDM施策に加えて、サービス劇場の質的向上と観光客に発信されたストーリー（外発的と内発的なもの）が観光客の行動を変容させ、観光客流入の最適化を図ることを実現させている。これらを踏まえて、観光客流入の最適

図6-9 観光客流入の最適化を図るための管理の枠組み

サービス生産システム
- 交通需要マネジメント (TDM)
- サービス劇場マネジメント (STM)

出雲大社の事例

交通対策パターンの設定 → 車利用
- 案内誘導看板の設置
- 警備員の配置
- 交通規制
- 駐車場容量の増加
- 団体バス利用(乗降場の予約システム共)と車利用のそれぞれの推奨ルートの設定
- リアルタイムの情報提供(駐車場の空き状況・混雑状況)

車以外の手段に転換
- 啓発広報
- パーク&バスライド/レールライド
- 公共交通機関利用

- 規制緩和・条例づくり
- 道路及び街並み景観整備
- 協働のための情報共有場と機会づくり
- おもてなし強化支援
- ストーリーづくりとコミュニケーション

構造的戦略 交通整備・運用改善施策
「経済的」
- ロードプライシング〈課金〉
- 公共交通機関利用の利便性向上

「制度的」
- 自動車の乗り入れ規制
- 観光バスの予約制・P&BR

心理的戦略 コミュニケーション施策
- 事実情報提供などのコミュニケーションにより、[態度][知覚行動制御][道徳意識]に働きかけ、内発的動機づけから行動変容を促す。

劇場的戦略 観光サービス基盤整備施策
- 街並み景観形成の整備(舞台装置)、規制緩和や条例(演出やアクターの参加しやすさ、統一感)、滞在価値に繋がる商品(名物料理、土産)、ガイドの養成、ストーリーづくり(内発型)サービスレベル向上のための地域内利害関係者との協働の機会を促す。

→ 観光客の行動変容 → 観光客流入の最適化

ストーリー(外発型)
- 流行
- 観光関連情報媒体

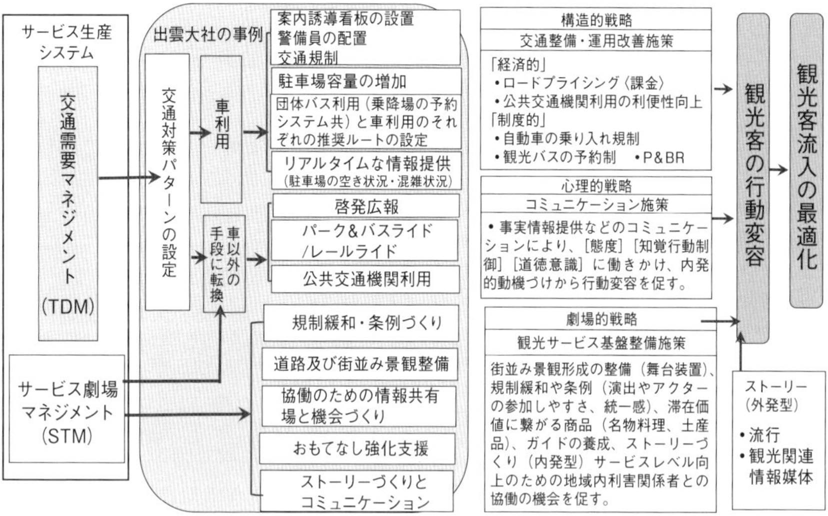

出所:筆者作成

化を図るための管理の枠組みを図式化したのが、**図6-9**である。

出雲大社周辺の事例は、サービス生産システムとしてTDMと観光サービス基盤整備活動(本書では、これを「サービス劇場」づくりとしてきた)を連結させている。出雲大社周辺のTDMは、調査結果に基づく車の通行量に合わせた交通対策のパターンが設定され、車利用者に対して、①案内誘導看板の設置、②警備員の配置、③交通規制、④駐車場容量の増加、⑤団体バスの乗降システムと普通車利用者の推奨ルートの設定、⑥リアルタイムの駐車場空き状況の情報発信が行われた。また、車以外の手段に転換してもらうことを目的として、⑦啓発広報、⑧パーク&レールライドやバスライド、⑨公共交通機関の利用促進などの施策が実行された。これらは、日本の土木計画学会上で示されているTDM施策(狭義のTDMとMM[24]を包括した総称)の「構造的方略[25]としての交通整備・運用改善施策(狭義のTDM)」と「心理的方略としてのコミュニケーション施策(MMが強調するもの)」に該当する。

一方、TDMとは別に、車以外の手段(具体的には「徒歩」)で来訪してもらうことを促した活動には、サービス劇場づくりに貢献する①規制緩和・条例

づくり、②道路および街並み景観整備、③協働のための情報共有の場と機会づくり、④おもてなし強化支援、⑤ストーリーづくりとコミュニケーションが行われていた。今回新たに提示した管理の枠組みでは、これらの活動を「劇場的戦略」としての「観光サービス基盤整備施策」とし、劇場の管理を「サービス劇場マネジメント（Service Theater Management: STM）」と名付けている。また、図の中には、外発的なストーリーも観光客の行動変容に影響を及ぼすとして記述した。

6.8 小　括

　出雲大社のTDMは、行政主導で行われている事例である。平成の大遷宮の年に発生した大渋滞をきっかけに、従来のTDMから新TDM（2013年秋以降）へと転換し、期待する効果の得られた背景には、基本的要件である「経験学習（1987年から年末年始などの期間限定で交通対策実施）」、「資金および労働力、駐車容量の確保」、「技術的支援（外部有識者との協働）」に加えて、「神門通り商店街」を舞台とした「サービス劇場」とその劇場を支えるバックヤードシステムとしての「TDM」が連結し、サービス生産システムの一部として稼働していることにある。

　本章では、「TDMの基本情報」と「TDMを含むサービス生産システムとしての発展過程および地域コミュニティの変化」を確認するとともに、事例研究により発見された事象と管理上の枠組みに関する考えを述べた。それが、価値共創に向けた「協働のネットワークを形成するための接点および生み出された相乗効果（ネットワークの広がり）」と、「観光客流入の最適化を図るための管理上の枠組み」である。

　まず、1つ目の「協働のネットワーク形成のための接点と広がり」の発見は、以下のとおりである。

- 行政によって提供された接点には、①規制や条例の整備、②民間の活力支援施策、③ハード（街並み景観）整備と参画する機会の提供、④参画型イベントの企画・運営が挙げられる。
- 民間によって生み出された接点には、①リーダーの出現、②仲間づくり（組織化）、③賑わいを創出するための協働、④サービスの充実と拡大が挙げら

れる。
- 地域内外から発信された観光情報や流行は、「歩く理由」を創り出すストーリーとして観光客に伝達される。こうしたストーリーが、観光客との接点を生み出す。
- 「舞台（神門通り商店街）」を歩く観光客もまた、賑わいを創出するアクターへと変容し、他の観光客を魅了する接点となる。

　上述のような「行政」や「民間」、「ストーリーとしての観光情報、流行」、「アクターへと変容した観光客」によって創り出された接点が、新たなアクターを引き寄せ、連結しながら、価値共創に向けた協働のネットワークを拡大させている。

　次に、観光客流入の最適化を図るための管理上の枠組みでは、従来のTDM戦略である構造的戦略としての交通整備・運用改善施策や、心理的戦略としてのコミュニケーション施策とは別に、サービス劇場マネジメントのための「劇場的戦略（観光サービス基盤整備施策）」を新たに設定した。さらに、この枠組みの中には、ストーリーとしての観光情報や流行が、観光客の行動変容を促すことも加えている。TDMを行う場が観光地であれば、サービス劇場としての管理の視点は、従来の戦略同様に重要であると考える。

■注
1　出雲国風土記の中で描かれた神話。出雲の創造の神が、国土を広げようと周辺国の土地を引っ張ってきて大きくしたという話である（出雲市観光協会 web site:1156）。
2　予約型運行形態の輸送サービスのこと。
3　上部（運行・運営）と下部（施設の整備・保有）の会計を独立させた方式のこと。
4　島根県商工労働部観光振興課（2016），p. 4, p. 7を参考に記述した。
5　観光地点および行祭事・イベントごとに計測した入込客数を単純合計した入込客の総数。1人の観光客が複数の観光地点を訪れると重複して計上される。単位には、「人地点」を使用する（島根県商工労働部観光振興課 2016, p. 3）。
6　布教活動を行う神職。御師の役割は、布教活動だけでなく全国から出雲までの先導役と案内、宿泊斡旋といった「旅行業」のような役割を担っていた。
7　講は、信仰組織である。出雲大社には「出雲講」と「甲子講（きのえねこう）」が誕生

8 遷宮とは、御神体や御神座を本来あったところから移し、その間社殿を修造し、再び御神体にお還りいただく祭事。平成大遷宮では、平成20年（2008年）に御祭神を御本殿から御仮殿に移し、平成21年より社殿の修造をして、平成25年（2013年）に修造工事を終了し、御祭神を御本殿にお還りいただく祭事「本殿遷座祭」が行われた（（公財）島根県観光連盟 web site:217.html）。遷座祭の年には、様々な奉祝行事や記念行事が催行され賑わう。

9 出雲市役所 TDM 担当者2名に対するインタビューおよび提供資料をもとに記述した。

10 出雲市役所提供資料「平成26年度大社交通渋滞対策カレンダー体制区分」によると、出雲 IC 流出台数が3,800台以下の時は、通常通り（実施なし）、3,800〜4,800台をＡ区分（看板設置）、4,800〜5,400台をＢ区分（警備員の配置）、5,400〜7,500台をＣ区分（シャトルバス1系統）、7,500台以上Ｄ区分（シャトルバス2系統）としている。また、Ｂ〜Ｅ区分では、民有地駐車場借上（85台）確保することを決めている。

11 神々の国しまね実行委員会（2014）を参考に記載した。

12 島根県 web site:shinmon1.html,shinmon2.html、㈱バイタルリード（TDM 業務受託企業）提供資料を参照して記述した。

13 ［ ］内は、事業主体者を記述している。

14 この特区は、歩行者の通行や居住者に支障のない場所に、周辺との調和に配慮した縁台等を設置するため道路使用許可等の規制の緩和を可能としたものである。

15 日本経済新聞地方経済面（2007）、日本経済新聞朝刊（2013）、日本経済新聞朝刊（2010）掲載記事を参照して記述した。

16 位置の確認は、図6－7神門通りまち歩きマップを参照のこと。

17 2017年時点の出雲観光協会ウェブサイトに掲載されている出雲大社門前まち歩きマップ（図6－6）には「4つの鳥居」に関する記述はなくなっている。

18 マップに記載された「4つの鳥居をくぐる」には、「石、木、鉄、銅とそれぞれに違う素材を使った4つの鳥居を丁寧にくぐり、ご本殿までの間にしっかりと心を整えましょう」と説明されており、「幸せになる」という記述はない。

19 調査日2013年11月16日のもの。ヒアリング対象者数は、201名である。

20 720年に完成した日本の歴史書である。

21 上述の内容は、出雲大社紫野（むらさきの）教会 web site:izumo-enmusubinokami.html を参考に記述した。日本では、旧暦の10月を「神無月（かんなづき）」というのに対し、出雲だけ「神在月（かみありつき）」というのもすべての神が出雲に集まることに由来する。

22 縁結びの神様として信仰されるようになった時期は明確ではない（出雲大社紫野教会 web site:izumo-enmusubinokami.html）。しかし、元禄時代に書かれた井原西鶴の著書『世間胸算用』に「出雲は仲人の神」と書かれていることから、江戸時代中期には確実に縁結び信仰が広まったといわれる（同 web site より引用）。

第6章　出雲大社周辺の事例　157

23　JTB パブリッシング（2008〜2015）『るるぶ松江・出雲・石見銀山 '09〜'16』を参照した。
24　モビリティ・マネジメント（Mobility Management: MM）のこと。詳しくは、第1章第3節第2項に記載している。
25　方略という用語は、土木計画学上使用されている。本章で新たに提示する「観光客流入の最適化を図るための管理の枠組み」の中では、経営学の用語である「戦略」に変換して使用する。

第7章

結果と考察

　本研究の目的は、観光地TDMが、観光サービス生産システムの一部（観光サービス品質管理機能）として地域に定着させるための「（地域コミュニティを基盤とした）価値共創に向けた協働のネットワークのマネジメントの枠組み」を明らかにすることにある。その前提として、本研究における観光地TDMの概念は、「統制型」の「交通施策」から「価値共創型」の「サービス生産システムの一部」へと拡張させて捉えている。

　研究の出発点は、日本の観光地において欧米に倣ったTDMの導入がなかなか進展しなかったことに対する問題意識にある。観光が国の成長戦略の柱となった今、全国の観光地では、観光客数（量）の増加を目標の1つとして掲げ、マーケティング活動を行っている。しかし、観光地は、単に量を増やすことだけを優先してはならない。観光サービス品質管理の視点から、収容能力に応じて需要をコントロールすることや、観光客の最適な流入経路および手段に関する検討が求められる。その際、観光地TDMは、観光地のサービス品質管理のための有効な施策となり得る。

　本章では、まず、TDMを継続実施している3つの事例の比較研究から「基本情報の確認」と「リサーチクエスチョン」に関わる結果を整理する。リサーチクエスチョンは、以下の2つであった。

RQ1：関係性要因に関わる活動および配慮行動、関係構築のための支援要素

　TDMを継続実施している観光地では、価値共創に向けた協働に参画・関与してもらいたいアクターに対し、信頼やコミットメントを築き上げるためにどのような活動（価値の共有、コミュニケーション、リレーションシップベネフィットや終了コストの知覚）や配慮をしているのか。また、その際、それらの活動の後ろ盾となったもの（関係構築のための支援要素）とは何か。

RQ2：協働のネットワーク形成の契機と起点、発展過程における影響要因

　観光地にTDMを定着させていこうとする傍らで、価値共創に向けた協働のネットワークはどのように形成され、変容したのか。また、発展過程では、どのような影響を受けているのか。

　上述に関する結果を確認しながら、考察に移る。考察では、①価値共創に向けた協働のプロセスモデルを検討し、「協働のネットワークを管理する基本的枠組み」の提示をすること、②協働のネットワークの発展過程と影響要因を考察し、「価値共創型TDMを支える協働を持続させる仕組み」の提示を目指す。なお、本章の構成手順は、初めに、「基本情報の確認」を行う。次に、価値共創に向けた協働のネットワーク・マネジメントに関する本研究上の考え方について確認し、ＲＱ１に関する結果と考察を示す。最後に、協働のネットワークの発展過程と影響要因に関する本研究の経過を踏まえ、ＲＱ２に関わる結果と考察を記述する。

7.1　基本情報の比較

7.1.1　サービス生産システムの基盤（地域特性）

　表7－1は、各事例におけるTDMの基盤となる地域特性を比較したもので

表7-1 各事例における地域特性の比較表

対象地区	観桜期の吉野山（吉野町）	白川郷（荻町）	出雲大社周辺（旧大社町）
人口	約530人程度（推計）	582人（2011年4月現在）	5,467人（2017年11月現在）
地区内観光事業者数[1]	112店舗 内訳：宿泊施設 20 　　　土産品 58 　　　飲食店 34	73店舗 内訳：宿泊施設 22 　　　飲食店 30 　　　土産品 21	70店舗超 （うち、神門通り商店街おもてなし協同組合加盟店舗数57）
都市基盤	門前町	農村集落	門前町
集客の核となる資源	自然資源（桜）	居住空間（合掌造り集落）	信仰と商業空間（大社と神門通り商店街）
劇場	観桜期の山内 世界遺産登録地区	合掌造り集落 世界遺産登録地区	神門通り商店街

出所：筆者作成

ある。具体的には、人口、都市形成基盤、集客の核となる観光資源、サービス生産システムとしての「サービス劇場」（以下、「劇場」という）に分けて整理した。

　吉野山と白川郷の事例は、500人台の人口規模と世界遺産に登録されている地区という点で類似している。それに対し、出雲大社のある旧大社町の人口は、5,467人（2017年11月30日現在）の規模である。但し、地区内（吉野山内、白川郷荻町集落、神門通り商店街）の観光事業者数（店舗数）で比較して見ると、出雲大社周辺における数は、2つの事例と大きく変わらない。

　都市形成基盤は、出雲大社周辺と吉野山が信仰の場として発展した門前町で、白川郷が農村集落である。3つの地区は、歴史のある門前町と山深い農村集落のため、先祖代々続く社会的なつながりや慣習が残されている。このことから、研究対象地区は、思考や意思決定の場面において地縁の影響を受けやすい状況にあると考えられる。

　集客の核となる観光資源に関しては、吉野山が「自然資源（桜）」で、白川郷が「居住空間（合掌造り集落）」、出雲大社周辺が「縁結びの神様と商業空間

（大社と神門通り商店街）」である。

7.1.2 TDM 基本情報

表7-2は、3つの地区における TDM の基本情報を比較したものである。

観桜期の吉野山の事例は、1994年から地元の人たちだけで TDM を始めたものの、期待するような成果を上げられずにいた。しかし、2006年以降は外部有識者による技術支援のもと、新 TDM を導入し、劇的に渋滞を解消した事例である。TDM 施策では、需要に対し積極的な働きかけをする「観光バスの予約制」と「ピークロードプライシング[2]」を導入している。また、資金調達には、役場や観光協会等の資金を投入することなく、車利用の観光客によって得られる「（パークアンドバスライド用）郊外駐車場料金」と郊外および山内民間駐車場料金に上乗せした「交通・環境対策協力金」、鉄道利用者によって任意に支払われる「同協力金」を徴収することで、交通対策の運営と桜保全、山内歩行の安全対策、ゴミの処理などの費用として使用している。TDM 実行組織（吉野山交通環境対策協議会）は、町役場含む吉野山地区内の団体で構成される。実行内容、予算、協力金の分配などは、組織代表のリーダーシップのもと、協議会の中で決定し、決定した内容を各団体に報告する形式をとっている。

白川郷（荻町集落）は、2001年と2002年に社会実験を行うが、一旦休止となる。その後、技術支援を得ずに地元の人たちだけで交通対策を始めたのは、2005年のことである。施策内容は、需要のコントロールを積極的に働きかけるものではなく、継続可能な運営費用の範囲内に留めた対策を行っている。運営資金の調達先は、村役場の事業費と観光客による駐車場料金である。計画策定と実行は、荻町交通対策委員会で決定される。しかし、住民の了解を得る必要のある事柄については、全世帯の集まる「大寄合」にて審議される。

出雲大社周辺は、1987年から出雲大社の参拝客の多い年末年始に限り、市役所が事務局となって交通対策を行ってきた地区である。この地区が大きく変わるきっかけは、市町村合併（2005年）、古事記編纂1300年（2012年）、出雲大社大遷宮（2013年）という節目にある。まず、市町村合併の時に、大社前商店街（神門通り商店街）の再生を目指す民間の活動が自発的に動き始める。その後、2012年、2013年の節目を迎えるにあたり、県と市の行政機関は、神門通り商店

表7-2 TDM基本情報の比較

	観桜期の吉野山（吉野町）	白川郷（荻町）	出雲大社周辺（旧大社町）
対象地区	観桜期の吉野山（吉野町）	白川郷（荻町）	出雲大社周辺（旧大社町）
事例の特徴	地域コミュニティ主導型から、技術協力支援型へ	社会実験後休止し、コミュニティ主導・単独型	行政主導・技術協力支援型と「劇場」の整備との連結型
TDM開始時期	1994年～地元だけで実施	2001年、2002年社会実験実施	1987年開始
	2006年～新TDM開始	2005年～再開	2013年～新TDM開始
TDM実行組織と構成員の範囲	吉野山交通環境対策協議会	荻町交通対策委員会	大社交通渋滞対策実行委員会
	町役場、吉野山地区	村役場、荻町区	国、県、市内、市役所、神門通り商店街
組織の代表者	観光協会長	区長	副市長
意思決定の仕組み	協議会で決定し、自治会内、関係団体に報告。	集落全体の協力・理解が必要な決定事項は、「大寄合」で決定。	委員会で決定し、各団体に報告。
技術的支援	有り	無し	有り
施策内容（需要のコントロール） 予約制	有り	無し	有り
施策内容（需要のコントロール） ピークロードプライシング	有り	無し	無し
資金調達	観光客による交通環境対策協力金＋P＆BR郊外駐車場料金	村行政の事業費、駐車場料金	県や市の事業費のみ。駐車場料金なし

出所：筆者作成

街の街並み整備や神話をテーマとしたブランド発信、旅行商品・流通対策、観光人材育成、住民の誇りを醸成する事業など次々に進展させていった。2013年（大遷宮の年）のゴールデンウィーク期間に大渋滞が発生したことにより、新たな交通対策へと転換している。その際、これまで市行政機関中心で構成され

ていた TDM 実行組織（大社交通渋滞対策実行委員会）には、国の出先機関や県、NEXCO などを新たに加えている。主な施策内容には、観光バスの予約制の導入や、インターネットを活用したリアルタイムな駐車場の満空情報の配信などを行っている。実行組織は、実行に関わる意思決定と規制指示を行うが、運営については、交通コンサルタント会社に委託している。資金は、県や市の事業費が使用されており、観光客から駐車場代やシャトルバス代を徴収していない。

7.2 価値共創に向けた協働のネットワーク・マネジメントの基礎的枠組み

7.2.1 観光地 TDM 概念の拡張（要点整理）

これまでの TDM 研究では、TDM を行政側が車利用者に対し「統制」しようとする管理手法として捉えられたものが多い。この場合の TDM の主たる目的は、道路交通渋滞の緩和に置かれている。こうした従来の TDM 概念の基礎として用いられていたのが、「協力行動への行動変容プロセスモデル（図2-3）であった。

これに対し、本研究では TDM を行おうとする場が観光地であるという特殊性[3]を考慮した新たな TDM 概念を提示する。従来との違いについて要点を整理したのが、図7-1である。新たな概念では、観光サービス品質の維持と魅力ある観光地であり続けることを目的に、TDM を観光客流入の最適化を図る手段としている。したがって、本研究では、TDM 施策だけに留まらず、観光客流入の最適化を目指す活動全般を射程とし、住民および観光客もまた、観光地の価値を維持する活動に共感し、自らもその思いに沿って協働するアクターとして捉え直している。このような捉え直しは、久保田他（2006）が観光地や商業地の事業者側の TDM 施策の受容性について、来訪者に対し「管理的な」表現ではなく、「もてなす」表現に転換することによって高まることを実証した研究や、永井他（2008）の日光市（門前町）における社会実験時の研究で、

図7-1 観光地TDM概念の拡張（要点整理）

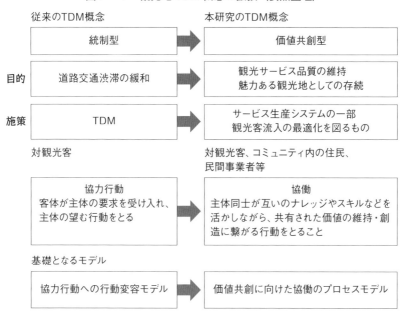

出所：筆者作成

交通整備・制度設計の際に、「回遊ルートの形成と演出」や「誘導のための情報提供」をまず先に始めたほうが、地域側の受容性を高めたのではないかという指摘の延長線上にある。

そこで、「協力」から「協働」する行動へと変容させるモデルを検討する際に援用したのが、KMVモデル（図3-2）である。KMVモデルは、双方向性のある関係性のマネジメントを前提とした「協働」への影響を捉えている。新たな価値共創型TDM概念の基礎となる「価値共創に向けた協働のプロセスモデルの仮定（図3-3）」では、KMVモデルの援用から、「協働」の心理的媒介変数となる信頼とコミットメントに正の影響を及ぼす「関係性要因（共有する価値、コミュニケーション、リレーションシップベネフィットと終了コストの知覚）」に着目したモデルを仮定した。

次の項より、3つの事例から得られたRQ1の結果を記述し、その後、協働のプロセスモデルを基盤とした協働のネットワーク・マネジメントの基礎的枠

組みについて考察する。

7.2.2　関係性要因に関わる活動と配慮行動（RQ 1 の結果）

関係性要因（共有する価値、コミュニケーション、リレーションシップベネフィットと終了コストの知覚）に関わる活動と配慮行動は、以下のとおりであった。

(1)　「共有する価値」の源泉とコミュニケーション

表7-3 は、各事例に見られた関係性要因の内の「共有する価値」の源泉と価値を共有するための「コミュニケーション」上の伝達内容趣旨を整理したものである。コミュニケーションは、「価値の共有」のためだけでなく、「リレーションシップベネフィットや終了コストの知覚」にも影響を与える。

①　共有する価値

本研究では、地域コミュニティを基盤として多様なアクターが共有しあう「価値」を、「地域固有の観光資源を核として、ここに訪れる人（観光客）、暮らす人（住民）、働く人（観光事業者）が、『暮らしたい』、『働きたい』、『訪れたい』と思う価値の総和」として定義した。そして、「価値を共有する」ことは、「当該観光地に関わる多様なアクターが、地域固有の観光資源を核に他者

表7-3　共有する価値の源泉とコミュニケーション

関係性要因 対象地区	共有する価値	コミュニケーション（伝達内容趣旨）	
	協働の求心力となる資源 （価値の象徴的存在）	対 地域コミュニティ	対 観光客
吉野山	桜	桜の病気の要因（排気ガスの問題）世界遺産として相応しい地域づくり	世界遺産の桜（環境）に対する配慮
白川郷	合掌造り集落	先祖への敬意、世界遺産としての継承	世界遺産の景観保全・安全対策
出雲大社周辺	大社と商店街（縁結びの神様）	門前町としての賑わいを取り戻すこと	4つの鳥居をくぐると幸せ

出所：筆者作成

あるいは個人の期待する個別のベネフィットと、協働によって維持し続けようとする価値との結びつきを理解し、共感しあうこと」とした。

「共有する価値」の核となる地域固有の観光資源は、協働の求心力を生み出す象徴的な存在である。本研究の事例では、吉野山の「桜」、白川郷の「合掌造り集落」、出雲大社周辺の「大社と商店街（縁結びの神様）」が該当する。

② コミュニケーション

アクター間のコミュニケーションは、価値の共有、リレーションシップベネフィットや終了コストの知覚に必要な情報の伝達行為である。情報伝達の内容は、伝達する相手（「地域コミュニティ」と「観光客」）によって表現が変えられる。各事例に見られた表現の違いは、表7－3のとおりである。

吉野山では、地域コミュニティに対し、年々桜の木が病気にかかっている一要因として車の排気ガスの影響が考えられること（桜保全の必要性）や、世界遺産として恥ずかしくない観光地にしたいという思いが語られていた。一方、観光客に対しては、世界遺産であり続けるために環境にやさしい行動を心がけて欲しいと伝えていた。

白川郷では、先祖たちが取り組み続けてきたまちづくりの姿勢を振り返り、子や孫に世界遺産として引き継がなくてもいいのかと地区内の住民や事業者に問いかけ続けていた。そして、観光客に対しては、「世界遺産としての景観保全と安全の確保のため」と交通対策実施の理由を伝えていた。

出雲大社前の神門通り商店街では、「門前町としての賑わいを取り戻そう」が合い言葉となっていた。その一方で、観光客には、渋滞対策のための交通施策に基づくルールを伝えることとは別に、歩くことに特別な意味をもたらすストーリー「4つの鳥居をくぐると幸せ」が、散策マップや地域内の事業者のブログ、旅行情報誌などを通して語られていた。

いずれの事例においても、地域コミュニティでの理解と信頼を得るための話し合いの場は多い。例えば、吉野山では、協議会の開催、国や県などを巻き込んだ交通対策の会議、TDM実行内容の決定事項に関する各団体での説明会などで、何度も話し合いが行われた。また、会議等に限らず「日常的なコミュニケーション」が、関係構築に功を奏したことは、吉野山の関係者インタビューで指摘されていた（表4－7）。また、不満の声が出た場合には、町役場担当

者や外部有識者、団体の代表、(状況に応じて) 首長が対応していた。
　首長の協力は、白川郷でも必要な局面で要請されている。同様に、出雲大社でも、県知事の要請によって大渋滞解消策を至急講じたという経緯がある。

(2) シェアリング

　アクター間の関係構築のためには、3つの「シェアリング(共有と分配)」の重要性が指摘できる。その3つとは、「問題意識や使命感」の共有、「資源」の分配、「便益(ベネフィット)」の分配である。以下、各事例に見られたシェアリングの実際について確認する。

① **問題意識や使命感の共有**

　各事例に見られた「問題の焦点」と問題意識や使命感の「広がりと(意識の)高さ」について整理したのが、**表7-4**である。

　吉野山では、第1期(地域コミュニティだけでTDM実施)および第2期(外部有識者との協働による新TDM実施)と、第3期(新たなリーダーおよび外部有識者へ交代)とでは、問題の焦点が異なっている。第1期および第2期は、渋滞による住民や観光客の不満の声、混雑状況による観光客の安全性の低下、桜の病気による減少に対する問題意識と、世界遺産としての観光地域づくりの使命を持ち続け、徐々にその問題意識の共有者を拡大している。

　しかし、第3期は、TDM実行組織の中核メンバーとその周辺において、リーダーおよび外部有識者との関係に対する不信感や、意思決定過程、利益分配に対する不公平感、不満といったことが問題(焦点のすり替わり)となり、リーダーと外部有識者を変更した新組織体制へと移行する。以降、第1期・第2期に感じていた問題意識を共有するアクターは広がることなく(固定化した状態)、かつ、問題の焦点がすり替わった状況の中で、TDMの有効性は次第に低くなっていった。「問題意識」と「使命感」の共有については、「関係者の感じているネットワーク形成上の影響要因(表4-7)でも挙げられていた。

　白川郷では、地域コミュニティ主体で景観保全活動を行ってきた地区である。世界遺産登録後、景観保全を脅かす新たな課題となったのが、世界遺産地区内における渋滞と私有地を使った駐車場の増加であった。世界遺産の認定は、「世界に誇れる」地区として継承しなければならないという使命感をより一層

表7-4 問題意識や使命感の共有

対象地区	問題意識・使命感 問題の焦点	広がりと高さ
吉野山	① 渋滞による住民や観光客の不満の声、混雑状況による安全性の低下、桜の病気による減少 ② 世界遺産としての観光地域づくり	第1期：地域コミュニティ内（限定的） 第2期：地域外に拡大
吉野山	③ 利益分配に対する不信感・不公平感、意思決定に対する不満	第3期：①②に対する問題意識の広がりは固定化、意識の高さは低下 ③問題意識（問題の焦点）のすり替わり 中核メンバーとその周辺にて芽生え
白川郷	① 先祖代々受け継いできた景観の悪化 ② 世界遺産としての誇りの維持	限定的範囲、中核メンバーによる意識の高さ
白川郷	③ 子や孫に「世界遺産」として継承する使命	地域コミュニティ全体へ浸透、地域外に拡大
出雲大社周辺	① 門前町の衰退	民間（個人）から事業者へと拡大
出雲大社周辺	② 渋滞および混雑状況による安全性や満足度の低下	市行政機関中心の組織構成から国や県行政機関まで拡大

出所：筆者作成

抱かせた。TDM 実行組織は、行政機関とともに、景観に関する問題に対処すべく、地区内の利害関係者および住民に対し根気強く働きかけた。その際、この地区を世界遺産として子や孫へ継承することが暮らす者の使命であると語りかけていた。一方、地域外の観光事業者や観光客に対しても、白川郷は「観光の場」であると共に「暮らしの場」であることへの理解を促すメッセージを発信し続けた。

　出雲大社周辺は、それぞれ独立した問題意識から端を発した活動（民間主導による「門前町の賑わいづくり」と行政主導による「交通渋滞対策」）が発展

し、それらの活動が連結したことによって相乗効果を増した事例である。いずれの活動も、問題意識を共有し、その問題を解決するために必要な仲間を増やしていた。

② 資源の分配

資源とは、アクターの保有する労力、役割、地位、物財、時間、ナレッジ（専門的な知識）、スキル（技術）を意味する。**表7-5**には、3つの事例の「協働の基盤」、資源の「分配の基準や配慮」と「（運営上の）留意点」を整理した。各地区における「協働の基盤」には、宗教区域への参拝客を対象とした地域経済の循環の仕組みを築きあげた門前町（吉野山と出雲大社周辺）と、結や合力といった互助・労働交換の慣習の残る山深い豪雪地帯での農業集落（白川郷）といった都市形成基盤や慣習の違いがある。

吉野山では、地域コミュニティ内の住民および民間事業者に対して、個別ベ

表7-5 協働の基盤、資源の分配の基準や配慮、運営上の留意点

対象地区	協働の基盤 （都市形成基盤と慣習）	資源の分配の基準・配慮	運営上の留意点
吉野山	門前町 経済循環システム	・個別ベネフィットに対する理解と配慮、活動の接点づくり ・経験知、ナレッジ（専門的な知識）やスキル（技術）、（組織の代表者などの）立場 ・共同責任を伴う契約	余白を残す
白川郷	農村集落 互助・労働の交換システム	・暮らしの維持と景観の保全 ・公平性の確保（不公平感の排除）	・身の丈に合った計画で実行する ・漸次的に進める ・住民総意を目指す
出雲大社周辺	門前町 経済循環システム	・TDMの運営と歩いて楽しい空間づくりに必要なナレッジ（専門的な知識）やスキル（技術） ・個別活動が連鎖と連結するための接点づくり	役割を全うさせる

出所：筆者作成

ネフィットに対する理解と配慮をしながら、交通規制の原理原則に縛られない「余白を残す[4]」対策が講じられていた。また、TDMの際に、協働するアクター同士が、これまでの経験から学んだこと（経験知）、ナレッジやスキル、（組織の代表者などの）立場を活かした資源の分配をしていた。中でも、交通対策に関するナレッジやスキルを有する外部有識者とは、共同責任を伴う契約締結によって、運営上のコスト調整機能を強化することに繋がった。

白川郷では、「身の丈に合った計画」で実行を始めた。そして、住民の合意状況を確認しながら「漸次的」に進め、時間をかけて「住民総意」を目指していた。また、地域コミュニティ内の役割分担では、労働の機会の平等（観光客の分散化）、かやぶき屋根の補修や美観活動（互助・労働の交換）など「公平性の確保（または、不公平感の排除）」が意識されていた。

出雲大社周辺では、TDMおよび街並み景観整備におけるハード部分は、民間事業者、住民、観光客の参画の機会をその都度つくりながら、その実行の主導は、行政が担っていた。一方、民間事業者は街並み景観整備に連動して「歩いて楽しい」空間づくりのための活動を広げていくといったように、それぞれの得意分野を生かした役割を全うしていた。

③ 便益の分配

便益には、経済的（金銭的な利益）だけでなく、心理的（協力度合いに対する正当な評価・承認、満足感、帰属感など）、社会的（安心・安全）なベネフィットも含まれる。各事例で行われていた便益の分配について整理したのが、**表7-6**である。

吉野山では、地域コミュニティで行われている便益の分配の1つに「利益の分配」が挙げられる。これは、交通環境対策協議会の構成団体である観光協会、桜の保全団体、自治会との間で、観光客から得られた協力金のうち、運営費を差し引いた収益分を各団体の環境対策まちづくり費用として分配・利用[5]していた。この分配を通じて、住民にも便益が還元されることになる。2つ目には、協力者へのインセンティブである。例えば、民間駐車場に対し、駐車料金の統一と、駐車料金と一緒に交通環境対策協力金の徴収を依頼していた。同意した駐車場は、交通規制地図への駐車場の記載や、郊外駐車場より先に誘導し満車協力を行う対象として扱われた。3つ目は、日ごとの観光バス予約台数の情報

表7-6 便益の分配

対象者 \ 対象地区	吉野山	白川郷	出雲大社周辺
対 地域コミュニティ	(1) 利益の分配(還元) (2) 協力者へのインセンティブ (3) 予約台数の情報開示によるコスト削減の支援 (4) 2系統の動線確保(観光客の分散化)	(1) 駐車場収益の一部を景観整備に活用(還元) (2) 駐車場収益機会損失の分かち合い (3) 導線に配慮した駐車場配置(観光客の分散化) (4) 推奨ルートマップを作成しないという判断(観光客の分散化)	(1) 民間事業者支援施策、参画型イベントの企画(便益享受の機会づくり) (2) 「4つの鳥居をくぐる」(観光客の分散化)
対 観光客	(1) ピークロードプライシング (2) 食事予約・宿泊予約バス優先 (3) 電車利用者にも協力金の声がけ (4) 協力金使途情報開示	(1) 自主規制(対等な関係づくり) (2) 提供価値に見合った駐車場料金設定	(1) 参画型イベントへの参画(便益享受の機会づくり) (2) 大社駐車場(無料)に合わせた臨時駐車場およびP&BRシャトルバス代無料

出所:筆者作成

開示によるコスト削減の支援である。予約台数の把握は、飲食店、土産物店の仕入れ数や臨時雇用者数確定の参考として活かされていた。4つ目には、郊外駐車場から山へのシャトルバスを2系統用意している点である。山の中腹(中千本地区)と麓(下千本地区)の2系統を出すことによって、山内観光客を分散させていた。

　一方、観光客に対しては、1つ目にピークロードプライシングが挙げられる。桜の満開時期と休日が重なるようなピーク日は、交通対策を手厚く行うため、観光客の支払う交通環境対策協力金を通常よりも高く設定された。2つ目は、観光バス予約割り付けの際に、山内での食事や宿泊予約団体を優先する仕組みである。観光バス利用団体の中には、昼食も宿泊もしない日帰りバスも多く来場していた。食事および宿泊予約バス優先予約は、山内での観光消費を確約し

ている団体の希望に応えるものであった。それ以外に、公共交通機関（電車）で来訪する観光客に対しても、任意で桜保全などの環境対策用の募金箱を用意し声がけすることや、年度ごとに協力金の使途の情報開示を行い、公明性を保つように心がけていた。

　白川郷の場合も、吉野山同様に駐車場の収益の一部を合掌造り集落保存財団の活動に充てることで、合掌造り住居に暮らす住民にもその便益が還元されていた。また、保存地区内農地の個人有料駐車場化が問題視されるようになると、区長や守る会などが、その経営者個人に対しやめるよう一方的に説得するだけでなく、区としても荻町地区の収益源である荻町駐車場の廃止を決断していた。さらに、観光客の動線に配慮した駐車場の配置や、歩くための観光ルート推奨マップを作成しないという決断は、観光車両の乗り入れ規制による観光客の導線の変更に不利益や不公平感への配慮であった。

　出雲大社周辺では、行政機関によって多様なアクターの便益享受の機会となる支援施策、参画型イベントの企画などが用意された。4つの鳥居をくぐることを推奨するストーリーの発信もまた、観光客が地区内を端から端まで隈なく歩こうとする仕掛けとなり、個店に平等な機会を与えた。

　出雲大社周辺の駐車場およびP＆BRのシャトルバスは、無料である。出雲大社隣接駐車場が参拝客に対し駐車場料金を徴収しない姿勢を貫いていたため、周辺駐車場やP＆BR利用者に対して不公平感をなくす配慮であった。

　以上、複数事例研究に見られた「シェアリング」について述べた。3つの事例では、シェアリングの際に、公平性と公明性の確保に対する配慮が行われていたこと、アクターの関係は常に対等であることを前提として行動していたこともわかった。

7.2.3　関係構築を支援した要素（RQ 1の結果）

　各事例において、アクター間の関係構築（信頼やコミットメントを得る）の際に活用していた支援要素を整理したのが表7－7である。

　すべての事例に共通する要素の1つには、「外部資源の活用」が挙げられる。外部有識者の保有する資源であるナレッジ（専門的知識）やスキル（技術）に

表7-7 関係構築のための支援要素

支援要素＼対象地区	吉野山	白川郷	出雲大社周辺
外部資源の活用	技術支援 公的資金調達（社会実験時のみ補助金活用） 調整役としての役割 事務局、運営支援	技術支援（社会実験時のみ） 公的資金調達（社会実験および事業費の一部） 	技術支援 公的資金調達（事業費、補助金） 調整役としての役割 事務局、運営支援
リーダーシップ	協議会リーダーの影響力	行政機関と各団体の代表の結束	役割に応じた行政側と民間側リーダーの存在
組織学習	○	○	○
正確な情報	○	○	○
第三者評価とパワー	メディア	メディア イコモスからの手紙	旅行情報誌
公的権限とサービス	条例の制定 広報 話し合いの場の設定	条例の制定 広報 話し合いの場の設定	条例の制定 特区認可 民間活動支援施策 広報 話し合いの場の設定

注：イコモス（国際記念物遺産会議：ICOMOS）は、ユネスコの世界遺産条約の諮問機関として、登録の審査やモニタリング活動を行う組織である。白川郷では、個人有料駐車場の問題について日本イコモス国内委員会からの改善を求める手紙を使って、駐車場経営者の説得に利用した。
出所：筆者作成

よる技術支援、公的資金の調達、「しがらみのない」立場を活かした調整役としての動きが該当する。

2つ目には、「組織あるいは個人のリーダーシップ」である。吉野山では、協議会リーダーのリーダーシップのあり方が、組織の動きに変化をもたらしていた。白川郷では、行政担当者と各団体の代表が結束してお互いの立場を活かしながら進めていた。出雲大社周辺では、TDM全般は行政が主体的に行うが、「劇場」整備に関しては民間事業者の各リーダーが主体的に動いていた。

3つ目の「組織学習」は、社会実験の実施や地域コミュニティで以前から行ってきた交通対策をはじめとするまちづくりの経験から組織的に学んできた経験知の活用である。

4つ目の「正確な情報」収集は、いずれの事例でも調査・分析を通じて現状の実態を正確に把握し、問題を共有するのに有効に働いていた。

5つ目には、「第三者評価とパワー」が挙げられる。各事例では、新聞記事や権威ある団体による要請文書、旅行情報誌のような第三者の有する客観性と影響力を活かして、硬直した状態を打破していた。

最後の「公的権限とサービス」は、行政機関特有の資源の活用である。行政機関は、行政の中立的で信用性も高く、公共性のある立場を活かして、条例の制定や特区認可などの規制関連をはじめ、地域コミュニティ内外の広報、民間活動を支援する施策、国や県などの行政機関を含む話し合いの場の設定などの支援が行われていた。

7.2.4 協働のネットワーク・マネジメントに関する考察

3つの事例研究の中で明らかとなったのが、リレーションシップに対するベネフィットあるいは終了コストの知覚に配慮した「シェアリング[6]」行為の存在である。この「シェアリング」を加筆し、「価値共創に向けた協働のプロセスモデル」として改定したのが、**図7-2**である。

TDMを継続的に実施し、期待する効果を上げるためには、協働のネットワークのマネジメントと共にTDMを含むサービス生産システムを望ましい状態に保つことが望まれる。この項では、まず初めに、RQ1で得られた結果から、協働のプロセスモデルを基盤とした協働のネットワーク・マネジメントの基礎的枠組みを提示する。次に、TDMを含むサービス生産システム運営の基本要件を確認し、協働のネットワーク・マネジメントとサービス生産システムとの関係性について述べる。

(1) **協働のネットワーク・マネジメントの基礎的枠組み**

価値共創に向けた協働のプロセスモデルでは、心理的媒介要因である信頼やコミットメントに影響を及ぼす関係性要因として「共有された価値」と、協働するアクター間との「コミュニケーション」、関係性に対するベネフィットや終了コストを知覚させる「シェアリング（問題意識・使命感、資源、便益）」について説明した。そして、関係性構築を支援するものには、「組織学習」、

図7-2 改定された価値共創のための協働プロセスモデル

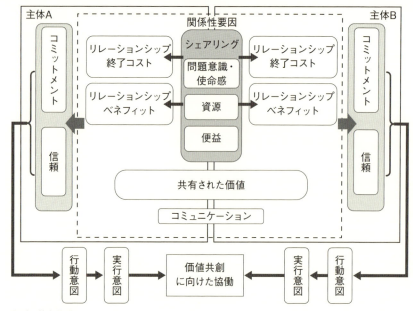

出所：筆者作成

「リーダーシップ」、「外部資源の活用」、「正確な情報」「第三者評価とパワー」、「公的権限とサービス」が3つの事例に共通して活用されていたことは、先に記したとおりである。これらの結果から、協働のネットワーク・マネジメントの基礎的枠組みを図式化したのが、**図7-3**である。なお、関係性構築を支援した要素については、「関係性支援要因」と名付ける。

(2) サービス生産システム運営の基本要件

　観光地TDMを含むサービス生産システムの運営に求められる基本要件は、**図7-4**のとおりである。サービス生産システムの運営には、6つの基本的要件を整える必要がある。1つは、「規制関連」である。交通規制をはじめ、「劇場」としての魅力を高めるための民間事業者の活動を支援・促進し得る規制緩和や特区認定、まちづくり景観条例などが挙げられる。2つ目には、「『劇場』環境の整備」である。観光客流入手段と方法の最適化に向けた環境の整備には、

図7-3　協働のネットワーク・マネジメントの基礎的枠組み

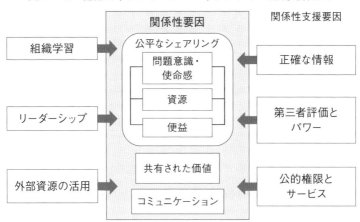

出所：筆者作成

図7-4　サービス生産システム運営の基本要件

出所：筆者作成

駐車場容量の確保や予約制導入といった仕組みづくり、歩行空間の確保、魅力的な空間にするためのハードならびにソフト整備などが挙げられる。3つ目は、実行のための「計画と戦略」であり、4つ目は、運営に関わる経費としての「資金調達」である。5つ目と6つ目は、「労働力」と「技術力」である。「劇場」のゲストである観光客をもてなすホスト役のアクターとは別に、TDMには、事務局役、運営統括などの労働力と技術力が求められる。

以上、6つの要件のうち、公的機関が期待される支援範囲は、「規制関連」、「『劇場』環境の整備」、「資金調達」、事務局役や広報役などの「労働力」である。「計画と戦略」については、公的事業を遂行する場合、公的機関として自ら用意しなければならないものではあるが、外部有識者による技術的支援の期

待される範囲でもある。

　一方、外部有識者に期待される支援範囲は、「労働力」と「技術力」である。サービス生産システムとして継続運営を実現させるためには、公的機関あるいは外部有識者からこれらの要件に関する支援を受けることとなる。

(4) 協働のネットワーク・マネジメントの枠組みとサービス生産システムとの関係性

　図7-5は、TDMをサービス生産システムの一部として継続運営させることと、協働のネットワークをマネジメントすることとの関係性を示している。この中で、関係性支援要因を提供し得るアクターには、公的機関、外部有識者、第三者、TDMをはじめとしたマネジメントを担う実行組織が存在する。

　まず、公的機関は、サービス生産システム運営の基本要件のうち、公的機関ならではの権限やサービスを生かした支援（「規制関連」、「資金調達」、「劇場環境」）や「労働力」「技術力」として「調整役」や「事務局運営支援」などの

図7-5　協働のネットワーク・マネジメント（基礎的枠組み）と
サービス生産システム運営の基本要件との関係性

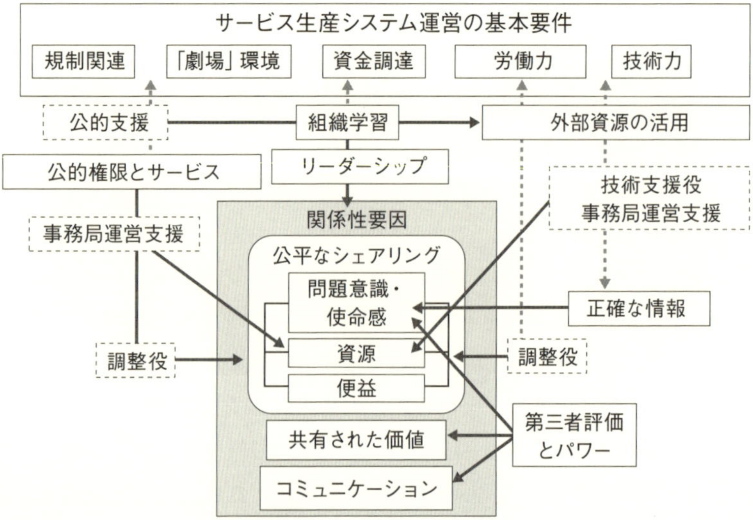

出所：筆者作成

ような「資源」を提供する。これらの資源は、関係性要因の「資源の分配」にも活かされる。また、外部有識者に対する支援要請することもある。

一方、外部有識者はサービス生産システム運営のための「技術力」や「労働力」の提供をはじめ、運営に役立つ「正確な情報」を収集、分析して提供する。「正確な情報」は、関係性要因の中の「問題意識・使命感」の共有に正の影響を及ぼす。また、外部有識者は、地域にしがらみのない立場を利用して客観的かつ理想的な関係構築のための「調整役」を担うこともある。ただし、外部有識者が、長期的にその役割を果たせるかどうかは不安定な立場にある。

メディアや観光客などの第三者による評価は、関係性要因である「問題意識や使命感」、「共有された価値」、「コミュニケーション」に影響を与える。他方、観光地のマネジメント組織は、これまでのマネジメント活動の蓄積から学んできたこと（「組織学習」）と「リーダーシップ」を発揮する。その組織学習の有無とリーダーシップが、アクター間の関係性構築に影響をもたらしている。

7.3 価値共創に向けた協働のネットワークの発展過程と影響要因

本節では、既存研究で得られた知識とＲＱ２の結果から、TDM定着過程を支える価値共創に向けた協働のネットワークの発展過程とその過程における影響要因について考察する。その際、協働のネットワーク・マネジメント構成要因である関係性要因および発展過程の影響要因間の関連性を確認し、発展過程における影響要因を把握する。最後に、「価値共創型TDMを支える協働の持続性モデル」を提示する。

7.3.1 発展過程と影響要因に関する本研究の経過

価値共創に向けた協働のネットワークの発展過程に関連した整理は、第３章（表３-１）で行った。ここでは、筆者の設定したTDMの定着過程（開始前→STEP１認知→STEP２受容→STEP３協力行動の実行→STEP４継続→STEP５価値共創）およびTDM実行過程（開始前→PLAN計画→DO実行→CHECK評価→ACTION改善→PDCAの繰り返し）に、既存研究によって導出された合意形成プロセス（意見潜在期から意見調整期である、①問題意

識の共有化、②共有意識の具現化、③交通社会実験の実施、④問題の所在の鮮明、⑤調和の兆し、⑥合意できる条件の調整・合意点の探索まで）を各段階に合わせて整理した。また、表には、本研究が考察しようとする「価値共創に向けた協働のネットワークの発展過程」として予測したモデルを記述した。そのモデルとは、TDM 開始前段階が「中核的活動組織の生成から主要な協働するアクターの探索まで」で、STEP 1 および 2 が「主要な協働するアクターへの働きかけから協働するアクターの出現まで」とし、STEP 3 で「協働するアクターの役割の明確化から、中核組織の実行力および運営体制の確認と改善まで」、STEP 4 および 5 で「価値共創に繋がる活動または協働体の連結」とした大まかなものである。

一方、影響要因については、文献レビューより既存研究で導出された TDM の「施策の受容性」、「行動意図」、「継続性」に対する影響要因に加えて、本研究で新たに提示した「関係性要因」を TDM の定着過程に沿って整理したのが、図 3 - 4 であった。その後の事例研究では、吉野山の事例より「TDM 担当者が感じていたネットワーク形成上の影響要因（表 4 - 7）」や、白川郷の事例研究第 5 章（5.3.2）で「アクター（外部有識者および支援団体、観光客、地区内利害関係者）との関係構築のための配慮行動」について記述した。そして、本章（7.2.4）では、価値共創に向けた協働のネットワーク・マネジメントの基礎的枠組み（図 7 - 3）として、関係性要因である「共有する価値」、「コミュニケーション」、「リレーションシップベネフィットと終了コスト」の知覚に配慮した協働のための「シェアリング」の行為と、関係構築を支援した 6 つの要素（関係性支援要因）を提示した。

これらを踏まえて、本節は、協働のネットワーク発展過程の段階区分を設定し、TDM 定着過程と関連付けることから始める。

7.3.2 価値共創に向けた協働のネットワークの発展過程の設定

筆者は、事例研究から価値共創に向けた協働のネットワークの発展過程を 4 段階に区分した。各段階の定義は、**表 7 - 8** のとおりである。表には、TDM の定着過程に対応させて記述している。まず、萌芽期（TDM 検討・準備期間）には、社会実験の実施や検討に関わるアクター間で TDM 施策そのものの

表7-8 価値共創に向けた協働のネットワークの発展段階

ネットワークの発展段階	詳細	TDM定着過程
萌芽期	【TDM検討・準備期間（社会実験含む）】 問題の発生 実行組織（中核的組織）の誕生（計画策定、社会実験、調査などの経費） 初期費用の確保	STEP 1 認知
	協働するアクターの探索・原型づくり（運営に必要な事業者・団体の選定・依頼） 外部支援者の出現 実験・調査の実施、問題（原因）の特定 計画策定	STEP 2 受容
漸次的発展期	【TDM導入】 協働するアクターの役割分担 観光事業者、観光客、住民などの施策の受容 中核的組織および協働するアクターが試行錯誤しながら、業務内容の詳細・役割を確認	STEP 3 協力行動の実行 STEP 4 継続
	共創するアクターの拡大 （交通対策によって守ろうとしている地域固有の価値の理解、あるいは、歩く楽しさを享受している状態を高めていく活動を支持・参画するアクターの拡大）	STEP 5 価値共創
安定期	中核的組織内の役割の固定化	STEP 4 継続
	アクター間で不信や不満のない状態 共有された価値	STEP 5 価値共創
混迷期	中核的組織内部不協和の発生 アクターからの不満・不信感の芽生え 中核的組織の求心力の低下 つながりの分裂	STEP 4 継続

出所：筆者作成

「認知（STEP 1）」および「受容（STEP 2）」が必要となる。そして、漸次的発展期（TDM導入）では、萌芽期よりもさらに広範に「認知（STEP 1）」と「受容（STEP 2）」に働きかけつつ、「協力行動の実行（STEP 3）」、「継続（STEP 4）」、「価値共創（STEP 5）」へと発展させていく働きかけが望まれる。

TDMの定着過程のうち「継続（STEP 4）」と「価値共創（STEP 5）」に

おけるネットワークの発展段階の違いは、次のように定義した。まず、「継続（STEP 4）」は、TDM の中核的組織および協働するアクターの業務内容と役割が試行錯誤しながら確認されていく段階（漸次的発展期）や、業務内容と役割が固定化した状態でアクター間に不満や不信感のない状態（安定期）、また、不信感が生じて内部不協和の発生あるいは中核的組織が求心力を失い、つながりが分裂しつつあっても（混迷期）、TDM を継続している限り、「継続」段階におけるネットワークの状態としている。これに対し、「価値共創（STEP 5）」は、前述した「継続（STEP 4）」での漸次的発展期と安定期におけるネットワークの状態に加えて、「交通対策によって守ろうとしている地域固有の価値の理解、あるいは、歩く楽しさを享受できる状態を維持する活動の支援や参画するアクター（共創するアクター）が拡大していく状態」（漸次的発展期）や、「アクター間で不満や不信感がなく価値を共有し合い、地域愛着の高まった状態」にまで達した段階（安定期）とした。

　このように価値共創に向けた協働のネットワークの発展段階と TDM の定着過程とを対応させた意図は、既存研究で得られた「TDM に対する影響要因」と「協働のネットワークの発展過程」との関連について考察することにある。既に「TDM 定着過程」ごとの「TDM に対する影響要因」については、図 3-4 として整理した。ネットワークの発展過程における影響要因の考察では、この「TDM 定着過程」ごとの「TDM に対する影響要因」が協働のネットワーク・マネジメントの構成要因のどの要素に影響を及ぼし得るのか、あるいは包含関係にあるのかを確認する。

7.3.3　協働のネットワーク形成の契機と起点、発展過程における影響要因（RQ 2 の結果）

(1)　協働のネットワーク形成の契機と起点

　ネットワーク形成の起源（萌芽期）には、契機がある。各事例における契機は、**表 7-9** として整理した。多くの人が訪れる機会（イベントや祭事、高速道路の開通、世界遺産登録）や、行政による支援施策（国の社会実験、県や市行政の施策）、渋滞に対する苦情といった契機は、地域コミュニティに問題意識をもたらし、抱えている課題を解決しようと動きだすための引き金となる。

表7-9 地域コミュニティに変化をもたらした契機

契機＼対象地区	契機1	契機2	契機3	契機4
吉野	全国規模のイベントの開催地として決定 渋滞に対する近隣住民の不満の声	国のTDM社会実験 世界遺産登録(2005年) 渋滞に対する近隣住民の不満の声	―	―
白川郷	世界遺産登録(2005年) 国のTDM社会実験	東海北陸自動車道の全線開通（2008年）	―	―
出雲大社周辺	市町村合併後、行政主催「門前町開発に関する検討会議」(2005年)	行政による民間活力支援施策	歴史の節目、祭事	大渋滞の発生（2013年GW）

出所：筆者作成

そして、こうした問題意識から最初に行動する人や団体が、ネットワークの起点となる。各事例におけるTDMを中心としたネットワークは、吉野山では「リーダー」が、白川郷では「地域コミュニティ」が、出雲大社周辺では、「行政」が起点[7]となっていた。

(2) 協働のネットワークの類型化と発展過程の特徴およびTDM継続性リスク

各事例におけるネットワークの特徴には、「劇場」づくりの主導者がTDM中核組織と同一の構成団体である吉野山と白川郷のような「単一型」と、出雲大社周辺の事例のように「劇場」づくりとTDMのネットワークが連結している「複合型」、加えて、外部有識者による技術力や労働力の支援「技術支援の有無」といった違いがあった。

ここでは、TDMを中心に形成されたネットワークの「起点」、「単一型あるいは複合型」、「技術支援の有無」といった分類基準によってネットワークを類型化する。つまり、吉野山の事例は、「リーダー起点・単一型ネットワーク（技術支援あり）」、白川郷を「地域コミュニティ起点・単一型ネットワーク（技術支援なし[8]）」、出雲大社周辺を「行政起点・複合型ネットワーク（技術支援あり）」とした。以下、各事例の類型に見られる発展過程の特徴（表7-10）とTDMの継続性リスク（表7-11）について記述する。

表7-10 事例の類型と発展過程の特徴

項目＼事例		吉野山	白川郷	出雲大社周辺
TDMのネットワークの起点		リーダー	コミュニティ	行政
「劇場」づくりの主導者	タイプ	単一型	単一型	複合型
	詳細	TDM中核組織と同一の構成団体による活動		行政起点と民間起点の混合
技術支援		あり	（本格導入以降）なし	あり
発展過程の特徴		第1期（技術支援なし：単一型）1994年萌芽期〜安定期 第2期（技術支援あり：単一型）2005年萌芽期〜安定期 第3期2012年〜混迷期	第1期（技術支援あり：単一型）2001年萌芽期 2003年休止 第2期（技術支援なし：単一型）2005年萌芽期〜安定期	第1期（技術支援なし：単一型）1987年萌芽期〜安定期 第2期（技術支援あり：複合型）2013年萌芽期〜漸次的発展期

出所：筆者作成

表7-11 事例の類型とTDM継続性リスク

対象地区		吉野山	白川郷	出雲大社周辺
ネットワークの類型		リーダー起点 単一型	地域コミュニティ起点 単一型	行政起点 複合型
TDM継続性リスク	組織	リーダーの個人的資源		行政組織上の問題（担当者の人事異動、首長の交代）
	運営力	技術力	資金調達、労力確保、技術力	行政組織上の問題（予算確保不可）
	劇場の魅力	魅力の度合い		

出所：筆者作成

① 吉野山の事例—リーダー起点・単一型ネットワーク（技術支援あり）

　吉野山の事例は、1994年より問題意識を持ったリーダーによって TDM を開始している（第1期：萌芽期）。この時の TDM 実行期間は、外部有識者に頼らず、村行政と観光協会が中心となって運営していた（第1期：漸次的発展期から安定期）。しかし、渋滞緩和の成果を得られず、運営費と労力の負担に限界を感じていた。

　2005年が第2期萌芽期となる。この年、外部有識者とリーダーが接触し、何度も話し合いを重ねた上で、国の TDM 社会実験申請に至っている。社会実験後、新たな TDM を開始したのが、2006年である。以降、リーダー主導のもと、様々な会議と決断がなされていった。決断の場面では、リーダーの強硬な姿勢で独壇場になることも度々見られた。決定事項は、地域コミュニティ内の団体を代表する中核的組織の構成メンバーを介して、各団体の中で報告された（第2期：萌芽期から漸次的発展期へ）。

　新 TDM は、劇的な渋滞緩和と赤字リスクの心配を一掃した。協力金によって得られた収益は、地域コミュニティ内の各団体に分配され、桜の保全や安全対策に活用された。また、旅行会社やバス会社もツアーの時間管理がしやすくなり、環境に優しい行動を積極的にとるようになった。観光客もまた、ゴミの持ち帰りに協力するようになり、桜保全の寄付金額も年々増えていった（第2期：漸次的発展期から安定期へ）。

　しかし、かねてよりリーダーに不満を持っていた人物の反旗によって、リーダーは辞任する。そして、現場経験のない新リーダーのもと、これまでの外部有識者との関係も解消し、TDM はルールを一部改定して実行が開始された。以前のリーダーは、「世界遺産として恥ずかしくない観光地域づくりを目指すために」交通対策を行うと声がけをしていたが、新リーダーは「シャトルバスを運行させる」という手段を目的化して運営に関わるアクターに伝えていた。次第に、組織内のつながりは薄れていき、渋滞の緩和と運営費および「劇場」整備に資する費用の確保といった期待される効果も得られなくなっていった（第3期：混迷期）。

　この例で見られるように、リーダーを起点とする TDM 継続性は、リーダーの個人資源（性別、年齢、性格、子供の頃からの人間関係、地位、自然環境・

文化資源保全に対する理解、経験）による影響を受けやすいといった特徴がある。また、資金調達の仕組みは確立され、技術的支援を外部委託しているが、委託企業の技術力不足の問題や桜資源生育状態の悪化、門前の魅力ある店舗の減少、歩行空間の安全性の欠如などによる「劇場」の魅力の低下もTDMの継続に影響を及ぼす可能性があるだろう。

② **白川郷の事例—地域コミュニティ起点・単一型ネットワーク（技術支援なし）**

白川郷は、2001年と2002年に外部有識者からの声がけから、国の社会実験を行っている（第１期：萌芽期）。その時のTDM施策は、外部有識者主導の組織のもとで費用的にも労力的にも大規模に実施された。村行政を含む地域コミュニティ内の団体は、外部有識者から実験終了後にも予約制の導入をするよう再三要請を受けていた。これに対し、地域コミュニティは、外部有識者が地域の実情を理解せずに予約制の導入を勧めていると受け止め、不満を抱く者もいた。社会実験終了後、実験のために設置された組織は解散し、交通対策を休止した（第１期：休止）。しかし、実験から２年が経過した2005年、地域コミュニティ内の団体（自然を守る会、区、合掌造り保存会）および村行政は、残されたままの交通問題に対し、自分たちでできるところから交通対策を始める決心をする（第２期：萌芽期）。TDMの中核的な組織として荻町交通対策委員会を立ち上げ、保存地区内の車両進入規制実施日を毎年少しずつ増やしていった。その間、地区内で個人民間駐車場営業を行っていた住民に対し、区長や自然を守る会、役場担当者などが営業をやめるように繰り返し話をしている（第２期：漸次的発展期）。観光車両進入規制の通年化決定は、住民全員の集まる大寄合で行われた（2014年）。住民総意で決定された後には、地区内の個人民間駐車場すべてが、駐車場営業をやめている（第２期：安定期）。

地域コミュニティ起点型の白川郷の事例は、萌芽期から安定期を迎えるまで長い期間をかけてじっくり行われているのが特徴である。そして、地域コミュニティ内の団体が、子や孫に世界遺産のまま受け継ぐための活動であることを住民に訴え続けながら、労力的にも費用的にも持続可能で身の丈に合った運営方法を選択している。

この類型におけるTDM継続性のリスクには、高齢化の進む地区が将来的に抱える労働力の確保や、現状の施策が機能しなくなった時（渋滞の再発生）の

技術力の問題、新たな対応策に投じる資金の問題がある。労力の問題は、先祖代々守り続けてきた合掌造り集落の維持(「劇場」空間の魅力の維持)にも関わる。また、地域コミュニティ起点型の場合は、漸次的発展期に時間を要する。こうした長い期間をかけてでも、交通対策をはじめとしたまちづくりに関連する団体の代表が、コミュニティのあるべき姿を語り、粘り強く行動できるかどうか(リーダーの個人資源)も活動の継続性に影響を及ぼすことが考えられる。このような地区においてTDMの技術的支援をしようとする外部有識者は、地域コミュニティ基盤の特性を理解し、じっくりと時間をかけながら実行可能な施策の検討に寄り添う姿勢が求められる。

③ 出雲大社周辺の事例—行政起点・複合型ネットワーク(技術支援あり)

吉野山と白川郷における「劇場」づくりの主導者がTDM実行組織と同一の構成団体であるのに対し、出雲大社周辺における主導者は、行政と民間が混在した状態にある。その違いは、TDM導入前後に観光客の流入手段や経路等に変化を及ぼし得る公共事業の有無にある。出雲大社周辺では、歴史的な節目を迎えるにあたり、街並み整備工事やイベント開催を契機として、神話の国としてのブランドイメージづくり、今後の観光振興を担う人材育成やまち歩き観光プログラムの開発、販路開拓などを手がけている。こうして、出雲大社周辺の事例は、TDMと「劇場」づくりとしてのハード事業(街並み整備)を行政が起点となり、その一方で、ソフト事業(賑わいづくりのための魅力的な店、人、ベンチやのれんの設置などの演出)を民間が起点となった複合的なネットワークを形成している。

TDMを中心としたネットワークの第1期萌芽期は、1987年である。当時の旧大社町役場が、主導的に年末年始の交通対策を始めている。その後、TDMの中核的組織である大社渋滞対策実行委員会(事務局:出雲市役所)は、協働する団体および事業者を変えずに業務を遂行していた(第1期:安定期)。

組織を拡大させたのは、2013年(平成の大遷宮の年)ゴールデンウィークの大渋滞後(第2期:萌芽期)である。以降、TDM業務の運営・管理は、専門知識を有する事業者に委託している。そして、同年の盆と秋には、新たなTDM施策が始められた(第2期:漸次的発展期へ)。現在もなお、協働するアクターの範囲は、施策内容の変更と共に拡大している。

行政主導型 TDM の特徴は、萌芽期の期間が短い点にある。出雲大社周辺の事例では、2013年のゴールデンウィークに発生した大渋滞から新たな組織体制と運営方法の変更を検討し、同年秋に新体制・新運営方式を実行させている。また、施策内容の選択については、渋滞による公共インフラへの影響をできる限り最小化するための統制が望まれるため、「観光客や住民に対し決められたルールに則った協力行動を促す」技術力と強制的な規制策が優先される。したがって、出雲大社周辺に見る行政主導型 TDM ネットワークだけでは、価値共創の段階までアクター同士の関係を発展させることが難しい状況にあると思われる。

　一方、「劇場」づくりでは、民間や行政を起点とするネットワークが、第2期の萌芽期から安定期まで漸次的に発展している。そして、それぞれのネットワークを構成するアクターが「門前町の賑わい」という価値を共有しているからこそ、それぞれの活動は連結と連鎖をしながら、相乗効果をもたらしている。「賑わい」のある魅力的な空間や歩く理由を生み出す「ストーリー」は、旅行情報誌や企業のブログ、観光協会作成の情報媒体などを通じて観光客に届けられ、観光客もまたその楽しさを享受しようと大社参詣までのアクセス手段として徒歩を選択する。歩いて大社前の商店街を楽しむ観光客の姿もまた、賑わいを創出し、新たな観光客を引き寄せるアクターへと変容している。

　以上のように、出雲大社周辺の事例のような行政主導型 TDM は、強制的な規制策を優先するため、TDM を中心としたネットワークだけで価値共創に向けて協働するアクターを増やすことは難しい。この事例では、「劇場」づくりによるネットワークと連結することで、アクターの数を増やしている。

　行政主導型 TDM と「劇場」づくりとの複合による TDM 継続性に関するリスクは、行政組織上の課題（人事異動による担当者の変更、政策変更による調達可能な資金への影響など）と大社前商店街の民間活動の低下による「劇場」の魅力の衰退が考えられる。

(3) 発展段階を昇格させる行動や要因

　TDM の検討を進めていた観光地の多くは、本格導入や継続へと進展できずにいる。そのような中で、3つの地区が、「本格導入（萌芽期から漸次的発展

期へ)」、「継続(漸次的発展から安定期へ)」の段階へと昇格させることに貢献したと思われる共通の行動や要因を**表7-12**にまとめた。

① 本格導入への昇格

　本格導入へと至った共通の行動や要因の1つ目として、「資金調達の目途(赤字リスクの回避)」が挙げられる。吉野山の事例では、技術的支援や運営管理、調整役としての役割を担っていた外部有識者が、TDM事業の業務を担当する際、赤字が出た場合は自社が全額負担すると契約を交わした上で、第一歩を踏み出している。また、萌芽期の段階(TDM検討段階)において観光客を対象としたアンケート調査の中で、「協力金徴収に対する意識(好意的か否か、支払可能金額)」を確認し、その結果が好意的であったことから、協力金徴収の仕組み導入に踏み切れたことも大きい。白川郷の場合は、村行政による事業費と観光客の駐車場料金を運営費として充てている。その際、調達可能な費用の規模に合わせた施策内容と範囲が選択され、実行を開始している。出雲大社周辺の場合は、行政による事業費が活用されている。

　2つ目には、「外部有識者に対する信頼(外部資源の評価)」が挙げられる。吉野山および出雲大社周辺の事例では、外部有識者の技術力の評価、密なコミュニケーション、正確な情報収集に裏付けられた実行可能な計画策定による信頼の高まりから、技術力および労力の支援を受けている。一方、白川郷でも、国の事業費を活用した社会実験を外部有識者の技術力の元で行われた。しかし、その内容は、あまりにも大掛かりで、国の補助がなければ実施・継続の不可能な計画であった。実験後、白川郷の地域コミュニティは、何度も外部有識者から提言を受けたが、地域の実情を理解していないと外部有識者に対して心理的距離を感じ、TDM活動の休止を選択している。

　3つ目には、運営計画が「期待する効果をあげる見込み(結果)」を持てたことも挙げられるだろう。その他には、「強い問題意識と使命感」、「公的支援(公的権限とサービス)」、「メディアの好意的反応(第三者評価)」が3つの事例に共通したものである。

② 継続への昇格

　漸次的発展から安定期へと昇格させていく過程では、協働のための「3つの公平なシェアリング(問題意識と使命、資源、便益)」、「PDCA(Plan-Do-

表7-12 発展段階を昇格させる行動と要因

段階毎	項目	対象地区		
		吉野山	白川郷	出雲大社周辺
本格導入（萌芽期から漸次的発展期へ）	資金調達の目途（赤字リスク回避）	外部支援者によるリスク負担の確約 資金調達の仕組み（協力金導入）に目途	調達可能な予算範囲で実施 公的資金の投入（世界遺産保全基金含む） 駐車場料金の徴収	公的資金の投入
	外部支援者に対する信頼（外部資源の評価）	技術力に対する評価、密なコミュニケーション、実験費用の確保協力、正確な情報の提供	（外部支援者に対して不信感を感じた時、休止。）	技術力、実行力に対する評価、密なコミュニケーション、正確な情報に基づく計画策定
	期待する結果の見込みを感じていたこと	影響有り	影響有り	影響有り
	強い問題意識と使命感	有り	有り	有り
	公的支援	有り	有り	有り
	メディアの好意的反応（第三者評価）	有り	有り	有り
継続（漸次的発展期から安定期へ）	3つのシェアリング（問題意識、資源、便益）	実施	実施	実施
	PDCAの実行（運営力の強化）	実施	実施	実施
	情報発信、開示（公明性の確保）	実施	実施	実施
	公的支援	有り	有り	有り
	協働の成果（結果）	有り	有り	有り
	コミュニケーション	話し合う場の設定 交通対策情報、桜の生育状況、世界遺産としての価値保全の必要性	話し合う場の設定 交通対策情報、世界遺産としての価値保全の必要性	話し合う場の設定 交通対策情報（リアルタイム） 御利益（ごりやく）を得るためのメッセージ

出所：筆者作成

Check-Action）の実行（運営力の強化）」、毎年の駐車場台数実績、協力金徴収額、協力金や基金がどのように使用されたのかを「情報発信、開示（公明性の確保）」している。この段階でも、公的機関が立場を活かした役割を担い、活動を支援している（「公的支援（公的権限とサービス）」）。また、いずれの地区でも、アクター間の話し合う場が頻繁に設定されていることや、実施期間中の交通情報（渋滞状況の目安、駐車場の満空情報など）、交通対策や「劇場」づくりによる成果（協働の「結果」）、活動の意義や「劇場」としての楽しさが伝わる情報など、絶えず、観光客、民間事業者、住民に対して発信している（コミュニケーション）。

7.3.4 価値共創に向けた協働のネットワーク発展過程と影響要因に関する考察

　本研究では、まず、文献調査より TDM 施策に影響を及ぼす要因（施策の受容性、行動意図といった個人資源要因と継続性要因）の確認を行った。その上で、価値共創型 TDM への進化とその進化を遂げるために欠かせないネットワーク構築の重要性を指摘するために、TDM 継続事例に見る関係性要因（共有する価値、リレーションシップベネフィットと終了コストの知覚、コミュニケーション）に関わる具体的行動を探索した。これらの影響要因をネットワークの発展過程と対応させたのが、**図7－6**である。この中で、既存研究によって得られた個人資源要因である「施策の受容性」と「行動意図」に対する影響要因は、TDM の検討・準備期である萌芽期と TDM を本格導入し発展させていこうとする漸次的発展期の両方において、特に配慮すべき期間とした。なお、「継続性要因」および「関係性要因」については、協働のネットワーク発展過程の全段階において影響を及ぼすものとして扱う。

　この節では、協働のネットワークの発展段階と既存研究で得られた TDM 影響要因の整理を行う。その際に、関係性要因と関係性構築のための支援要素（関係性支援要因）から構成される価値共創に向けた協働のネットワーク・マネジメント（図7－3）の基礎的枠組みとの関連性を確認する。具体的には、既存研究で得られた影響要因が、ネットワーク・マネジメントの構成要因と包含関係にあるのか、あるいは、独立した要素なのか、独立した要素であればど

図7-6 協働のネットワーク発展過程と影響要因との対応表

研究発表時期	影響要因	協働のネットワークの発展過程			
		萌芽期	漸次的発展期	安定期	混迷期
既存研究	施策の受容性	━━━━━━━━━━━━━━━━━━▶ ━ ━ ━ ━ ━ ━▶			
	行動意図に対する影響要因	━━━━━━━━━━━━━━━━━━▶ ━ ━ ━ ━ ━ ━▶			
	継続性要因	━━━━━━━━━━━━━━━━━━━━━━━━━━━━━━━▶			
本研究	関係性要因	━━━━━━━━━━━━━━━━━━━━━━━━━━━━━━━▶			

(注) 記号の意味は、次のとおりである。
　━━▶ 特に配慮すべき期間
　━ ━▶ 継続して影響はするが、影響力および影響範囲は小さい。

出所：筆者作成

の構成要因に影響を及ぼすのかを仕分けしていく。そして、独立した要素については、ネットワーク構築上の新たな影響要因として再整理を行う。

上述の手順を経て、発展過程の各段階とネットワーク形成全般における影響要因を述べる。

① 萌芽期

表7-13は、この段階における「施策の受容性」に与える影響要因と、協働のネットワーク・マネジメント構成要因との関連性を示したものである。TDM施策の受容性に関する既存研究では、影響要因として「個人規範[9]」、「知覚された公平性」、「環境に対する問題意識」、「道徳意識[10]」が挙げられている。協働のネットワーク・マネジメント構成要因との関連で見ると、「個人規範」や「道徳意識」は、関係性要因全般に影響を及ぼすアクターの個人資源であり、「知覚された公平性」については、関係性要因の1つである「シェアリング」の際の配慮と言える。「環境に対する問題意識」は、「（問題意識や使命感、資源、便益）シェアリング」のうちの「問題意識」に当てはまる。

施策の受容性に与える影響要因とは別に、国による調査結果の中で「社会実験から本格導入に至らなかった理由」に関する記述もまた、萌芽期における影響要因として参考になるだろう。国は、本格的なTDM施策の導入に至らなかった多くの事例[11]（萌芽期における消滅）を対象とした調査結果から、「TDM施策選定の根拠や実施効果についての予測・評価が、関係者の同意を

表7-13 施策の受容性に与える影響要因と協働のネットワーク・マネジメント構成要因との関連性

施策の受容性に与える影響要因	協働のネットワーク・マネジメントの構成要素との関連性
個人規範	関係性要因全般に影響を及ぼす「アクターの個人資源」
道徳意識	
知覚された公平性	関係性要因（シェアリング）の際の配慮
環境に対する問題意識	関係性要因（シェアリング：問題意識）に関連する「アクターの個人資源」

出所：筆者作成

得るのに不十分で説得力に欠けていた」ことが根本的な理由であると総括している（国土交通省国土技術政策研究所 2003, pp. 29-30）。このことから、萌芽期は、アクターとの関係構築の際に「TDM施策選定の根拠と実施効果の予測」や「結果」を示すことの必要性が指摘できる。施策選定の根拠となりうる「正確な情報」については、すでに関係性支援要因の1つとして挙げている。

このように、協働のネットワーク発展段階の萌芽期は、アクター間の関係構築の際に、「アクターの個人資源」が影響する。また、「知覚の公平性」を意識した公平な「シェアリング」の実行をはじめ、「正確な情報」や「実施効果の予測と結果」を十分に伝える「コミュニケーション」が、アクター間の初動の関係づくりにおいて重要であると思われる。

② 漸次的発展期以降

萌芽期から漸次的発展期へ、漸次的発展期から安定期へ（もしくは、混迷期へ）と変化していく際の「行動意図」に与える影響要因と協働のネットワーク・マネジメント構成要因との関連性は、表7-14のとおりである。

行動意図に与える影響要因のうち、「態度[12]、知覚行動制御[13]、コスト評価、実行可能性評価、個人規範、社会規範評価、道徳意識」は、関係性要因全般に影響を及ぼす。また、「環境に配慮した交通利用意識」については、関係性要因であるシェアリングの「問題意識」に関連する。これらの行動意図に与える影響要因のすべては、「アクターの個人資源」である。

つまり、漸次的発展期以降のネットワーク形成においても、萌芽期同様、

表7-14　行動意図に与える影響要因と協働のネットワーク・マネジメント構成要因との関連性

行動意図に与える影響要因	協働のネットワーク・マネジメントの構成要因との関連性
態度、知覚行動制御、コスト評価、実行可能性評価、個人規範、社会規範評価、道徳意識	関係性要因全般に影響する「アクターの個人資源」
環境に配慮した交通利用意識	関係性要因（シェアリング：問題意識）に関連する「アクターの個人資源」

出所：筆者作成

「アクターの個人資源」の状態による影響を受けることが想定される。したがって、協働に不可欠な信頼とコミットメントを維持するためには、引き続き、アクター個人の心理に絶えず働きかけるコミュニケーションと公平なシェアリングに心がけることが必要である。

③　ネットワーク形成全般

上述した、①萌芽期、②漸次的発展期以降における影響要因は、文献調査で確認された「施策の受容性」や「行動意図」に与える影響要因、また、萌芽期に衰退・消滅した事例に対する実態調査から得られた「根本的な衰退理由」と協働のネットワーク・マネジメント構成要因との関連性から整理を行った。①と②の段階は、同時に「継続性要因」の影響を受ける。表7-15は、継続性要因と協働のネットワーク・マネジメントの構成要因との関連性を整理したものである。

継続性要因に関する研究では、まず、「公的支援に関わる要因（人口規模、並行事業の存在、首長の政策的判断、行政側のTDM施策担当者に対する上司の協力や理解）」が挙げられている。これらは、関係性支援要因（公的権限とサービス）に関わる。また、「専門家の協力や助言」は、関係性支援要因（外部資源の活用）に、「様々な事例や知見の蓄積」は、関係性支援要因（組織学習）に当てはまる。「関係者との密な議論」、「MMを行う場所」は、関係性要因の1つであるコミュニケーションそのものである。

一方、「施策担当者のリーダーシップ」、「地元のキーパーソンの存在と取り組み姿勢」は、関係性支援要因（リーダーシップ）であり、同時に「リーダー

第7章 結果と考察 195

表7-15 継続性要因と協働のネットワーク・マネジメント構成要因との関連性

継続性要因		協働のネットワーク・マネジメントの構成要因との関連性
既存研究で得られた諸要因	本研究上の分類	
人口規模に見られる差異をもたらす阻害要因（担当者の異動や財源の確保など）の存在 並行事業の有無 首長の政策的判断 施策担当者に対する上司の協力や理解	公的支援	関係性支援要因（公的権限とサービス）
専門家の協力や助言	知識と技術	関係性支援要因（外部資源の活用）
様々な事例や知見の蓄積	組織学習	関係性支援要因（組織学習）
関係者との密な議論 MMを行う場所（コミュニケーションを行う場）	コミュニケーション	関係性要因（コミュニケーション）
施策担当者のリーダーシップ 地元のキーパーソンの存在と取り組み姿勢	リーダーシップ	関係性支援要因（リーダーシップ） 「リーダーの個人資源」
まちを良くしたいという意思の存在 まちへの愛着	（アクターの）使命と地域愛着	関係性要因（シェアリング、共有する価値） 「アクターの個人資源」
プラットフォームの存在	プラットフォーム	ネットワーク発展過程全般 「協働の基盤」
MM実施戦略	計画と戦略	サービス生産システム運営の基本要件

出所：筆者作成

の個人資源要因」でもある。また、関係性要因（共有する価値、シェアリングの「使命」）に関わる「使命と地域愛着（まちを良くしたいという意思の存在、まちへの愛着）」は、「アクターの個人資源要因」でもある。リーダーおよびアクターの個人資源は、協働のネットワーク・マネジメント構成要因には含まれていない。

さらに、構成要因に含まれていなかった新たな影響要因として、「プラットフォームの存在」と「MM実施戦略」が挙げられる。「プラットフォーム」は、協働するアクターを結びつける重要な役割を担う。したがって、プラット

フォームの存在は、「協働の基盤」として扱う。協働の基盤には、「都市形成基盤（門前町や農村集落）」や「慣習」も含まれる。これらは、協働のネットワークの発展過程全般に影響を及ぼす。一方、「MM実施戦略」は、サービス生産システム運営の基本要件の1つ（「計画と戦略」）である。

(4) 価値共創型TDMを支える協働の持続性モデル

前項では、既存研究で得られた「TDM施策に影響を及ぼす要因（TDM影響要因）」を中心に、本研究で提示した「価値共創に向けた協働のネットワーク・マネジメント」の構成要因と比較しながら、その関連性を確認し、「協働のネットワーク発展過程の影響要因」として、発展過程の段階毎に再整理をしてきた。改めて、価値共創に向けた協働のネットワークの発展過程と影響要因についてまとめたのが、**表7-16**である。

本研究では、価値共創に向けた協働のネットワークの発展過程と影響要因から次のように小括する。価値共創に向けた協働のネットワークの発展には、まず、ネットワーク形成の萌芽期から漸次的発展期にかけて、アクターの個人資源要因（態度、意識、規範、評価、知覚された公平性、知覚行動制御などの心理的要素）による影響を考慮し、関係構築に向けて関係性要因である「共有する価値」、「公平なシェアリング」、「コミュニケーション」に心がけなければならない。そして、漸次的発展期以降には、アクター間で一層の「価値の共有」をし合うことで、信頼とコミットメントが持続するよう、関係性要因に関わる活動をし続けなければならない。その間、サービス生産システムの基本要件（状況要因Ⅱ）を整えつつ、関係性構築を支援する要素である「状況要因Ⅰ」、実施効果についての予測と結果（「結果要因」）、リーダーおよびアクターの「個人資源要因」、「協働の基盤」が、協働の持続性に影響を及ぼす。

小括を踏まえて、価値共創に向けた協働のネットワーク・マネジメントの核となる関係性要因および協働のネットワークの発展過程における影響要因間の関連性を図式化したのが、**図7-7**である。この図は、以下のような解釈から、「価値共創型TDMを支える協働の持続性モデル」と名付ける。

図の解釈は、次のとおりである。多様なアクターによる協働の原動力となる「関係性要因」は、関係を構築しようとする主体間の「個人資源要因」、協働の

表7-16　価値共創に向けた協働のネットワークの発展過程と影響要因

影響要因	発展過程	萌芽期	漸次的発展期	安定期	混迷期
個人資源要因	アクター	心理的要素（態度、個人規範、社会的規範評価、知覚行動制御、コスト評価、実行可能性評価、知覚された公平性、道徳意識、環境に対する問題意識、環境に配慮した交通利用意識）	関係性要因である協働のための「シェアリング」の（知覚される）公平性の維持と「共有する価値」「コミュニケーション」による信頼とコミットメントの保持、（アクターの）使命感と地域愛着の醸成		
	リーダー	個人属性（性別、年齢、人間関係、価値観、地位、所属団体、取り組み姿勢、経験など）と所属組織に起因する要素（人事異動、役職交代など）、リーダーシップ			
関係性要因		共有する価値、公平なシェアリング（問題意識と使命感、資源、便益）、コミュニケーション			
状況要因Ⅰ（関係性支援要因）		経験学習、第三者評価とパワー、正確な情報、公的権限とサービス、外部資源の活用、リーダーシップ			
状況要因Ⅱ（サービス生産システムの基本要件）		規制関連、「劇場」環境の整備、資金調達、計画と戦略、労働力、技術力			
結果要因		予測と結果			
協働の基盤		都市形成基盤、慣習、プラットフォーム			

出所：筆者作成

図7-7　価値共創型TDMを支える協働の持続性モデル

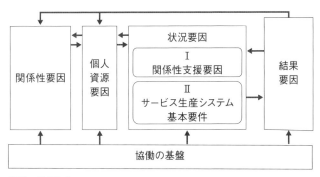

出所：筆者作成

ネットワーク形成の原動力強化に関わる関係性支援要因である「状況要因Ⅰ」、アクター個人のリレーションシップベネフィットや終了コストの知覚、知覚行動制御などの心理的要素に影響を及ぼすであろう「状況要因Ⅱ（サービス生産システムの基本要件：規制関連など）」が、アクターやリーダーの「個人資源（心理的要素、個人属性、所属組織に起因する要素）」を通して、互いに影響し合う関係にある。

　状況要因（ⅠおよびⅡ）は、結果要因（予測と結果）とも互いに影響しあう。例えば、状況要因Ⅰ（関係性支援要因）の「公的権限とサービス」や「外部資源の活用」によって、結果の予測を行い、その予測による「正確な情報」に基づいて、状況要因Ⅱ（サービス生産システムの基本要件）である「計画と戦略」、「資金調達」、「労働力」、「技術力」の確保等に活かされる。また、状況要因の状態の良し悪しが、結果要因にも影響を及ぼす。協働によってもたらされる予測や実際の結果（結果要因）は、関係性要因や個人資源要因にも影響を及ぼす。価値共創型TDMへの進化には、「関係性要因」および「個人資源要因」、「状況要因」と「結果要因」との間で、より良い連鎖の維持が欠かせない。

　そして、TDM実施対象地域（地区）の「協働の基盤（都市形成基盤、慣習、プラットフォーム）」は、価値共創型TDMへの進化を支える協働のあらゆる要因に影響を及ぼす。したがって、当該地域（地区）は、協働のネットワークを築き上げる役割を担う中核組織（プラットフォーム）を立ち上げること、対象地域（地区）の都市形成基盤と慣習を踏まえた意思決定のプロセスを採用すること、地域（地区）に応じた時間（価値を共有するためのコミュニケーションに要する時間）をかけて進めていかなければならない。

　観光地TDMが統制型から価値共創型へと進化し、観光地サービス品質管理機能システムとして継続運用していくためには、これらの影響要因間の良い連鎖を保ちながら、持続的な協働のネットワークのマネジメントを行うことが望まれる。

■注

1　吉野山観光協会 Web site:stay.php;gourmet.php;omiyage.php、白川郷観光協会 Web site:search/?m=1,search/?m=4,search/?m=2、中国電力（2015,p.22）、神門通りおもてなし協同組合 Web site:shops を参照した。
2　需要の多い時には価格を高く設定し、少ない時には安く設定することで需要の平準化を目指すこと。
3　場の特殊性とは、①車利用者には、日常使い（住民の移動手段）と非日常使い（観光客の移動手段）が混在すること。②観光客への車利用抑制の働きかけ（訪問日時、移動手段の変更、ピークロードプライシングなど）は、観光事業者の利害に直結することを意味する。
4　例えば、P&BR 実施の際に、すべての車両を郊外駐車場へ誘導するのではなく優先的に民間駐車場を満車にするなど労働の機会を完全に奪うことがないように配慮している。
5　例えば、桜の植樹や歩道の安全確保のための整備などに利用している。
6　「協働の持続性を支えるシェアリング（共有と分配）」については、「第5章　白川郷」の中で図式化した（図5-9）。
7　本研究では、問題意識を持って行動を起こし、かつ、実質的な権限を有している者をネットワークの「起点」としている。例えば、吉野山の場合は、リーダーに実質的な決定の権限があったため、リーダー起点とした。これに対し、白川郷の場合は、コミュニティ内の主要な団体で構成される TDM 中核的組織での協議だけでなく、最終決定機関を大寄合としていることから、地域コミュニティ起点とした。
8　白川郷が、技術支援を受けていたのは社会実験時のみである。ここでは、本格導入から継続実施の段階を重視しているため、「技術支援なし」とした。
9　個人規範とは、TDM 施策メニューの「対象行動を実行したことで得られる帰結に対する他者評価」のこと。例は、「○○は、私が協力行動をすることを評価してくれる」という心理を意味する（藤井 2003, p. 35, p. 37）。
10　道徳意識とは、「社会的に望ましいとされる規範に、自らの言動を一致させようとする意識のこと（藤井 2003, p. 30）」。これは、万が一、社会に反した言動をすることによるリレーションシップ（関係性に対する）終了コストへの影響に繋がる個人の意識の問題である（アクターの個人資源）。
11　国土交通省国土技術政策研究所（2003）が、1997年度から2001年度にかけて TDM 社会実験事例729件を対象に行われた TDM 自治体担当者へのヒアリング結果から、本格導入に至らなかった根本的な原因について総括した内容である。
12　態度とは、好ましさの程度を表す心理的な傾向のこと。
13　知覚行動制御とは、TDM 施策メニューに従った行動の実行に伴う容易さの程度に関する見込みのこと。

第8章

結論

　本研究では、既存研究の文献レビューから始まり、複数事例研究の結果を基に「価値共創に向けた協働のネットワーク・マネジメントの基礎的枠組み」、「協働のネットワーク・マネジメントの発展過程と影響要因」、「価値共創型TDMを支える協働の持続性」について考察した。改めて、研究の概要を振り返り、本研究の意義と残された課題を述べる。

8.1 本研究のまとめ

(1) 研究の背景

　日本は今、国の成長戦略の1つとして観光振興を重要課題とし、観光客数（量）の拡大に力を注いでいる。しかし、観光資源の有限性と経験価値の提供という視点から、量だけではなく観光サービス品質管理の問題を軽視してはならない。観光地におけるTDMは、観光地の魅力の維持・創造に繋がる観光客流入の最適化を図ることと、地域愛着を育む観光空間（サービス劇場）づくりのための品質管理機能の1つとして期待される。

　これまでのTDM研究は、欧米を中心に、需要側に対するTDM施策の受容性を高める技術的向上を目指したものが多い。これに対し、日本の研究では、その着眼点が需要（車利用者）側から供給（地域）側へ、計画および実行段階でのマーケティングの必要性やまちづくりに立脚した考え方へと変化し続け

いる。変化の背景には、欧米に倣った TDM が、日本でうまく導入できずにいるという現実が横たわる。

(2) 研究の目的

本研究では、観光地 TDM 概念を「一方向性・統制型」から、「双方向性・価値共創型」へと拡張させ、TDM を支える協働のネットワークに着目する。本研究の目的は、観光地 TDM が、観光サービス生産システムの一部（観光サービス品質管理機能）として地域に定着し、そのシステムを支える地域コミュニティを基盤とした多様なアクターによる価値共創に向けた協働を持続させる仕組みを明らかにすることである。

(3) 本研究の視座と研究方法

観光地 TDM の導入と継続運用をしていくためには、実際に継続している地区を研究対象とし、問題の出現から、誰が、いつ、どのように協働するアクターとともに TDM 活動を中心としたネットワークを広げていったのかを「継時的」に知る必要がある。このことは、既存研究が、TDM 施策の技術的領域の中で個人の協力行動変容を促そうとする「一方向」で「統制型」の TDM 概念に基づいた「共時的」な探求であるのと比べて、異なる視座に立っている。

研究方法には、コンテキスト（脈絡や状況）を注意深く分析するための定性的方法である事例研究を採用した。研究対象地区には、TDM を継続実施し、かつ、地域の期待する効果を上げている稀少な３事例（逸脱事例）を選定した。その際、継続の基準は、既存研究の中から TDM の実際の継続状況（安部他 2011）を鑑み、継続実施の定義を「３年以上」とした前例（沼尻他 2014）に倣い、かつ、国が TDM の代表的事例として公的な資料や報告書[1]で発表している地区を選定することとした。具体的には、奈良県吉野町（観桜期の吉野山）、岐阜県白川村（白川郷）、島根県出雲市（出雲大社周辺）を取り上げている。

情報源には、文書化されたものと関係者インタビューから得られた口述記録を使用した。文書化されたものについては、対象地区および周辺の統計データ、行政刊行物（報告書、広報など）、新聞などメディアで掲載された情報、旅行

情報誌、会議資料や議事録など関係者より入手した内部文書、対象地区に関する研究論文などである。また、関係者インタビューでは、当該地域の TDM 主要関係者2名以上を対象とした半構造化インタビューを採用した。

(4) リサーチクエスチョン

リサーチクエスチョンは、以下の2つを設定した。

RQ1　関係性に関わる活動と配慮行動、関係構築のための支援要素

TDM を継続実施している観光地では、価値共創に向けた協働に参画・関与してもらいたいアクターに対し、信頼やコミットメントを築き上げるためにどのような活動や配慮をしているのか。また、その際、それらの活動の後ろ盾となったもの（関係構築のための支援要素）とは何か。

RQ2　協働のネットワーク形成の契機と起点、発展過程における影響要因

観光地に TDM を定着させていこうとする傍らで、価値共創に向けた協働のネットワークはどのように形成され、変容していったのか。また、発展過程では、どのような影響を受けているのか。

この2つのリサーチクエスチョンの追跡から、価値共創に向けた協働のプロセスモデルを検討し、協働のネットワークを管理する基礎的枠組み、協働のネットワークの発展過程と影響要因、価値共創型 TDM を支える協働を持続させる仕組みについて考察を行った。

(5) 結果と考察

1つ目のリサーチクエスチョン（RQ1）では、既存研究がベースとしていた「協力行動変容プロセスモデル」に対し、関係性マーケティング理論の KMV モデルを援用した「協働のプロセスモデル」を検討した。協働のプロセスモデルには、協働の心理的媒介となる「信頼」と「コミットメント」に影響を及ぼす「関係性要因（共有された価値、コミュニケーション、リレーションシップベネフィットと終了コストの知覚）」を中核的要素として組み込まれている。TDM を継続実施している3つの事例では、この関係性要因に関わる活動が意

識して行われていると仮説を立て、確認を行った。その結果、関係性要因（「共有された価値」、「コミュニケーション」、「リレーションシップベネフィットと終了コストの知覚」）の中で、リレーションシップベネフィットと終了コストの知覚に影響を及ぼす仕組みとして「3つ（問題意識と使命感、資源、便益）のシェアリング」と、関係性を支援する要素（組織学習、正確な情報、外部資源の活用、公的権限とサービス、第三者評価とパワー、リーダーシップ）の発見をした。

　これらの発見から、図7－3「協働のネットワーク・マネジメント」の基礎的枠組みを提示した。その際、関係性要因（「共有された価値」、「コミュニケーション」、「公平な3つ（問題意識と使命感、資源、便益）のシェアリング」は、協働のネットワーク・マネジメントの核として位置づけ、関係構築を支援する要素を「関係性支援要因」とした。

　2つ目のリサーチクエスチョン（RQ2）に関する探索は、次の手順で行った。
① **発展過程の設定**
　本研究では、事例研究から、ネットワーク発展過程を4段階（萌芽期、漸次的発展期、安定期、混迷期）として設定した。その上で、萌芽期から漸次的発展期へ（本格導入）、漸次的発展期から安定期へ（継続）と発展段階を昇格させる3つの事例に共通した行動と要因の確認と、各事例の協働のネットワークを3つの分類基準（ネットワークの起点、劇場づくりの主導者とTDM中核組織が同一か否か、技術支援の有無）で類型化し、類型別に見る発展過程の特徴とTDM継続性のリスク（「運営組織」、「行政上の問題」、「劇場の魅力」）について考察した。
② **発展過程における影響要因**
　ネットワークの発展過程（4段階）における既存研究で得られた「（TDM定着過程における）TDMに対する影響要因」と協働のネットワーク・マネジメント構成要因（関係性要因である「共有する価値」、「コミュニケーション」、「シェアリング」や関係性支援要因）との関連性を確認した。結果、協働のネットワークの発展過程に影響を及ぼす要因として

　　個人資源要因：アクターの心理的要素（態度、個人規範、知覚された公平

性、問題意識など）と、リーダーの個人属性（性別、年齢、人間関係、所属組織に起因する要素など）

関 係 性 要 因：共有する価値、公平なシェアリング、コミュニケーション
状 況 要 因 Ⅰ：関係性支援要因
状 況 要 因 Ⅱ：サービス生産システムの基本要件
結 果 要 因：予測と結果
協 働 の 基 盤：都市形成基盤、慣習、プラットフォームの存在

を抽出した。また、ネットワークの発展過程の中で、萌芽期から漸次的発展期にかけては、アクターの個人資源要因のうち、心理的要素に対する配慮が特に必要であり、すべての段階を通じて、上述した要因の影響を受けるものとして整理した。このことは、TDMのコミュニケーション施策を検討する際、萌芽期から漸次的発展期にかけて協働を促すアクター個人の心理的要素に働きかけることを意識し、徐々にリレーションシップベネフィットや終了コストを知覚させる情報発信が有効であることを示唆している。

最後に、上述の協働のネットワークの発展過程における影響要因と価値共創に向けた協働のネットワーク・マネジメントの核となる関係性要因間の関連性を図式化し、「価値共創型TDMを支える協働の持続性モデル（図7-7）」を提示した。

8.2 本研究の意義と残された課題

観光地TDM概念の拡張の発想は、マーケティングが製品主導（マーケティング1.0）から消費者主導（マーケティング2.0）へ、そして価値主導（マーケティング3.0）へと進化を遂げてきたこと（Kotler, P., et al, 2010）と重なる。マーケティングの必要性は、既存TDM研究においても度々指摘されてきた。しかし、この時のマーケティング発想は、製品（ここではTDM施策）主導（1.0）や消費者（ここでは車利用者）主導（2.0）の概念に基づいていた。本研究では、車利用者（観光客および住民）の行動や価値観、社会環境の変化に応じたマーケティング（3.0）と、TDMを実行する場が観光地であり、サービス

生産システムの一機能として捉えるという2つの視座に立っている。

最後に、本研究の貢献と限界について、研究と実務の2つの側面から整理し、今後の課題を述べる。

8.2.1 研究上の貢献

本研究の意義は、3つある。1つは、既存研究がTDM施策の受容性や施策による来訪者の行動変容に着目してきたのに対し、TDMの場が観光地であるという特殊性に配慮し、サービス品質の維持や地域愛着に繋がる価値共創に向けた地域の協働のネットワークに着目する必要性を指摘した点である。観光地ならではの多様なアクターの相互作用性を重視しつつ価値共創概念に基づいたTDMの議論は、研究上の新たな視座となるだろう。

2つ目には、既存のTDM概念の基盤となっていた「協力行動変容プロセスモデル」から、関係性要因に着目した「協働のプロセスモデル」を予測し、TDM継続実施をしている逸脱事例から、共通する関係性要因に関わる行動を発見したことにある。これによって、新たに提示した協働のネットワーク・マネジメントの基礎的枠組みは、近年の個別研究において断片的に指摘され始めていた関係性要因に関連する知見を包括し得ると考える。

3つ目は、協働のネットワークの発展過程と影響要因を示したことである。このことは、実際にTDMの定着を支えるネットワーク構築の際の促進あるいは阻害要因を予見し、対策を講じるのに有用であると考える。つまり、観光地がTDMを導入し観光客流入の最適化を図る活動をし続ける際に、何をどのように進めていくのか、どのようなことに配慮すべきかを示唆することができるだろう。

以上、述べた点は、日本の社会において従来の枠組みでは説明しきれていなかった限界を補い、かつ、理論と実務の隔たりを埋めることに寄与するものと思われる。

8.2.2 実務上の貢献

観光車両に関する問題を抱える観光地が、観光サービス品質管理手法として、TDMの本格導入と継続実施を検討する必要性はますます高まっていくであろ

う。しかし、日本における TDM 導入が難航してきた状況から、TDM の施策効果に関する技術的視点に向けられた欧米流の研究だけでは、実務上乗り越えられない壁が残されたままとなる。本研究では、観光地 TDM を「一方的に統制する手法」から当該観光地に関わるあらゆるアクターが相互に「価値共創（互いのナレッジやスキルを活かし、それらの資源を統合させながら共に観光価値の維持・創造をしていくこと）」として行われる手法と捉え直し、その背後にある協働のネットワークのマネジメントに着目した。

　研究を通じて明らかとなったことから、(1)地域の行政機関および観光地マネジメント組織と、(2)技術的支援をする外部有識者に向けて、実務上役立つと思われる点を述べる。

(1)　地域の行政機関および観光地マネジメント組織に対する示唆
① 計画・実行（外部資源の活用、組織学習、持続性）
- 計画策定は、外部有識者の力を借りる。その際、長期的計画を描き、（合意、労力、資金調達の状況を鑑みた中で、今できることから始め、漸次的に発展させていく。
- 実行すること、継続していくことが経験の蓄積になる。経験から学んだことは、形式知（誰もがわかるようなマニュアル、報告書などの記録）として残すようにする。
- 外部有識者や行政に頼りすぎない方法（地域コミュニティの主体性を尊重、民間の自主的な活動を促すような枠組みで支援すること）を考える。
- TDM の（社会実験から）本格導入へ、さらに、継続へと昇格させる行動や要因は、表7－12が参考となる。
- TDM の継続性のリスク（組織／運営力／劇場の魅力）は、ネットワークの起点（リーダー／地域コミュニティ／行政）によって異なる（表7－11参照）。
- 協働の基盤（都市形成基盤、慣習、プラットフォーム）は、ガバナンスに影響を及ぼす。
② 「劇場」のマネジメント
- 観光客流入の最適化を図るための施策を考える場合は、TDM だけでな

く観光サービス基盤整備と併せて検討する。
- 観光サービス基盤整備は、あらゆるアクター（民間事業者、住民、観光客）が参画できる機会を設定することで、当該地区に対する関心や愛着を持ってもらう。モノづくり（ハード整備）という意識ではなく、地域愛着づくりという意識と視座から事業の進め方や内容を決める。
- 旅行情報誌やプロモーションの際には、歩きたくなるような「ストーリー」の発信に心がける。

③ **公平なシェアリング**
- 問題意識・使命感を共有するためには、現状認識を正しく行えるよう調査・分析を基にした「正確な情報」や専門家の知見など、客観的な視点から話し合いを行う。また、実施する意義と期待される効果を丁寧に伝える。
- 実施の意義は、手段が目的化をしてしまうことのないよう、発信し続ける。
- 便益の分配では、アクターの便益・懸念していることを理解することから始める。その上で、公平に分配されているかがわかるよう情報を開示する。同様に、実施結果も公開をする。
- 資源の分配では、地域コミュニティ内にどのような資源を持った人材がいるのか、相手を知ろうとする意識と、日頃からコミュニケーションを図るよう努める。誰もが、参画しやすい機会を設定する。
- 問題意識と使命感、便益、資源の分配が公平に行われているかどうか意識をする。

④ **コミュニケーション**
地域コミュニティの中で協働へと導いていくためのコミュニケーションは、**表8-1**のように区分できる。
- 「日常型」には、普段の挨拶や何気ない会話、SNSでのつながりをつくることで、まずは自分について少しずつ知ってもらい、親近感と対立感情を抑制することが期待される「一般的」なものと、相手を知るための情報交流・交換といった「意識的」なものがある。
- 「企画型」は、会議、ワークショップ、参画型イベント、広報活動（紙、

表8-1 地域コミュニティでのコミュニケーション分類

類型		目的	手段（接点）	内容
日常型	一般的	自分を知ってもらう 親近感を得る 対立感情を抑制する	対面での声がけ SNSの投稿（友達申請と許可）	挨拶 （何気ない）会話
	意識的	相手を知る（個人資源 情報の入手）		（個人）情報の交換・交流
企画型	創造的	合意を得る 活動への支援 協働への参画	会議やワークショップでの平場の議論、広報（参加型イベント、紙・WEB媒体、SNS）	将来像を描くこと 価値の共有 現状の問題、課題の共有 ベネフィット／コストの知覚

出所：筆者作成

WEB媒体、SNSでの発信）など「創造的」な場と機会である。その目的は、合意を得ることと活動への支援や協働を促すことにある。企画型コミュニケーションでは、将来像を描き、観光価値を共有しあうこと、現状の問題と課題を共有すること、協働する仲間になることで得られるベネフィットや、仲間にならないこと（関係を断ち切ること）によって生じるコストを知覚してもらえるよう努める。

- 「企画型」コミュニケーションが期待される結果（合意形成と協働への支援参画）を出すためには、普段から「日常型」コミュニケーションに心がけるべきである。
- （自発的・能動的な行動を促すためにも）参画しやすい機会をできるだけ多く設定する。
- 意思決定の場や機会は、公明性を保つようにする。
- 協働の求心力となる地域固有の資源を取り巻く環境の変化、資源の価値について、住民、観光事業者、観光客に伝える場と機会を増やす。

⑤ **外部資源の活用、第三者評価と権限**
- 地縁関係の深い地区では、話し合いや活動の硬直化、課題の見誤り、属人的な問題での短絡的な判断に陥ることがある。こうした状態を防ぐため、行政担当者や外部者などしがらみのない人の介入・調整や、第三者

評価と権限（メディアの力、観光客の声、その他の組織団体）を借りて流れを変える。

⑥ **公的権限とサービス**
- 規制だけでなく民間の力が発揮できるような枠組みを用意する。また、首長や所轄警察署の理解や、交通・都市計画だけでなく観光・自然・文化関連・教育分野の行政担当の横断的な支援が得られるよう情報共有を図る。

⑦ **リーダーシップ（組織もしくは個人）**
- 理想像を描き、使命感を持つこと。協働に関与してもらいたいアクターに対して根気強く働きかける。
- メディアの担当者とは、積極的に接点を持ち、日頃から地域固有の資源に対する思いや地域の活動など熱意を持って伝えておく。
- 外部資源の活用ができるように、外部（研究機関、専門家、関連団体、マスメディアや観光情報配信事業者等）との接点を増やす。
- 専門的な知識・技術を持ち、かつ、相談しやすい専門家と容易にコンタクトできる関係をつくる。

(2) 技術的支援を行う外部有識者に対する示唆

地域の行政機関および観光地マネジメント組織への示唆と共に、以下のことに対する配慮が求められる。

- 技術的に完璧なシステムを早急に導入することを目指すのではなく、実現性と持続可能性を見据えたシステムの構築を目指す。地域に合った時間軸で漸次的に発展させていく。
- 地域コミュニティが自律的に運用できる仕組みを考える。
- 地域特有の意思決定システムや慣習を知った上で、意思決定の場づくり、計画書の作成、合意形成を支援する。
- 地域コミュニティに寄り添い、地域に謙虚な姿勢を忘れない。

8.2.3 本研究の限界と今後の課題

本研究の限界は、事例数の乏しさに起因した検証の精度に問題が残る。今回

は、3つの逸脱事例からTDMの本格導入と継続を支える協働のネットワークに着目した。研究の過程では、ネットワークを便宜的に分類し、類型別に見た発展過程の特徴とTDM継続性リスクの考察も行っている。しかし、これらの考察は、各事例固有の問題である可能性も否定できない。あるいは、別の分類軸や関係性を構築するのに見落としている要因が、残されているかもしれない。成功事例の少ない現段階では、これらの不確実さを完全に否定することができない。

したがって、今後の研究課題は、協働のネットワーク・マネジメントの基礎的枠組み、ネットワークの発展過程と影響要因、価値共創型TDMを支える協働の持続性モデルのさらなる精査が求められる。その方法は、①日米の比較、②日本における失敗事例の検証による枠組みの照合、③日本のTDM実践事例に見る協働のネットワーク類型化の検証などが考えられる。

①は、アメリカと日本における「協働の基盤」の違い（その違いから生じる意思決定システムなど）や、その他の影響要因を比較することで、本研究と異なる接近からネットワーク・マネジメントの構成要因の確認ができるだろう。アメリカの技術的側面に倣ったTDM施策が日本でうまくいかなかった事実には、施策以外の新たな側面に原因があり、その原因を日米比較によって明らかにできるのではないかと考えている。この追跡研究の成果は、TDMに限らず、アメリカ版のモデル導入にあたっての実務的な示唆（制度設計上の留意点）を得られるに違いない。

②は、日本においてTDM導入に失敗した事例が、なぜうまくいかなかったのかを探索する継時的な研究を行うことである。今回の研究では、TDM導入と継続実施に成功している地区を対象とし継時的に追跡した。その際、うまく導入できなかった事例に対する確認は、国の調査結果と事例研究（第4章　吉野山）の中で、期待する効果が現れなくなった原因を探ったインタビュー結果（表4－7）を使用している。協力が得られるのであれば、TDM導入に失敗した地区を対象とした研究を同じように行うことで、協働のネットワークの発展過程と影響要因に関する精度を高められるだろう。

③は、ネットワークの類型化の基準の再検討と発展過程における影響要因の追跡確認をしなければならない。今回の研究対象地区は、「観光客と住民（車

利用の日常遣いと非日常遣いの交錯)」、「生産と暮らし (営利と非営利の共存共栄)」、「深い地縁関係」といった特徴がある。これに対し、例えば、国内で先駆けて TDM の継続実施をしている上高地 (長野県松本市) は、国の管理する公園で観光事業者 (季節営業) だけが存在する地区 (非日常遣い、生産の場) であり、統制しやすい環境にある。こうした行政主導で統制しやすい地区と利害関係者の多く統制困難な地区、地縁関係の深い地区と浅い地区など、別の基準から比較研究することで、新たなマネジメントの枠組みや影響要因が発見される可能性もある。

以上、本研究の貢献と限界、残された課題を述べた。日本は、地域を主体とした観光地域づくり活動が成熟していない。今回の観光地 TDM に関する研究が、土木計画学の研究領域を超えて、未だ手探り状態のままである地域主体の観光地マネジメント活動の一助となることを期待する。

■注
1 研究対象とした地域は、国土交通省 (2008)、国土交通省 (2010)、国土交通省社会資本整備審議会 (2016) において TDM の代表的事例として紹介されている。

《あとがき》

　2013年3月、21年間勤めてきた旅行会社を退社し、現在の大学で働くこととなりました。実務家が大学教員へと転向する際には、乗り越えなければならない課題に直面します。私の場合、最大の課題が、知識不足と研究全般のスキル不足でした。この道を選択した以上、弱点克服のための努力を惜しまない覚悟はしていました。もし、そうでなければ、長年にわたり大学で教育と研究を実践されてこられた諸先生方と、同じ立場で仕事をさせていただくのも失礼な話です。

　転職後1年経過した段階で、私は、当時学長だった石井淳蔵先生のご紹介により、神戸大学大学院経営学研究科の栗木契先生の研究室を訪ねました。その際、大学院では、総合学力試験、第2論文を合格しなければ、博士論文を書く資格が得られないという手順を初めて知りました。「そんな途轍もない山を最後まで登りきることができるのだろうか。だけど、（先生に時間を割いていただいたのだから）もう後には引き返せないな」と不安いっぱいの気持ちになりながら、研究室を後にしたのを今でも覚えています。

　入学後、不安は現実のものとなりました。第2論文テーマが定まらず、また、考えも浅かったため、ゼミの時間や夏開催の石井・栗木ゼミ合同研究会では、厳しいご指摘の嵐でした。確かにそうだなと思える時はまだましです。一番情けないのは、何を言われているのか全く理解できない時でした。そんな時、ゼミ終了後になると必ず声をかけてくれる先輩研究生（年齢は、はるかに私よりも若いです。）がいました。当時ゼミ長だった藤井誠さんは、一時期、私の出張移動に合わせて時間をとっていただき、研究に関するアドバイスをして下さいました。瀬良賢司さんは、栗木先生のコメントを細やかに解説してくれました。お二人だけでなく栗木ゼミの研究生たちは、純粋に研究が好きで、情熱と冷静さを兼ね備えた若い研究者ばかりでした。研究に向き合う姿勢は、身近にいる研究室の皆さんが教えて下さいました。

　励ましてくれたのは、栗木ゼミの研究生だけではありません。当時修士課程に在籍していた薛偲さんの存在は、私の心の支えでした。彼女は、私が前職時

代に兼業していた大学のゼミ生（教え子）です。それが、ゼミ生から同級生となり、共に飲みに行き、図書館で一緒に試験勉強をし、学割での映画鑑賞など、気分転換によく付き合ってもらいました。いつでも伴走してくれる彼女がいなければ、最後まで走り切ることはできなかったでしょう。

　総合学力試験勉強の際には、栗木ゼミの吉川佑介さん（当時修士課程）に試験のコツを伝授いただきました。1科目につき20数冊の課題図書が出題範囲でありながら、論述問題はたった2問。視点を間違えてしまうと、命とりとなる試験です。出張の多い私は、ほとんど講義を受講できない状況でしたので、彼のアドバイスは本当に助かりました。おかげさまで、2度の受験でようやくすべての科目を合格することができました。

　博士学位論文は、主査栗木先生、副査水谷文俊先生、黄磷先生が担当して下さいました。水谷文俊先生は、研究論文の文章記述の基本から内容全般までご助言いただきました。私が研究に行き詰まり、理論の弱さに悩み疲れていた時に、「コンプレックスなんて感じなくてもいい。柏木さんしか書けない実務家としての視点を大切にしてね。」と優しく声をかけてくれたのも先生でした。「（専門外である）僕の奥さんにもわかるような表現で書くように。」と教えてくださったアドバイスは、今後も心がけたいと思います。

　黄先生は、まるで「魔法使い」のような先生でした。黄ゼミの研究生でない私が、図々しくゼミに参加させてもらった時のことです。先生は、10分程度の研究発表を聴くだけで、即座に違和感を指摘されます。その際、ホワイトボードに図を書き、わかりやすく解説までしてくださいました。短時間で違和感を指摘し、違和感を生じさせている原因を突き止め、体系立てて解決策の方向性を見出す姿は、「魔法使い」そのものでした。

　主査である栗木契先生には、入学以来、研究だけでなく実務領域においても鍛えていただいております。先生は、「博士課程後期の研究生は、（前期課程と違い）自ら論文を書きすすめるように。」とおっしゃられた言葉どおり、博士を目指す研究生に対し、研究の甘さ、盲点を厳しく淡々と指摘されます。ゼミ発表後の私は、決まってうなだれることしかできません。ゼミの時間の先生は、ストレッサーそのものでした。その一方で、私に様々な機会を与えて下さいます。まだまだ質的にも成功確率においても不安定な私であるにもかかわらず、

セミナーでの講演、通信教育の出演、書籍の共著など声をかけて下さるのです。今回の出版も、先生が私に与えて下さった機会でした。私は、先生のこうした行動から、「優れた研究者は、同時に優れた教育者でもある。」ということを学びました。私もこういう研究者を目指したいと思います。

事例研究の際には、3つの観光地区の関係者の方々に貴重な時間を頂戴し、インタビューや資料提供をいただきました。対応していただいた方々に共通していたのは、地域と人に対する深い愛情と志の高さでした。初対面の私にも、こちらからの質問の数々に丁寧にお答えいただきました。本当にありがとうございました。

こうして、書きあがった博士学位論文は、2017年に受領されました。本書は、その論文を加筆修正したものです。本書の出版研究会では、碩学舎理事である著名な先生方をはじめ、高橋一夫先生（近畿大学）、森藤ちひろ先生（流通科学大学）にも原稿を読んでいただいた上で、的確なご指摘とアドバイスをいただきました。特に、尊敬して已まない石井淳蔵先生に言われた「なにが解れば解ったことになるのか」という言葉は、今後の私の研究活動において、常に心に留めておきたい大切なものとなりました。石井先生は、いつも鋭く深い洞察力でコメントをしてくださいました。そして、厳しいコメントを言い放つだけでなく、決まって24時間以内に温かな応援メッセージをメールして下さいました。実のところ、私は、それらのメールを画像にして大切にしています。

本書では、観光客の量と質をマネジメントする具体的な手法として、観光地交通需要マネジメントを取り上げました。日本では、国の成長戦略の重要な柱として観光振興が位置づけられ、観光客数増加に向けた様々な政策を展開しています。その傍らで、地域では、許容量を超えた観光客の来訪や観光客のマナーに起因する諸問題が散見されるようになりました。今後は、許容量に応じた観光客数のコントロールと、地域への愛着や理解を求める観光客へのコミュニケーションが、ますます重要になることでしょう。私は、観光の持つ魅力的な力を、より良い形で、持続的に、観光客や地域住民にもたらすために求められる研究および実務的活動に、残りの人生をささげていく所存です。

最後までお読みいただきました皆様、本当にありがとうございました。

■参考文献

第1章

Destination Marketing Association International & Inter VISTAS Consulting Inc., (2014), Destination next a strategic road map for the next generation of global marketing phase 1, p. 14.

土木学会 (2005)『モビリティ・マネジメントの手引き―自動車と公共交通の「かしこい」使い方を考えるための交通施策』丸善、p. 1, pp. 10-15

藤井聡 (2005)「モビリティ・マネジメント―道路／運輸／都市／地方行政問題のためのソフト的交通施策―」、p. 4.
http://trans.kuciv.kyoto-u.ac.jp/tba/wp-content/uploads/2013/09/mm_jipm.pdf
（情報取得2016年11月15日）

藤井聡 (2008)「"モビリティ・マネジメント研究の展開"特集にあたって」、土木学会論文集 D, 64 (1), p. 43.

藤井聡 (2003)『社会的ジレンマの処方箋 都市・交通・環境問題のための心理学』、ナカニシヤ出版、p. 24.

Gärling, T., Eek, D., Loukopoulos, P., Fujii, S., Jouhansson-Stenman, O., Kitamura, R., Pendyala., Ram, Vilhelmson, B., (2002), A conceptual analysis of the impact of travel demand management on private car use. *Transport Policy* 9, pp. 59-70.

Gärling, T. & Schuitema, G., (2007), Travel Demand Management Targeting Reduced Private Car Use: Effectiveness, Public Acceptability and Political Feasibility, *Journal of Social Issues*, Vol. 63, No. 1, pp. 139-153.

井上晶子 (2010)「観光地発展過程における観光価値の創出に関する研究」、立教大学大学院観光学研究科博士学位請求論文、p. 26.

一般財団法人道路新産業開発機構 (1992)「特集／第11次道路整備五箇年計画（案）の概要」、『道路行政セミナー』、11月号、pp. 1-41.

一般財団法人自動車検査登録情報協会 web site,
https://www.airia.or.jp/publish/statistics/trend.html（情報取得2016年10月18日）

一般財団法人日本エネルギー経済研究所計量分析ユニット編者 (2016)『エネルギー経済統計要覧2016』、p. 267.

Kotler. P., J. Bowen, J. Makens & S. Baloglu (1996), *Marketing For Hospitality & Tourism*, Prentice Hall, Inc（ホスピタリティ・ビジネス研究会訳『ホスピタリティと観光のマーケティング』、東海大学出版会、1997, pp. 94-95.）

公益財団法人日本交通公社（2016）web site, 観光調査・研究、研究分野、観光資源の保全と活用、観光資源の分類や評価とその活用に関する研究、「観光資源の今日的価値基準の研究（「自主研究レポート2011/2012」より）、
https://www.jtb.or.jp/wp-content/uploads/2014/11/report2011_2012_P11-16.pdf
（情報取得2017年7月6日）

国土交通省 web site, 地域交通ガイダンス，Vol. 3 地域振興に資する観光交通対策事例集
http://www.mlit.go.jp/seisakutokatsu/soukou/ppg/ppg3/chap1.html, 情報取得2016年10月15日

国土交通省 web site, 地域鉄道対策、
http://www.mlit.go.jp/tetudo/tetudo_tk5_000002.html（情報取得2017年12月17日）

国土交通省 web site, 第3節　利便性の高い交通の実現、
http://www.mlit.go.jp/hakusyo/mlit/h25/hakusho/h26/html/n2530000.html（情報取得2016年10月15日）

国土交通省（2002）web site, 平成14年度国土交通白書、第Ⅱ部　国土交通行政の動向、第1章　国土交通行政における制度・政策改革、第3節　交通政策の改革、
http://www.mlit.go.jp/hakusyo/mlit/h14/H14/index.html（情報取得2017年3月5日）

国土交通省観光庁（2018）web site, 日本版DMOの第2弾登録及び日本版DMO候補法人の第12弾登録について、http://www.mlit.go.jp/kankocho/topics04_000108.html（情報取得2018年6月20日）

国土交通省観光庁観光地域振興部観光地域振興課（2017）『"人育て"から始まる観光地域づくり　観光地域づくり人材育成実践ハンドブック2015』、p. 16.

国土交通省観光庁（2016a）『国内外の観光地域づくり体制に関する調査業務』、pp. 1-22

国土交通省観光庁（2016b）『旅行・観光産業の経済効果に関する調査研究（2014年版）』、p. 12

国土交通省国土技術政策総合研究所道路交通研究部道路研究室（2003）「国内におけるTDM取り組み事例の分析」、『道路行政セミナー』、No. 162, pp. 27-30.

国土交通省 web site, 21世紀初頭における観光振興方策、
http://www.mlit.go.jp/kisha/oldmot/kisha00/koho00/tosin/kansin/index2_.html（情報取得2016年10月16日）

国土交通省都市局都市計画課（2016）「平成27年度全国都市交通特性調査結果（速報版）」、http://www.mlit.go.jp/report/press/toshi07_hh_000101.html（情報取得

2017年12月17日）
公益財団法人日本バス協会（2016）『バス事業の現状と取組について』、p. 3.
交通工学研究会、TDM 研究会（2002）『マーケティングの視点から考える成功する失敗するパークアンドライド』、丸善、pp. 4-5.
久保田尚、片田敏幸（1993）「特集「ハレの日の交通計画」の編集にあたって」、日本都市計画学会、No. 184, pp. 14-17.
Lusch, R. F. &, S. L. Vargo (2014), *Service-Dominant Logic: Premises, Perspectives, Possibilities*, Cambridge University Press（井上崇通監訳、庄司正人、田口尚史訳『サービス・ドミナント・ロジックの発想と応用』、同文舘出版、2016, pp. 3-20, pp. 119-128.）
森地茂、岡本直久、轟朝幸（1997）「観光地交通計画の体系化」、IATSS Review Vol. 23, No. 2、国際交通安全学会、pp. 101-110.
太田勝敏（2007）「交通需要マネジメント（TDM）の展開とモビリティ・マネジメント」、国際交通安全学会誌、Vol. 31, No. 4, pp. 31-37.
太田勝敏編著、（財）豊田都市交通研究所監修（1998）『新しい交通まちづくりの思想　地域コミュニティからのアプローチ』、鹿島出版会、p. 2, pp. 14-15.
大塚和幸（2001）「交通需要マネジメントの現状と課題」、こうえいフォーラム第9号、pp. 101-106.
Prahalad, C. K., & V. Ramaswamy (2004) *The Future of Competition*, Harvard Business Review Press.（有賀裕子訳、一條和生解説『コ・イノベーション経営　価値共創の未来に向けて』東洋経済新報社、2013, pp. 330-336.）
Steg, L. (2003) *Factors influencing the acceptability and effectiveness of transport pricing*, Schade, J. & B. Schalag (Eds.), Acceptability of transport pricing strategies, pergamon, pp. 187-202.
Vargo, S. L. & R. F. Lusch (2004), Evolving to a New Dominant Logic for Marketing, *Journal of Marketing*, Vol. 68, No. 1, January, pp. 1-17.
安島博幸（2004）「観光対象に『飽きるということ』と観光地の盛衰に関する研究」、第19回日本観光研究学会全国大会論文集、pp. 109-112.

第2章
安部信之介、鈴木春奈、榊原弘之（2011）「地方都市におけるモビリティ・マネジメントの継続状況と要因に関する研究」、土木計画学研究・講演集（CD-ROM）、Vol. 44
Bagozzi, R. P. (1978), Marketing as Exchange:A Theory of in the Market place,

American Behavioral Scientist, vol. 21 (4), pp. 535-556.
Bagozzi, R. P. (1975), Marketing Exchange, Journal of Marketing, Vol. 39, No. 4, pp. 32-39.
土木学会（2005）『モビリティ・マネジメントの手引き―自動車と公共交通の「かしこい」使い方を考えるための交通施策』丸善
藤井聡（2006b）「実践的風土論に向けた和辻風土論の超克―近代保守思想に基づく和辻「風土：人間学的考察」の土木工学的批判―」、土木学会論文集 D, Vol. 62, No. 3, pp. 334-350.
藤井聡（2006a）「日本における「モビリティ・マネジメント」の展開について」、IATSS Review, 31 (4), pp. 278-285.
藤井聡（2003）『社会的ジレンマの処方箋　都市・交通・環境問題のための心理学』、ナカニシヤ出版
福田大輔、上野博義、森地茂（2004）「社会的相互作用存在下での交通行動とミクロ計量分析」、土木学会論文集、No. 765/Ⅵ-64, pp. 49-64.
福井のり子、森山昌幸、三島慎也、鈴木春奈、藤原章正（2014）「まちあるき促進に向けた観光モビリティ・マネジメントの取り組み―出雲大社周辺を対象として―」、土木学会論文集D3（土木計画学）、Vol. 70, No. 5（土木計画学研究・論文集第31巻）、I_1087-I_1094.
古屋秀樹、西井和夫、花岡利幸（1995）「観光地における交通需要管理の基本的課題：富士スバルラインP＆BRの事例を踏まえて」、土木計画学研究・講演集 No. 18 (2), pp. 589-592.
Gärling, T., Eek, D., Loukopoulos, P., Fujii, S., Jouhansson-Stenman, O., Kitamura, R., Pendyala., Ram, Vilhelmson, B., (2002), A conceptual analysis of the impact of travel demand management on private car use. *Transport Policy* 9, pp. 59-70.
Gärling, T. &, G. Schuitema (2007), Travel Demand Management Targeting Reduced Private Car Use: Effectiveness, Public Acceptability and Political Feasibility, *Journal of Social Issues*, Vol. 63, No. 1, pp. 139-153.
Goeldner, C. R. & J. R. B. Ritchie (2011), *Tourism: Principles, Practices, Philosophies*, TWELFTH EDITION, p. 417.
合意形成研究会web site, 合意形成研究会2.0の概要、http://www.tokeikyou.or.jp/goui/gaiyou.htm#2（情報取得2016年11月13日）
Grove, S. J., & Fisk, R. P. (1983) The dramaturgy of services exchange: An analytical framework for services marketing, pp. 45-49.
http://www.academia.edu/378469/The_Dramaturgy_of_Services_Exchange_

An_Analytical_Framework_for_Services_Marketing, (情報取得2016年10月23日)

Grove, S. J., R. P., Fisk & J. John (2000) Services as Theater; Guidelines and Implications, in Swartz, T. A. & D. Iacobucchi., *Handbook of Services Marketing and Management*, Sage Publications., pp. 21-35

萩原剛、藤井聡 (2005)「交通行動が地域愛着に与える影響に関する分析」、土木計画学研究・講演集32 (CD-ROM)

Hashemnezhad, H., Heidari, A. A, & P. M. Hoseini (2013) "Sence of Place" and "Place Attachment", *International Journal of Architecture and Urban Development*, Vol. 3, No. 1, Winter, pp. 5-12.

Heskett, J. L., Jones, T. O., Loveman, G. W., Sasser, Jr. W. E., & L. A. Schlesinger (1994), Putting the Service Profit Chain to Work, *Harvard Business Review*, March-April pp. 164-170.

広瀬幸雄 (1994)「環境配慮的行動の規定因について」、社会心理学研究、第10巻、第1号、pp. 44-56.

猪原健弘編著 (2011)『合意形成学』、勁草書房

神田佑亮、藤原章正、高山純一、鈴木邦夫 (2011)「効果的・継続的なモビリティマネジメントの展開に向けた要素に関する一考察」、日本道路会議、Vol. 29, 2011

古城雅史、坂本邦宏、大澤雅章、萩原岳、佐々木政雄、久保田尚 (2008)「世界遺産地区における駐車場予約優先システム社会実験の効果に関する研究」、土木計画学研究・論文集、Vol. 25, no. 4, pp. 1025-1032.

国土交通省国土技術政策総合研究所道路研究部道路研究室 (2003)「国内におけるTDM取り組み事例の分析」、『道路行政セミナー』、No. 162, pp. 27-30.

国土交通省 (2003) web site, 国土交通省所轄の公共事業の構想段階における住民参加手続きガイドラインの策定について、
http://www.mlit.go.jp/kisha/kisha03/01/010630_.html（情報取得2016年11月12日）

Kotler, P., J. Bowen & J. Makens (2003), *Marketing For Hospitality & Tourism*, 3rd Edition, Prentice Hall, Inc (白井義男監修、平林祥訳者『コトラーのホスピタリティ&ツーリズム・マーケティング第3版』、ピアソン・エデュケーション、2003)

交通工学研究会・TDM研究会 (2002)『マーケティングの視点から考える成功する失敗するパークアンドライド』、丸善

久保田尚、高橋洋二、坂本邦宏、尾座元俊二 (2000)「鎌倉の歴史的都市部における交通需要マネジメント複合実験」、第35回日本都市計画学会学術論文集、

pp. 823-828.

久保田尚、竹内伝史、谷口尚、吉木務（2002）「世界遺産・白川郷の交通マネジメント実験」、第22回交通工学研究発表会論文報告集、pp. 225-228.

久保田尚、植村敬之、古城雅史、坂本邦宏（2006）「TDO（Transportation Demand Omotenashi）の提案と一考察～管理からおもてなしへ～」、土木計画学研究・論文集、No. 23, no. 3, pp. 711-716.

Louise, E., Garvill, J., & Nordlund, A. M. (2006), Acceptability of travel demand management measures: The importance of problem awareness, personal norm, freedom, and fairness, *Journal of Environmental Psychology* 26, pp. 15-26.

Lovelock, C., & L. Wright（1999）, *Principles of Service Marketing and Management*（小宮路雅博監訳『サービス・マーケティング原理』、白桃書房、2002）

丸山貴徳、加藤博和、岩越敦哉（2003）「交通社会実験を通したマーケティング活動による交通システム普及の方法論―店舗利用型パーク・アンド・ライドを対象として―」、土木学会、
https://www.jsce.or.jp/library/open/proc/maglist2/00039/200306_no27/pdf/13.pdf（情報取得2016年10月17日）

宮川愛由、藤井聡（2011）「観光モビリティ・マネジメントについての実践的研究技術開発：京都・奈良での取組み事例」、土木学会論文集D3, Vol. 67, No. 5, pp. 499-507.

室井佑介、小嶋文、札本太一、田宮修、久保田尚（2010）「歴史的都市型観光地における交通まちづくりの重要性」
http://library.jsce.or.jp/jsce/open/00039/201011_no42/pdf/99.pdf, 情報取得10月23日

永井護（1995）「観光地における自然環境保全のための交通対策が来訪者の行動に与える影響調査―奥日光のケーススタディ―」、都市計画192, pp. 64-71.

永井護、小堀哲、福田栄仁（2008）「門前町・日光のまちづくりと交通社会実験」、国際交通安全学会誌、vol. 33, No. 2, pp. 41-50.

西井和夫、江守昌弘、横山憲（2013）「イベント対応交通需要マネジメントの観光まちづくりへの展開―伊勢神宮式年遷宮TDMを例として―」、第28回日本観光研究学会全国大会学術論文集、pp. 185-188.

西井和夫、岸野啓一、江守昌弘、森山昌幸（2014）「観光地交通対策の課題整理―エリア・マネジメントの視点から―」、第29回日本観光研究学会全国大会学術論文集、pp. 93-96.

西井和夫、岸野啓一、後藤正明（2007）「世界遺産高野山における交通社会実験の実

施課題の整理」、日本観光研究学会第22回全国大会論文集、pp 329-332.

西井和夫、近藤勝直、佐々木邦明（2010）「観光力指標としての観光地アクセシビリティに関する考察：エリアマーケティング・マネジメント（AMMA）の視点から」、日本観光研究学会第25回全国大会論文集、pp. 261-264.

西井和夫、近藤勝直（2008）「都市観光マーケティングの課題と展望」、日本観光研究学会第23回全国大会論文集、pp. 397-400.

西岡誠治、森地茂、広畠康祐（1995）「観光地におけるP＆BRシステムに関する研究」交通工学第30巻4号、pp. 27-39.

沼尻了俊、神田佑亮、藤井聡（2014）「モビリティ・マネジメントの継続要因に関する地域横断的考察〜全国の継続展開地域における実践事例から〜」、土木学会論文集F5, Vol. 70, No. 2, pp. 26-45.

大友章司、広瀬幸雄、大沼進、杉浦淳吉、佐藤佳世、加藤博和（2004）「環境に配慮した交通手段選択行動の規定因に関する研究—パーク・アンド・ライドの促進に向けた社会心理学的アプローチ—」、土木学会論文集、No. 772, Ⅳ-65, pp. 203-213.

斎藤宜文、瀬尾恵介、佐野薫、永井護（2006）「観光地における交通実験の事後分析—日光市市街地におけるケーススタディ—」、日本観光研究学会機関誌Vol. 17, No. 2, pp. 21-30.

澤崎貴則、藤井聡、羽鳥剛史、長谷川大貴（2012）「『川越交通まちづくり』の物語描写研究—交通問題解決に向けたまちづくり実践とその解釈—」、土木学会論文集D3（土木計画学）、Vol. 68, No. 5（土木計画学研究・論文集第29巻）、pp. 325-337.

Steg, L. (2003) Factors influencing the acceptability and effectiveness of transport pricing, Schade, J. & B. Schalag (Eds.), *Acceptability of transport pricing strategies*, pergamon, pp. 187-202.

鈴木春奈、藤井聡（2008a）「「地域風土」への移動途上接触が「地域愛着」に及ぼす影響に関する研究」、土木学会論文集D, 64 (2), pp. 179-189.

鈴木春奈、藤井聡（2006）「「風土」への接触が「地域感情」に及ぼす影響に関する研究」、景観・デザイン研究講演集、No. 2, 12月

鈴木春奈、藤井聡（2008b）「「消費行動」が「地域愛着」に及ぼす影響に関する研究」、土木学会論文集D, 64 (2), pp. 190-200.

高山純一、横山寛、永田恭裕、川上光彦（1997）「観光地におけるP＆BR実施時の情報提供に関する研究—金沢市における事例研究—」、土木計画学研究・論文集No. 14, pp. 943-952.

Timothy., D. J., & C. Tosun. (1998), *Appropriate Planning for Tourism in Destination Communities; Participation, Incremental Growth and Collaboration, Tourism in Destination Communities, CABI Publishing*, pp. 181-204.

飛川明俊、橋本成仁 (2010) 「P & BR 利用前後の意識の変化と利用継続の関係に関する研究」、(公社) 日本都市計画学会都市計画論文集、No. 45-3, pp. 841-846.

梅宮路子、佐野育実、岡崎篤行 (2007) 「住民意見と集団の変容に着目した歴史的市街地における目標都市像の合意形成過程―新潟県村上市における都市計画道路の見直しを事例として―」、(公社) 日本都市計画学会都市計画論文集、No. 42-3, pp. 337-342.

海野碧 (2013) 「まち歩きが地域愛着に与える影響に関する研究―長崎さるくを対象として―」、www.ut.t.u-tokyo.ac.jp/hp/thesis/2013/04_unno.pdf、(情報取得2016年11月2日)

山本裕一郎、吉田豊、坂本邦宏、久保田尚 (2004) 「観光地のパッケージ型 TDM における駐車場予約システムの役割に関する実験的研究」、土木計画学研究・論文集、vol. 21, no. 4, pp. 885-892.

吉城秀治、橋本成仁、森山昌幸、西村成人 (2011) 「観光地における街路計画に関する居住者意識の研究―出雲大社・神門通りを対象として―」、日本都市計画学会都市計画論文集 vol. 46, No. 3, pp. 799-804.

吉田樹、田中義章、秋山哲夫 (2009) 「観光バスの駐停車行動に着眼した交通混雑の発生要因と対策に関する基礎的研究」、日本観光研究学会第24回全国大会論文集、pp. 285-288.

湯沢昭、須田熈 (1996) 「冬季観光交通による交通渋滞対策としてのP & BR の適用可能性」、土木計画学研究・論文集 No. 13, pp. 949-955.

第3章

安部信之介、鈴木春奈、榊原弘之 (2011) 「地方都市におけるモビリティ・マネジメントの継続状況と要因に関する研究」、土木計画学研究・講演集 (CD-ROM)、Vol. 44

井上達彦 (2014) 『ブラックスワンの経営学 通説をくつがえした世界最優秀ケーススタディ』、日経 BP 社

国土交通省 (2008) 『公共交通活性化総合プログラム事例集』、p. 21.

国土交通省 (2010) 『地域いきいき観光まちづくり2009』、pp. 188-189, http://www.mlit.go.jp/common/000223505.pdf (情報取得2017年4月17日)

国土交通省 (2008) 『公共交通活性化総合プログラム事例集』、p. 21.

国土交通省社会資本整備審議会（2016）、第56回基本政策部会配布資料3、「観光地における渋滞対策」、渋滞回避インセンティブの付与　駐車場空き容量の有効活用、p. 8.
　　http://www.mlit.go.jp/policy/shingikai/road01_sg_000319.html（情報取得2017年4月17日）
Morgan, R. M, & S. D. Hunt（1994）The Commitment-Trust Theory of Relationship Marketing, *Journal of Marketing*, Vol. 58, No. 3, pp. 20-38.
沼尻了俊、神田佑亮、藤井聡（2014）「モビリティ・マネジメントの継続要因に関する地域横断的考察〜全国の継続展開地域における実践事例から〜」、土木学会論文集F5, Vol. 70, No. 2, pp. 26-45.
佐藤善信監修、高橋広行、徳山美津恵、吉田満梨著（2015）『ケースで学ぶケーススタディ』、同文舘出版
Yin, R. K.（1994）, *Case Study Research* 2/e, Sage Publications, Inc.「近藤公彦訳『新装版　ケース・スタディの方法〔第2版〕』」千倉書房、2014年

第4章

Bagozzi, R. P.（1975）, Marketing Exchange, *Journal of Marketing*, Vol. 39, No. 4, pp. 32-39.
国土交通省近畿運輸局（2006）『平成17年度公共交通活性化プログラム世界遺産奈良県吉野山における観光・アクセス改善プログラム報告書』
Kotler, P.（1972）, A Generic Concept of Marketing, *Journal of Marketing*, Vol. 36, No. 1, pp. 46-54.
Molm, L. D., Collet, J. C., & D. R. Schaefer.（2007）, Building solidarity through generalized exchange: A theory of reciprocity, *American Journal of sociology*, 113, pp. 205-242.
奈良県 web site, 吉野林業の概要、「吉野林業」PDF, http://www.pref. nara.jp/7429.htm,（情報取得2017年3月9日）
素材 Library. com web site, http://www.sozai-library. com/sozai/3435（情報取得2017年5月6日）
和歌山県世界遺産センターweb site, http://www.sekaiisan-wakayama.jp/know/yosino.html（情報取得2017年3月9日）
吉野町 web site, 人口・世帯数 http://www.town. yoshino. nara.jp/about/jinko/, 情報取得（2017年12月24日）
吉野町（2012）web site,「統計データから見た吉野町のすがた」、

http://www.town. yoshino. nara.jp/toukei.pdf（情報取得2017年3月9日）
吉野町 web site, 観光イベント情報，名所・観光施設，吉野の歴史と文化
　　　http://www.town. yoshino. nara.jp/kanko-event/meisho-kanko/rekishi-bunka/,
　　　（情報取得2017年3月9日）
吉野町 web site, 観桜期の交通、
　　　http://www.town. yoshino. nara.jp/kanko-event/kanouki/koutsu/index.html
　　　（情報取得2017年3月11日）
吉野町 web site, 吉野町概要、吉野の産業
　　　http://www.town.yoshino.nara.jp/, about/sangyo/（情報取得2015年5月22日）
吉野町 web site, 吉野町について、吉野町へのアクセス
　　　http://www.town.yoshino.nara.jp/about/access/（情報取得2017年5月6日）
吉野山観光協会 web site, 吉野山の旅館・宿坊・民宿一覧、
　　　http://www.yoshinoyama-sakura.jp/stay.php（情報取得2017年12月24日）
吉野山の観光交通対策協議会（2006）『世界遺産吉野山観桜期トップシーズンにおけ
　　　る交通アクセス改善プログラム報告書』、pp. 15-18.

第5章

文化庁（2014）web site, 文化財関連、
　　　http://www.bunka.go.jp/seisaku/bunka_gyosei/shokan_horei/bunkazai/index.
　　　html（情報取得2017年1月4日）
文化庁 web site1, 伝統的建造物群保存地区、
　　　http://www.bunka.go.jp/seisaku/bunkazai/shokai/hozonchiku/,（情報取得2017
　　　年1月4日）
文化庁 web site2, 世界遺産、
　　　http://www.bunka.go.jp/seisaku/bunkazai/shokai/sekai_isan/（情報取得2017年
　　　1月4日）
岐阜県白川村（2003）『白川村交通対策基本計画（案）』
白地図専門店 web site, 中部地方の白地図、
　　　http://www.freemap.jp/item/region/tyubu.html,（情報取得2017年5月6日）
浜本篤史（2011）『御母衣ダムと荘白川地方の50年』、まつお出版
羽田司、松井圭介、市川康夫（2016）「白川郷における農村像と住民の生活様式」、
　　　人文地理学研究36, pp. 29-42.
一般財団法人道路新産業開発機構（1992）「特集／第11次道路整備五箇年計画（案）
　　　の概要」、『道路行政セミナー』、11月号, pp. 1-41.

参考文献

一般財団法人世界遺産白川郷合掌造り保存財団 web site,
　　http://shirakawa-go.org/zaidan/index.html#tf-home（情報取得2016年12月28日）
一般財団法人世界遺産白川郷合掌造り保存財団（2016）「平成10年〜28年度せせらぎ小呂駐車場月別利用実績台数」、
　　http://shirakawa-go.org/zaidan/zaidan_files/seseragi2016.pdf（情報取得2017年12月24日）
国土交通省気象庁 web site, 過去の気象データ・ダウンロード
　　http://www.data.jma.go.jp/gmd/risk/obsdl/index.php#!table（情報取得2016年12月29日）
公益財団法人日本ナショナルトラスト web site
　　http://www.national-trust.or.jp/active/history1.html（情報取得2016年12月30日）
黒田乃生（2003）「白川村荻町における文化的景観の保全に関する研究」、東京大学農学部演習林報告110, pp. 71-157.
農林水産省（2015）web site, 2015年農林業センサス、
　　http://www.machimura.maff.go.jp/machi/contents/21/604/details.html（情報取得2016年12月30日）
白幡洋三郎（1996）『旅行のススメ─昭和が生んだ庶民の「新文化」』、中公新書
白川郷観光協会（2016）web site, 資料ダウンロード　白川村地図
　　http://www.shirakawa-go.gr.jp/othercontents/file.html（情報取得2017年1月4日）
白川郷観光協会 web site, トップページ、宿泊施設、飲食店、土産品、見学施設
　　http://www.shirakawa-go.gr.jp/top/（情報取得2017年12月24日）
白川郷荻町集落の自然環境を守る会 web site, 荻町合掌集落と守る会の歴史、
　　http://shirakawa-go.com/~ogimachi/sub3.html（情報取得2017年1月9日）
白川村教育委員会（2011）『白川郷荻町集落40年のあゆみ〜先人に学び、感謝し、次世代につなぐ〜』、白川郷荻町集落の自然環境を守る住民憲章制定・守る会結成40周年（重要伝統的建造物群保存地区選定35周年）記念誌
白川村史編さん委員会（1998b）『新編白川村史　中巻』、白川村
白川村史編さん委員会（1998a）『新編白川村史　下巻』、白川村
白川村史編さん委員会（1998c）『新編白川村史　上巻』、白川村
白川村（2017a）「広報しらかわ」、第557号、平成29年12月12日発行、裏表紙
白川村（2014）web site, 交通アクセス、自動車・貸切バスを利用する場合
　　http://shirakawa-go.org/kankou/access/car/#tokyo1（情報取得2017年5月6日）

白川村（2015a）web site, 交通アクセス、公共交通機関を利用する場合
　　http://shirakawa-go.org/kankou/access/（情報取得2017年5月6日）
白川村（2015b）web site, 村の状況
　　http://shirakawa-go.org/mura/gaiyou/729/（情報取得2017年1月9日）
白川村（2012c）web site, 白川郷合掌造り集落保存の歴史
　　http://shirakawa-go.org/kankou/siru/yomu/877/（情報取得2016年12月28日）
白川村（2012a）web site, 白川村伝統的建造物群保存地区
　　http://shirakawa-go.org/kankou/siru/bunka/651/（情報取得2017年12月24日）
白川村（2015d）web site, 白川村の文化財
　　http://shirakawa-go.org/kankou/siru/bunka/666/（情報取得2017年1月9日）
白川村（2015c）web site, 白川村の位置
　　http://shirakawa-go.org/mura/gaiyou/764/（情報取得2017年12月24日）
白川村（2017b）web site, 白川村の観光統計
　　http://shirakawa-go.org/mura/toukei/2580/（情報取得2017年1月9日）
白川村（2012b）web site, 結・合力
　　http://shirakawa-go.org/kankou/siru/yomu/1109/（情報取得2017年1月9日）
総務省統計局（2017）「平成27年国勢調査」、平成27年都道府県市区町村別統計表（一覧表）
　　http://www.e-stat.go.jp/SG1/estat/GL08020103.do?_toGL08020103_&tclassID=000001037709&cycleCode=0&requestSender=search（情報取得2017年12月24日）
素材Library. com, web site, 岐阜県（市町村別）白地図のイラスト素材、
　　http://www.sozai-library.com/sozai/3424, 情報取得2017年5月6日
上原征彦（1999）『マーケティング戦略論』、有斐閣
山岸俊男（1998）『信頼の構造：こころと社会の進化ゲーム』東京大学出版会

第6章

中国電力（2015）「観光イノベーションへの挑戦前編〜中国地域白書2014より」、『エネルギア地域経済レポート No. 486』、2015. 1, pp. 17-30.
Grove, S. J., & Fisk, R. P. (1983) *The dramaturgy of services exchange: An analytical framework for services marketing*, pp. 45-49.
　　http://www.academia.edu/378469/The_Dramaturgy_of_Services_Exchange_An_Analytical_Framework_for_Services_Marketing
出雲大社教 web site,「出雲大社教の成り立ち」、
　　http://www.izumooyashirokyo.or.jp/200_naritachi.html（情報取得2017年2月26

日）
出雲大社紫野教会（いずもおおやしろむらさきのきょうかい）web site,
  http://www.izumo-murasakino.jp/izumo-enmusubinokami.html（情報取得2017年2月24日）
出雲市（2017）web site 1，人口・世帯、
  http://www.city.izumo.shimane.jp/www/contents/1184806835555/index.html,
  情報取得2017年12月27日
出雲市 web site, 出雲市観光パンフレット（PDF）ダウンロード、よいご縁をさずかりに。（出雲大社ご紹介）
  http://www.city.izumo.shimane.jp/www/contents/1350524378353/files/pamphlepamphle.pdf（情報取得2017年2月24日）
出雲市 web site3,「出雲大社」、
  http://www.city.izumo.shimane.jp/www/contents/1443770396262/index_k.html,（情報取得2017年2月26日）
出雲市観光協会 web site, 観光マップ、「現地で役立つ「観光マップ」ダウンロード」、神門通りまち歩きマップ,
  http://www.izumo-kankou.gr.jp/files/w002_2014100715492173125.pdf（2015年12月10日情報検索）
出雲市観光協会 web site, 神話めぐり国引、
  https://www.izumo-kankou.gr.jp/1156,（情報取得2017年2月25日）
出雲市 web site2, 市の概要、新・出雲市誕生
  http://www.city.izumo.shimane.jp/www/contents/1317632306087/index.html（情報取得2017年2月25日）
出雲市（2015）web site, 市の概要、新市地図
  http://www.city.izumo.shimane.jp/www/contents/1322197911171/index.html（情報取得2017年2月21日）
出雲大社正門前商店街神門通りおもてなし協同組合 web site,「出雲大社神門通り100周年記念事業」、
  http://www.izumo-enmusubi.org/100th（情報取得2017年2月26日）
出雲大社神門通り蘇りの会ブログ（2009）、幸せを呼ぶ出雲大社の四つの鳥居、2009年5月12日配信記事、
  http://blogs.yahoo.co.jp/shinmon_y/MYBLOG/yblog.html（情報取得2016年8月31日）
JR西日本（2016）web site, ニュースリリース、「三江線　江津〜三次駅間の鉄道事

業廃止届出について」、2016年9月30日
　　http://www.westjr.co.jp/press/article/2016/09/page_9318.html（情報取得2017年2月26日）
JRおでかけネットweb site,「JR西日本路線図」、
　　https://www.jr-odekake.net/route/（情報取得2017年2月26日）
JTBパブリッシング（2008～2015）『るるぶ松江・出雲・石見銀山'09～'16』
神々の国しまね実行委員会（2014）『神々の国しまねプロジェクトの総括（平成22年度～平成25年度）』
公益財団法人島根県観光連盟web site, 出雲大社平成の大遷宮「しまね観光ナビ」、
　　http://www.kankou-shimane.com/mag/217.html（情報取得2017年2月27日）
日本経済新聞地方経済面（2007）「ぜんざいブランド化でまちおこし」2007年12月5日
日本経済新聞朝刊（2013）「出雲、蘇った神門通り―神門通り蘇りの会代表　田辺達也氏（文化）」2013年12月31日
日本経済新聞朝刊（2010）「街かど人物館」2010年2月15日
島根県web site, 高速道路推進課、「島根県の高速道路」
　　http://www.pref.shimane.lg.jp/kosokudoro/（情報取得2017年2月25日）
島根県web site, 交通、バス、「島根県における路線バス等の状況について」、
　　http://www.pref.shimane.lg.jp/admin/region/access/bus/（情報取得2017年12月27日）
島根県web site, 交通、鉄道、「一畑電車」
　　http://www.pref.shimane.lg.jp/admin/region/access/tetudo/ichibata.html,（情報取得2017年2月26日）
島根県web site, 神門通り線1工区、
　　http://www.pref.shimane.lg.jp/infra/toshi/kikan/izumo_kendo/shinmon1.html,（情報取得2017年2月21日）
島根県web site, 神門通り線2工区、
　　http://www.pref.shimane.lg.jp/infra/toshi/kikan/izumo_kendo/shinmon2.html,（情報取得2017年2月21日）
島根県商工労働部観光振興課（2014）『縁結びに関する女性観光客意識調査業務調査報告書』
島根県商工労働部観光振興課（2015）『平成27年度女性観光客動向調査業務調査報告書』
島根県商工労働部観光振興課（2009～2016）『島根県観光動態調査（平成20年～28年）』、

(観光地点別観光客入込延べ数：平成24年、平成25年、平成26年版は p. 22、平成20年、平成22年、平成23年版は p. 21、平成21年版は p. 20、平成27年版は p. 23、平成28年版は p. 27を参照)

素材 Library. com, web site, 島根県、https://www.sozai-library.com/sozai/3438（情報取得2017年5月6日）

大社町史編纂委員会（2008）『大社町史 中巻』、出雲市、pp. 207-226, p. 777.

東京都公文書館 web site,「資料解説〜富くじの明治維新」、
http://www.soumu.metro.tokyo.jp/01soumu/archives/0703kaidoku15_2.htm（情報取得2017年2月26日）

有限会社出雲観光タクシーweb site, 出雲観光こぼれ話、4つの鳥居、
http://www.izumokanko. com/143（情報取得2017年2月23日）

第7章

安部信之介、鈴木春奈、榊原弘之（2011）「地方都市におけるモビリティ・マネジメントの継続状況と要因に関する研究」、土木計画学研究・講演集（CD-ROM）、Vol. 44

中国電力（2015）「観光イノベーションへの挑戦 前編〜中国地域白書2014より」、『エネルギア地域経済レポート No. 486』、2015. 1, pp. 17-30.

藤井聡（2003）『社会的ジレンマの処方箋 都市・交通・環境問題のための心理学』、ナカニシヤ出版、p. 30, 35, 37.

国土交通省国土技術政策総合研究所道路研究部道路研究室（2003）「国内におけるTDM取り組み事例の分析」、『道路行政セミナー』、No. 162, pp. 27-30.

Kotler, P., Kartajaya, H., & I, Setiawan（2010），Marketing 3.0: From Products to Customers to the Human Spirit,（恩蔵直人監訳、藤井清美訳『コトラーのマーケティング3.0 ソーシャル・メディア時代の新法則』、朝日新聞出版、2010）

久保田尚、植村敬之、古城雅史、坂本邦宏（2006）「TDO（Transportation Demand Omotenashi）の提案と一考察〜管理からおもてなしへ〜」、土木計画学研究・論文集、No. 23, no. 3, pp. 711-716.

永井護、小堀哲、福田栄仁（2008）「門前町・日光のまちづくりと交通社会実験」、国際交通安全学会誌、vol. 33, No. 2, pp. 41-50.

白川郷観光協会 web site, 飲食店、
http://www.shirakawa-go.gr.jp/search/?m=2,（情報取得2017年4月2日）

白川郷観光協会 web site, 土産品、
http://www.shirakawa-go.gr.jp/search/?m=4,（情報取得2017年4月2日）

白川郷観光協会 web site, 宿泊施設、
　　http://www.shirakawa-go.gr.jp/search/?m=1,（情報取得2017年4月2日）
神門通りおもてなし共同組合 web site, 店舗情報、
　　http://www.izumo-enmusubi.org/shops,（情報取得2017年4月2日）
吉野山観光協会 web site, 吉野の旅館・宿坊・民宿一覧、
　　http://www.yoshinoyama-sakura.jp/stay.php（情報取得2017年3月9日）
吉野山観光協会 web site, 吉野の飲食店一覧、
　　http://www.yoshinoyama-sakura.jp/gourmet.php（情報取得2017年3月9日）
吉野山観光協会 web site, 吉野のお土産物店一覧、
　　http://www.yoshinoyama-sakura.jp/miyage.php（情報取得2017年3月9日）

索 引

■欧　文■

DMO······································i, 6
G-D ロジック····························16
ICOMOS·································113
KMV モデル·····························55
MCE···9
Mobility Management: MM········13
P & BR····································75
P&R··38
PIC プランニング·····················30
Pull 施策·································12
Push 施策································12
S-D ロジック····························16
Service Theater Management········154
STM·······································154
TDM·································i, 1, 3
TDM 施策·································11
Transportation Demand Management····1
VJC··102

■事　項■

〔あ 行〕

アクター·····································i
暗黙知······································18
イコモス··································112
逸脱事例···································63
役行者······································74
オーバーユース··························5
御師·······································133

〔か 行〕

価値共創··································15
価値共創型 TDM 概念················63
価値主導································205
価値の創造·······························90
活動空間容量····························10
環境配慮行動の 2 段階モデル······38
関係性支援要因·······················176
関係性要因·····························175
観光···8
(観光) 価値······························15
観光客······································8
観光行動の特性························10
観光サービス品質管理機能········20
観光資源··································10
観光需要の変動························10
観光地のマーケティングとマネジメント
　を担う組織·····························i
観光バス乗降システム·············108
観光まちづくり··························5
感情··43
共時的·····································33
協働··15
協働の基盤······················197, 198
協働のネットワーク··················18
協働のネットワーク・マネジメント····177
共有と分配······························114
協力··18
グッズ・ドミナント・ロジック····16
経験知···································171
経済的ベネフィット··················17
形式知·····································18

継時的·················33
結果要因·············197, 198
講···················134
交換概念··············88
公共交通水準···········10
構造的方略············14
交通容量··············10
合力·················100
個人資源要因·······196, 197
コミットメント·········55
コンテキスト··········202

〔さ　行〕

サービス劇場···········48
サービス劇場マネジメント·······154
サービス条件の固定化···········113
サービス生産システム運営の基本要件
　··················178
サービス・ドミナント・ロジック······16
シェアリング·········114
自然環境・文化的ベネフィット······17
持続願望··············43
社会的ベネフィット·····17
借地林業・山守制度····72
「周縁」的アクター·····19
修験道信仰············72
消費者主導···········205
心理的方略············14
製品主導·············205
選好·················43

〔た　行〕

態度·················14

地域愛着··············43
地域風土接触量·········43
知覚行動制御··········15
「中心」的アクター·····19
道徳意識··············15
道路交通混雑の緩和のために道路利用者
　に働きかける手法···········i
富くじ···············134
トライアド············32

〔は　行〕

パークアンドサイクル···········108
パークアンドバスライド·········75
パークアンドライド···········38
ピークロードプライシング·······162
ビジットジャパンキャンペーン···102
風土接触量············59
平成大遷宮···········135
訪日外国人観光客誘致活動········102

〔ま　行〕

マーケティング1.0···········205
マーケティング2.0···········205
マーケティング3.0···········205
モビリティマネジメント·······13

〔や　行〕

結··················100
余白を残す···········171

〔ら　行〕

リレーションシップ終了コスト······56
リレーションシップベネフィット····56

著者紹介

柏木　千春（かしわぎ　ちはる）

1969年　茨城県生まれ
1992年　茨城大学人文学部卒業
1992年　日本交通公社（JTB）入社
2010年　多摩大学大学院経営情報学研究科博士課程前期修了　修士（経営情報学）
2017年　神戸大学大学院経営学研究科博士課程後期修了　博士（経営学）

　JTBに入社後、地方支店2店舗で団体旅行営業を約12年、その後、本社にて地域交流ビジネス事業に9年間携わる。2007年より大学教員として兼業を始め、2013年JTBを退社。現在は、流通科学大学人間社会学部観光学科教授。著書に、『1からの観光事業（編者）』碩学舎、『1からの観光（共著）』碩学舎等。

碩学叢書
観光地の交通需要マネジメント

2018年10月5日　第1版第1刷発行

著　者　柏木　千春
発行者　石井　淳蔵
発行所　㈱碩学舎
　　　　〒101-0052　東京都千代田区神田小川町2-1　木村ビル10F
　　　　TEL 0120-778-079　FAX 03-5577-4624
　　　　E-mail info@sekigakusha.com
　　　　URL http://www.sekigakusha.com
発売元　㈱中央経済グループパブリッシング
　　　　〒101-0051　東京都千代田区神田神保町1-31-2
　　　　TEL03-3293-3381　FAX03-3291-4437
印　刷　東光整版印刷㈱
製　本　誠製本㈱

Ⓒ 2018 Printed in Japan

＊落丁，乱丁本は，送料発売元負担にてお取り替えいたします。
ISBN 978-4-502-27621-7 C3034

JCOPY〈出版者著作権管理機構委託出版物〉本書を無断で複写複製（コピー）することは、著作権法上の例外を除き、禁じられています。本書をコピーされる場合は事前に出版者著作権管理機構（JCOPY）の許諾を受けてください。
JCOPY〈http://www.jcopy.or.jp　eメール：info@jcopy.or.jp　電話：03-3513-6969〉

碩学舎ビジネス双書

寄り添う力
■マーケティングをプラグマティズムの視点から

石井淳蔵［著］
四六判・352頁

相手に共感する現場の実践がビジネスの知を生む。
患者と喜怒哀楽を共にする製薬会社や片方でも靴を販売する会社など、実践を重視するプラグマティズムのマーケティングを説く。

愛される会社のつくり方

横田浩一・石井淳蔵［著］
四六判・264頁

突然社長から企業理念改革を任された経営企画部のタカシくんが、プロジェクトチームを立ち上げて奮闘するコーポレートブランド改革の物語。資生堂やコマツの事例も紹介。

発行所：碩学舎　発売元：中央経済社

碩学舎ビジネス双書

コトラー
８つの成長戦略
―低成長時代に勝ち残る戦略的マーケティング

四六判・344頁

フィリップ・コトラー＋
ミルトン・コトラー　［著］
嶋口　充輝＋竹村　正明　［監訳］

リーマンショック後、世界経済は低成長地域と高成長地域で２分されている。日本を含む低成長地域の企業が持続的に成長するための８つの成長戦略とは何か。マーケティング界の巨人、コトラーが鮮やかに示す。兄弟初の邦訳。

コトラー
世界都市間競争
―マーケティングの未来

四六判・344頁

フィリップ・コトラー＋
ミルトン・コトラー　［著］
竹村　正明　［監訳］

世界的に都市人口への集中が進む中、企業は成長戦略を国家ではなく都市を念頭に描くべきだ。企業はどう都市を捉え、国家や都市は企業とどう連携すべきか。コトラー兄弟が語る。

発行所：碩学舎　発売元：中央経済社

楽しく読めて基本が身につく好評テキストシリーズ！

1からの 流通論 石原武政・竹村正明（編著） ■A5判・384頁	**1からの マーケティング** 石井淳蔵・廣田章光（編著） ■A5判・304頁
1からの 戦略論 嶋口充輝・内田和成・黒岩健一郎（編著） ■A5判・296頁	**1からの 会計** 谷武幸・桜井久勝（編著） ■A5判・248頁
1からの 観光 高橋一夫・大津正和・吉田順一（編著） ■A5判・268頁	**1からの サービス経営** 伊藤宗彦・高室裕史（編著） ■A5判・266頁
1からの 経済学 中谷武・中村保（編著） ■A5判・268頁	**1からの マーケティング分析** 恩藏直人・冨田健司（編著） ■A5判・296頁
1からの 商品企画 西川英彦・廣田章光（編著） ■A5判・292頁	**1からの 経営学** 加護野忠男・吉村典久（編著） ■A5判・320頁
1からの ファイナンス 榊原茂樹・岡田克彦（編著） ■A5判・304頁	**1からの リテール・マネジメント** 清水信年・坂田隆文（編著） ■A5判・288頁
1からの 病院経営 木村憲洋・的場匡亮・川上智子（編著） ■A5判・328頁	**1からの 経営史** 宮本又郎・岡部桂史・平野恭平（編著） ■A5判・344頁
1からの 消費者行動 松井剛・西川英彦（編著） ■A5判・282頁	**1からの 観光事業論** 高橋一夫・柏木千春（編著） ■A5判・296頁
1からの マーケティング・デザイン 石井淳蔵・廣田章光・坂田隆文（編著） ■A5判・240頁	**1からの グローバル・マーケティング** 小田部正明・栗木契・太田一樹（編著） ■A5判・236頁
1からの アントレプレナーシップ 山田幸三・江島由裕（編著） ■A5判・260頁	**1からの 流通システム** 崔相鐵・岸本徹也（編著） ■A5判・268頁

発行所：碩学舎　発売元：中央経済社